破产审判实务与前沿问题研究

马　强／主编
北京市第一中级人民法院清算与破产审判庭／编

POCHAN SHENPAN SHIWU
YU
QIANYAN WENTI YANJIU

法律出版社 LAW PRESS · CHINA
北京

图书在版编目(CIP)数据

破产审判实务与前沿问题研究／马强主编. -- 北京：法律出版社, 2024

ISBN 978 -7 -5197 -9009 -7

Ⅰ. ①破… Ⅱ. ①马… Ⅲ. ①破产－审判－研究－中国 Ⅳ. ①D922.291.924

中国国家版本馆 CIP 数据核字（2024）第 072599 号

破产审判实务与前沿问题研究
POCHAN SHENPAN SHIWU YU QIANYAN WENTI YANJIU

马 强 主编

策划编辑 张 珺
责任编辑 张 珺
装帧设计 汪奇峰

出版发行 法律出版社
编辑统筹 法商出版分社
责任校对 杨锦华
责任印制 胡晓雅
经　　销 新华书店

开本 710 毫米×1000 毫米 1/16
印张 20.25 **字数** 304 千
版本 2024 年 4 月第 1 版
印次 2024 年 4 月第 1 次印刷
印刷 固安华明印业有限公司

地址：北京市丰台区莲花池西里 7 号(100073)
网址：www.lawpress.com.cn
投稿邮箱：info@lawpress.com.cn
举报盗版邮箱：jbwq@lawpress.com.cn

销售电话：010－83938349
客服电话：010－83938350
咨询电话：010－63939796

书号：ISBN 978－7－5197－9009－7
定价：85.00 元

凡购买本社图书，如有印装错误，我社负责退换。电话：010－83938349

撰写人员名单

马来客　北京市第一中级人民法院党组成员、副院长，一级高级法官

常　洁　北京市第一中级人民法院清算与破产审判庭庭长，二级高级法官

郑伟华　北京市第一中级人民法院教培处处长，美国天普大学法律硕士

高春乾　北京市第一中级人民法院组宣处处长，三级高级法官，北京大学法学硕士，北京市审判业务专家

刘　冰　北京工商大学法学院副院长、教授，北京破产法庭交流干部，中国政法大学博士

宁　韬　北京市第一中级人民法院清算与破产审判庭副庭长，四级高级法官，北京大学法学硕士

王玲芳　北京市第一中级人民法院清算与破产审判庭副庭长，四级高级法官，中国人民大学法学博士

刘　琦　北京市第一中级人民法院法官助理，北京航空航天大学法学硕士

樊　星　北京市第一中级人民法院法官助理，中国政法大学法律硕士

武英琦　北京市第一中级人民法院法官助理，中国政法大学法学硕士

张宏宇　北京市第一中级人民法院法官助理，中国人民公安大学法学硕士

孙　燕　北京市第一中级人民法院法官助理，中国农业大学法学硕士

孙立尧　北京市第一中级人民法院法官助理，中国政法大学法学硕士

张春城　北京市第一中级人民法院法官助理，中国人民公安大学法学硕士

韩悦蕊　北京市第一中级人民法院法官助理，北京大学法律硕士

周楚舒　北京市第一中级人民法院法官助理，中国政法大学法学硕士

乐佳怡　北京市第一中级人民法院法官助理，中国人民大学法律硕士

序　言

最高人民法院在《关于在中级人民法院设立清算与破产审判庭的工作方案》中提出，要抓紧设立清算与破产审判庭。此后，又在《全国法院破产审判工作会议纪要》中强调，审判专业化是破产审判工作取得实质性进展的关键环节。北京破产法庭作为最高人民法院批准成立的第一批专业破产法庭，自 2019 年 1 月 30 日起揭牌已历经五载春秋。5 年来，北京破产法庭充分发挥专业化审判的优势，聚焦国内经济转型下的高质量发展需求，立足时代之变、民生之需、法治之进、营商之呼，结合首都总部经济聚集、金融创新活跃、高新技术企业云集的市域特点，以破产案件审理为抓手，以机制创新为突破，以服务优化营商环境为重点，顺利审结了一批破产大案、要案，部分案件入选“新时代推动法治进程年度案件”。在做好案件审判的同时，北京破产法庭致力于规范化、专业化、法治化队伍建设，5 年间，出台了《破产重整案件办理规范》《关联企业实质合并重整工作办法》等 12 部规范指引，近 10 项调研成果获评全国法院及省部级奖项，成绩斐然。

行之力则知愈进，知之深则行愈达。5 年的审判道路，北京破产法庭走得坚实笃定又蹄疾步稳；5 年的经验积累，北京破产法庭敢闯敢试又守正创新。这本《破产审判实务与前沿问题研究》是北京破产法庭 5 年来的经验总结和成果展现，通过系统梳理千余件案例样本，最终确定了既有实践参考性，又兼具理论研究深度的 20 余篇案例。受北京破产法庭之托，本人有幸为本书作序。

通观本书，内容涵盖破产清算案件、破产重整案件、跨境破产案件、破产衍生案件四大类，具体包括北大方正集团有限公司等 5 家公司实质合并重整案、紫光集团有限公司等 7 家公司实质合并重整案、北京中电华通信息科技有限公司破产重整案、包商银行股份有限公司破产清算案、承认德国亚琛地方法院破产裁定案等在业内甚至全国范围极具影响的案件,部分案件为当时国内首例创新性案件。在破产法律问题方面涵盖了实质合并破产的审查标准及程序规则、大型企业集团重整重点问题、中小微企业简易快速破产重整程序的适用条件和特殊规则、法院强制批准重整计划的审查标准、出售式重整重点问题等破产法理论与实务界关注的重点和前沿问题。每篇案例均包括案件基本情况、涉及法律问题、案例分析和结论四个部分,层层递进,实现对案例抽丝剥茧般的“精细解剖”,突出法理分析与实操经验的总结。

阅读本书,读者不仅能学习到最新的案件办理经验,领悟破产审判实践之道;亦能了解到前沿法律问题的研究思路,领略破产制度设计之精髓。对具体案例的研究分析难免存在“仁者见仁、智者见智”的情况,而破产案例又尤为复杂,读者也可能会对这些案例的理论分析乃至实务处理存在不同观点,在此我们希望通过本书起到“抛砖引玉”之效用,得获“百家争鸣、百花齐放”之硕果,推动破产法理论与实务研究的发展。

北京破产法庭5年来积累的丰富审判经验是破产实务界和理论界的宝贵财富。相较于其他审判领域而言,破产审判仍属新鲜领域,如何统一破产审判相关规则和制度适用,提升各类主体市场化退出和再生挽救意识,建设市场化、法治化的破产文化与观念,仍然任重而道远,需各位同仁共同努力。

希望借由本书我们能以破产审判的“小切口”,助推法治化营商环境的“大发展”,实现以审判工作的现代化服务保障中国式现代化。

是为序!

中国人民大学破产法研究中心主任
北京市破产法学会名誉会长
2024年春于京

目　录

｜**案例要旨**｜本案主要围绕重整期间恢复行使担保权的相关问题展开。准确理解《企业破产法》第75条和《全国法院民商事审判工作会议纪要》第112条，是判断恢复行使担保权申请合法性的重要前提。暂停行使担保权是一种暂时性措施，目的是维护企业重整价值的物质基础，避免担保财产被执行影响企业生产经营和重整自救，不是为了阻止担保债权人在重整程序中行使权利。担保权暂停行使只是对权利行使的时间予以限制，只限于担保物的变现权，不影响担保债权人享有优先受偿权。可从两个方面判断担保财产是否为重整所必需：一是担保财产对企业生产经营的影响，或者说企业重整对担保财产的依赖程度；二是重整企业对担保财产的占有、使用是否损害担保权利，影响债权人的优先受偿权。

｜**案例要旨**｜不同于破产申请审查程序，在破产程序中，法院应适用实质性审查标准审慎判断债务人是否具备破产原因。其中，债务人资产应为经管理人调查后无争议的财产。当第三方机构评估范围内的财产有争议时，评估结论不可作为判断依据。债务人负债应为法院裁定确认的无异议债权，而非管理人提交的债权表记载的债权，因为只有经法院裁定确认才产生破产法上确定债务人负债数额的效力。

｜**案例要旨**｜完善商业银行破产法律制度是防范化解重大金融风险、完善金融风险治理体系建设、实现金融业高质量发展的必然要求。我国的法律制度中,《企业破产法》仅在第134条中对金融机构破产作出了相关规定,《商业银行法》等相关法律及部门规章中对商业银行破产制度进行规定。这些规定涉及的诸多破产规则在处置商业银行破产风险时缺乏统一协调,一些规则之间还需进行逻辑重构,尚不足以解决商业银行破产中面临的各项问题。因此,加强商业银行破产的制度供给成为有效防范化解重大系统性风险的重要环节。

|**案例要旨**|整车制造车企破产案件与其他类型企业破产案件相比具有极强的特殊性和涉众性,涉及众多汽车消费者且整车制造车企的破产财产具有资产庞杂、种类繁多、位置分散、专业性强、权利状态复杂的特点。本案为全国首例整车制造车企破产清算案,企业规模大、车主数量多、社会关注高。在案件审理过程中,涉及众多疑难复杂法律适用问题,案件的妥善审结为相关类案处置提供了有益参考指引。

|**案例要旨**|本案涉及的法律问题与审查一般的破产受理案件不同,审查的重点不在于申请人、被申请人的主体资格、是否具备破产原因等方面,而是债务人的破产程序已因财产不足以清偿破产费用终结后,债权人能否再次申请对其进行破产清算。债务人财产不足以清偿破产费用的,管理人应当提请人民法院终结破产程序。人民法院裁定宣告破产并终结破产程序后,债权人再次申请对债务人进行破产清算的,人民法院不予受理。

| 案例要旨 | 承认外国破产程序的主要法律依据为《企业破产法》第 5 条。根据该条规定,承认外国程序的条件包括裁判已经生效、债务人在我国境内存在财产、两国存在互惠关系、不损害我国债权人合法权益及不违反我国公共政策等。互惠关系可以依据法律互惠进行审查,根据相对国法律,我国破产程序在相对国可以获得认可,同时无证据证明相对国存在拒绝承认我国破产程序的情形,可认定双方存在互惠关系。外国破产程序的集体性及外国法院具有管辖权作为承认外国破产程序的国际通行标准,虽非我国《企业破产法》明确规定的审查条件,但可以通过法律解释路径纳入公共政策例外条款。承认外国破产程序后,应当妥善确定救济范围,如涉及财产处置等重大事项,应当根据外国破产管理人的申请酌情提供救济措施。

| 案例要旨 | 该案系我国破产重整计划得到外国法院承认和救济的典型案例,入选 2021 年度“全国破产经典案例”。该案中,境外债券约定适用的准据法为外国法律,并由外国法院管辖,故该案破产重整计划在得到外国法院的承认后,才能对境外债权人全面生效。该案充分考量当代跨境破产法律制度的主流模式,由管理人直接向外国法院申请对我国破产程序及重整计划的承认和执行,大幅提高了该公司破产重整计划在境外获得承认并全面执行的效率,同时确保境外债券持有人及时、准确行使各项权利,全面参与破产重整各项程序,成为后续顺利获得外国法院承认重整计划的关键考量因素。

｜**案例要旨**｜本案围绕破产衍生诉讼集中管辖的范畴界定问题展开。结合《企业破产法》第21条的立法目的，集中管辖的适用前提应当是案件与债务人的财产总量或财产价值的最大化有关，或者与债权人、债务人之间的债权债务关系调整有关。债务人作为无独立请求权第三人参加的诉讼案件，一般不属于“与债务人有关的民事诉讼”，故本案法院准确界定了破产衍生诉讼集中管辖的案件范畴，有效保障了衍生诉讼的审理质效和破产程序的顺利进行。

｜**案例要旨**｜本案系破产债权人以无偿转让财产为由请求撤销债务人子公司与其母公司之间的关联交易，涉及关联交易真伪的判断及撤销路径的选择。法院在审查关联交易时，应考察是否符合程序正当要求，在具体判断时应以对外可公示的客观证据为准。在本案中协议书上的签字公章均为真实的情况下，法院从公司内部财务记录、单方陈述、交易习惯、款项明细4个方面来认定涉案担保协议书并非签订于2012年，实际明确了母子公司关联交易中单一的合同文本不足以证明交易的真实性，必须以充分的外观证据佐证，否则母子公司不适当的关联交易将损害债权人权益，置债权人于不利的诉讼地位。同时，撤销关联交易会与认定合同无效发生竞合，而将虚构的关联交易纳入“无偿转让财产”的可撤销范畴，可以进一步丰富债权人撤销类型，为债权人提供妥当的救济路径。

｜**案例要旨**｜破产财产的处置合同虽以管理人名义签订，但因管理人在此过程中仅是债务人为执行破产清算分配事务而成立的临时性组织，故在就该合同发生纠纷时应以债务人作为适格被告起诉。同时，在被告不适格时，法院应以判决驳回原告诉讼请求的方式处理。

｜**案例要旨**｜管理人为破产法中独有之制度，其作为企业进入破产法后承接债务人企业，管理处置破产财产之机构，具有一定的自治能力，其独特的中立性、组织性、相对独立性导致其与债权人、债务人之间的关系较为复杂，同时也使得其在一定情形下可发挥独特职能，维护破产财产、保障债权人公平受偿。民事诉讼中，当事人主体资格经历了从实体利害关系标准到实体权益保护标准再到诉的利益标准的发展和转变，出现了民事主体与诉讼主体相分离的局面。结合民事诉讼法的诉讼担当理论，管理人可在特定情形下以原告资格直接提起诉讼，但考虑到诉讼担当的滥用问题，对管理人作为原告的情形应予以限定。

01. 实质合并破产的审查标准及程序规则

——北大方正集团有限公司等5家公司实质合并重整案

案例要旨：关联企业成员之间存在法人人格高度混同、区分各关联企业成员财产的成本过高、严重损害债权人公平清偿利益时，可例外适用关联企业实质合并破产方式进行审理。在具体审查时，应当考虑混同程度、持续时间等因素，并结合区分成本、债权人公平清偿利益等综合判断。债权人受益及债权人信赖标准虽然不能作为实质合并破产的单独适用标准，但可作为辅助性的标准以判断实质合并的正当性及必要性。实质合并破产对于关联企业的利害关系人权益具有重大影响，应当充分保障利害关系人的知情权、异议权、复议权等权利，合理安排听证程序，充分听取利害关系人意见。采取实质合并破产方式进行审理的，应当依法确定实质合并破产的法律后果。

一、据以研究的案例

债务人：北大方正集团有限公司（以下简称方正集团）；方正产业控股有限公司（以下简称产业控股）；北大医疗产业集团有限公司（以下简称北大医疗）；北大方正信息产业集团有限公司（以下简称信产集团）；北大资源集团有限公司（以下简称资源集团）。

2020年2月19日，北京市第一中级人民法院（以下简称北京一中院）裁定受理北京银行股份有限公司对方正集团的重整申请，并指定方正集团清算组担任方正集团管理人。2020年7月17日，方正集团管理人以产业控股、北大医疗、信产集团、资源集团与方正集团存在高度的关联性且财务严重混同，区分方正集团与其他4家公司财产的成本过高，对方正集团单独实施重整将严重损害债权人的公平清偿利益为由，向北京一中院申请将这4家公司与方正集团实质合并重整。北京一中院于同日在全国企业破产重整案件信息网发布公告，并通知被申请人等利害关系人。2020年7月28日，北京一中院组织召开听证会，申请人方正集团管理人成员，被申请人产业控股、北大医疗、信产集团、资源集团的法定代表人或委托代理人，异议债权人太平资产管理有限公司（以下简称太平资产）的委托代理人，方正集团董事长，安永华明会计师事务所（特殊普通合伙）（以下简称安永华明会计师事务所）代表参加了听证会。

北京一中院查明，方正集团分别持有产业控股94.17%、北大医疗85.6%、信产集团100%、资源集团30%的股权。2018年，北大资产经营有限公司（以下简称北大资产）与方正集团签订委托协议书，约定自2018年11月1日起，北大资产将其持有的资源集团40%的股权委托方正集团行使股东权利。

2020年6月22日，安永华明会计师事务所作为方正集团管理人聘请的方正集团重整审计机构，出具初步审计情况说明，载明以2020年1月31日为基准日，产业控股、北大医疗、信产集团、资源集团均已资不抵债。4家公司均认可其资产负债情况，且认可存在到期债务不能清偿的情形。

在财务管理方面，按照方正集团及4家公司管理规则，4家公司的重大财务管理事项，均需方正集团财务部门进行审核或备案。4家公司的对外重大融资业务均由方正集团决策。方正集团采取资金统一管控模式，与4家公司之间以往来款方式存在大量的资金往来，2016年以前绝大部分资金往来没有签订借款协议、没有支付利息，同时存在虽签订借款合同并约定借款利率，但未按约定实际支付利息的情形。

2020年6月17日，安永华明会计师事务所出具的“北大方正集团有限公司与北大方正信息产业集团有限公司、北大资源集团有限公司、北大医疗产业集团有限公司、方正产业控股有限公司财务混同情况调查报告”（以下简称财务混同情况调查报告）载明，以2020年1月31日为基准日，方正集团与4家公司存在巨额互联互保情况，方正集团和产业控股等4家公司存在明显的混同特征。

同时，财务混同情况调查报告记载，由于财务记录不完整和资料缺失，5家公司内部往来存在双方账务不匹配、债权债务不一致的问题，又因5家公司财务长期混同，内部往来款记账差异金额巨大，厘清关联方债权债务关系难度很大。从 2020 年 1 月 31 日资产负债表情况来看,方正集团对 4 家公司应收款合计 85.41 亿元,而 4 家公司对方正集团应付款合计 134.69 亿元。

听证会上,安永华明会计师事务所表示,5 家公司内部往来存在双方账务不匹配、债权债务重大不一致的问题,且由于 2016 年之前财务记录不完整和资料缺失,无法判断 5 家公司内部往来资产负债的准确性,无法判断其对财务报表的整体影响,考虑到 5 家公司的混同情况,无法出具单体审计报告。同时,产业控股、北大医疗、信产集团、资源集团、方正集团的财务管理人员确认,5 家公司相互之间资金往来账面余额差异巨大,无法核实实际情况,无法厘清债权债务。

北京一中院认为,根据初步审计结果以及 4 家公司的确认,产业控股、北大医疗、信产集团、资源集团均不能清偿到期债务,并且资产不足以清偿全部债务,均已具有《企业破产法》第 2 条第 1 款规定的破产原因。方正集团分别持有产业控股 94.17%、北大医疗 85.6%、信产集团 100% 的股权,是上述 3 家公司的控股股东。方正集团持有资源集团 30% 的股权,同时,北大资产将其持有的资源集团 40% 的股权委托方正集团行使股东权利,方正集团是资源集团的实际控制人。因此,方正集团与产业控股、北大医疗、信产集团、资源集团之间具有关联关系,属于关联企业。

方正集团过度支配和控制 4 家公司的财务、经营、人事管理等,导致 4 家公司欠缺法人的独立意思,且财产严重混同:4 家公司的重大财务管理事项均由方正集团统一审批,重大经营管理事项均由方正集团决策,人事管理权均由方正集团统一行使。综上所述,方正集团与 4 家公司之间存在显著、广泛、持续的法人人格混同。

区分方正集团与 4 家公司财产的成本过高。根据财务混同情况调查报告及审计机构的意见,5 家公司财务长期混同,内部往来款记账差异巨大,厘清关联方债权债务关系难度很大,无法对各公司出具单体审计报告。在此情形下,适用破产撤销权制度、无效行为制度、公司法人人格否认制度等都难以对关联企业成员财产进行区分。

由于方正集团对 4 家公司的过度支配与控制,导致 5 家公司之间存在巨额关联往来及互相担保,资产与负债不匹配,若单独重整,即使部分关联企业债权人的债权清偿率较高,也是由于关联企业之间的不当关联关系所致,其他债权人的公平清偿利益将受到损害。在 4 家公司已具备破产原因,且无法区分各自债权债务关系的情况下,4 家公司实际上已不具备单独重整的条件,将 4 家公司与方正集团进行实质合并重整,有利于从实质上公平保护关联企业债权人的整体清偿利益。同时,实质合并重整可以使各关联企业之间的债权债务归于消灭,有利于缩短清理关联企业资产、负债的时间,降低清理成本,对关联企业的重整工作进行整体安排,从而增加重整的可能性,提高重整效率。在实质合并重整中,各类债权人仍须根据债权性质按照法定清偿顺序统一受偿,实质合并重整并不影响债权人的清偿顺序。

综上所述,北京一中院认为,方正集团与产业控股、北大医疗、信产集团、资源集团之间法人人格高度混同,区分各关联企业成员财产的成本过高,对其合并重整有利于保护全体债权人的公平清偿利益,方正集团管理人的申请具有事实和法律依据,应对方正集团等 5 公司进行实质合并重整。依照《企业破产法》第 2 条、第 3 条、第 4 条、第 71 条,《民事诉讼法》第 154 条①第 1 款第 11 项的规定,裁定如下:

对方正集团、产业控股、北大医疗、信产集团、资源集团实质合并重整。

裁定作出后,利害关系人均未提起复议。

北京一中院受理方正集团实质合并重整案后,坚持市场化法治化原则,严格依法审理,及时通过司法手段保护重整主体核心资产安全,维持方正集团及下属企业的持续经营。指导管理人通过公开招募、市场化竞争选定重整投资人。在重整计划草案的制定方面,坚持公平对待债权人,切实维护职工权益。2021 年 5 月 28 日,方正集团实质合并重整案债权人会议高票通过重整计划草案,根据草案规定,有财产担保债权、职工债权、税款债权及普通债权 100 万元以下的部分均获得全额现金清偿;普通债权 100 万元以上的部分可在"全现金""现金加以股抵债""现金加留债"三种清偿方式中任选一种获得清偿,预计清偿率最高可达 61%。北京一中院于 2021 年 6 月 28 日裁定批准方正集团、产业控股、北大医疗、信产集团、资源集团 5 家公司重整计划,并裁定终止重整程序。

通过司法重整,成功为方正集团引入 700 多亿元投资,化解 2600 多亿元债务,帮助 400 余家企业持续经营,稳住 3.5 万名职工的工作岗位,最大限度保护

① 2017 年《民事诉讼法》第 154 条现已修改为第 157 条。

各类债权人权益,并使方正集团重获新生。

二、涉及法律问题

一是关于实质合并破产的审查标准。关于关联企业实质合并破产,最高人民法院《全国法院破产审判工作会议纪要》(以下简称《破产审判会议纪要》)中作出原则性规定,并确定实质合并审查的三个标准:法人人格高度混同、区分各关联企业成员财产的成本过高、严重损害债权人公平清偿利益。关于法人人格高度混同,与公司法人人格否认存在一定关联,可适当参考《公司法》确定的审查标准,但应当注意两者适用的区别。对于实质合并破产,应当考虑混同程度、持续时间等因素,同时结合区分成本、债权人公平清偿利益等综合判断。在三个标准以外,债权人受益及债权人信赖标准虽然不能作为实质合并破产的单独适用标准,但可作为辅助性的标准以判断实质合并的正当性及必要性。

二是关于实质合并破产的程序性规则。实质合并破产可以采取多种模式。在《企业破产法》未作出特殊规定的情况下,应当认为债权人、债务人等主体均有权申请实质合并破产。在采取个别企业先进入破产程序的实质合并破产模式时,考虑管理人的法定职权、举证能力等,应当认可管理人的实质合并破产申请权。实质合并破产对于关联企业的利害关系人权益具有重大影响,应当充分保障利害关系人的知情权、异议权、复议权等权利,合理安排听证程序,充分听取利害关系人意见。对于实质合并破产裁定的复议不停止执行,考虑破产受理事项不可上诉,复议审查法院应当仅针对实质合并事宜进行审查。如上级法院认为不应适用实质合并破产方式进行审理,则应当对关联企业分别实施破产,并可视情况进行协调审理。

三是关于适用实质合并破产的法律后果。实质合并后因债务人主体发生重大变更,因此应当视为一个新的案件,债权申报期限、重整期间等均应重新起算。采用实质合并方式审理破产案件的,各关联企业成员之间的债权债务归于消灭,各成员的财产作为合并后统一的破产财产,由各成员的债权人在同一程序中按照法定顺序公平受偿。因关联企业不同主体进入破产程序的时间可能存在差异,为维护交易稳定及保障交易相对人的信赖利益,实质合并破产的关联企业停止计息及撤销权、抵消权等各项权利行使的时间应当以各企业实际被裁定进入破产程序的时间开始计算,以妥善平衡债权人、债务人各方主体利益。

三、案例分析

随着社会经济的发展，通过企业集团[①]开展经营日益普遍。企业集团是介于社会和企业之间的一种中间组织形态。采取企业集团方式能够降低经营成本，提高资源配置效率，促进企业经营的多样化和规模化发展。[②] 但企业集团或关联企业的经营模式对以企业单独破产为蓝本制定的破产规则提出新的挑战，关联企业内部存在经济协同关系，其统一管理的模式将导致企业集团成员债权债务并非市场交易的结果，企业集团成员间的交易及资产调配往往不是基于其自身利益最大化，而是企业集团整体利益最大化或实际控制人利益最大化，此时如采取单体破产的方式可能会造成对不同企业债权人的不公平对待。同时，关联企业之间互负债务及互联互保可能使外部债权人处于不利地位，在关联企业之间交易复杂、财产混同等情况下，对各个企业单独进行破产也将增加破产成本，降低破产程序效率，不利于维护债权人整体权益。[③] 因此，一般认为针对关联企业应当制定特殊的破产规则。针对关联企业实质合并破产，我国《企业破产法》未作规定，《破产审判会议纪要》概括性规定了实质合并的审查条件等，下文拟根据《破产审判会议纪要》规定并结合本案具体情况，对关联企业实质合并破产标准及程序规则进行分析。

（一）实质合并的审查标准

1. 关于关联企业的界定

实质合并破产仅适用于关联企业。我国《企业破产法》未直接规定关联企业，《公司法》对关联关系作出规定。根据《公司法》第 216 条第 4 项的规定，关联关系是指公司控股股东、实际控制人、董事、监事、高级管理人员与其直接或者间接控制的企业之间的关系，以及可能导致公司利益转移的其他关系。但是，国家控股的企业之间不仅因为同受国家控股而具有关联关系。2006 年财政部发布的《企业会计准则第 36 号——关联方披露》对于关联方进行了界定，其第 3 条规定："一方控制、共同控制另一方或对另一方施加重大影响，以及两方

---

① 本文中企业集团与关联企业表示同一概念。

② 参见徐阳光、王静主编：《破产重整法律制度研究》，法律出版社 2020 年版，第 56 页。

③ 参见贺丹：《企业集团破产：问题、规则与选择》，中国法制出版社 2019 年版，第 22—24 页。

或两方以上同受一方控制、共同控制或重大影响的，构成关联方。控制，是指有权决定一个企业的财务和经营政策，并能据以从该企业的经营活动中获取利益。共同控制，是指按照合同约定对某项经济活动所共有的控制，仅在与该项经济活动相关的重要财务和经营决策需要分享控制权的投资方一致同意时存在。重大影响，是指对一个企业的财务和经营政策有参与决策的权力，但并不能够控制或者与其他方一起共同控制这些政策的制定。"联合国贸易法委员会《破产法立法指南》第三部分《破产企业集团对待办法》中将企业集团界定为以控制权或举足轻重的所有权而相互联结的两个或多个企业。学术界通说认为，关联企业是指通过股权、合同或者其他方法，如人事控制、表决权协议等，在相互间存在直接或间接的控制与从属关系或重要影响的两个或多个企业。①

参考上述规定及学术界理解，可以认为关联企业的判断核心在于"控制"。一般而言，控制方式包括通过表决权进行控制、通过协议进行控制和通过董事会控制三种。《国际会计准则》对控制进行了上述三个层次的认定，并进一步细化，关于表决权层面，持股比例达到绝对控股时，可以被推定为存在控股关系，如未达到此种持股比例，但通过协议等方式可以行使超过50%的表决权时，也可以构成控制。关于法律与协议层面，如果根据法律规定或协议约定，关联企业中一家企业能够主导其他企业的财务和经营政策，也构成控制。关于董事会的控制，如关联企业中一家企业能够控制其他公司董事会大部分成员或者在董事会中拥有多数表决权，可以构成控制。② 实践中，可参考上述标准判断相关企业是否存在关联企业。关联企业常以持股方式进行控制，此种方式比较容易识别，针对不存在持股关系的企业，可以通过调查企业财务报表、经营管理模式、交易行为及协议等方式审查是否存在关联关系。方正集团重整案中，方正集团分别持有产业控股94.17%、北大医疗85.6%、信产集团100%股权，在无相反证据的情况下，可以认为存在控制关系。同时，方正集团虽仅持有资源集团30%的股权，但资源集团另一股东北大资产与方正集团签订协议，将其持有的资源集团40%的股权委托方正集团行使股东权利，因此从表决权层面进行判断，可以认为方正集团对于资源集团存在控制关系。

① 参见王欣新：《破产法》（第4版），中国人民大学出版社2019年版，第383页。

② 参见贺丹：《企业集团破产：问题、规则与选择》，中国法制出版社2019年版，第38—40页

2. 关于法人人格高度混同的判断

(1)与公司法上人格否认制度的区别

关于实质合并破产,《破产审判会议纪要》采取了复合标准,第32条第2句规定,当关联企业成员之间存在法人人格高度混同、区分各关联企业成员财产的成本过高、严重损害债权人公平清偿利益时,可例外适用关联企业实质合并破产方式进行审理。上述规定虽设置了三项标准,但三项标准并非处于同等地位,其中,法人人格高度混同是重点审查要素。①

同时,法人人格混同也是公司法上人格否认的情形之一。我国《公司法》第20条第3款规定,公司股东滥用公司法人独立地位和股东有限责任,逃避债务,严重损害公司债权人利益的,应当对公司债务承担连带责任。上述条文为我国公司法中关于法人人格否认或揭开公司面纱之规定。最高人民法院《全国法院民商事审判工作会议纪要》(以下简称《九民会议纪要》)关于公司人格否认部分载明,针对《公司法》第20条第3款规定的滥用行为,实践中常见的情形有人格混同、过度支配与控制、资本显著不足等,并列明相关情况的具体表现。有观点认为,揭开公司面纱制度应当作为关联企业合并破产路径的规范性解释。②因此在判断是否适用关联企业实质合并破产时,可以准用公司法上人格否认之判断标准。

法人人格否认与关联企业实质合并破产在法律效果上存在一定的相似之处,两者都是在处理企业负债时突破其独立法人人格,由其他主体(股东或关联企业)对企业债务承担责任。但仔细考察,关联企业实质合并破产制度与公司法上人格否认的适用范围、制度目的及功能均不相同。公司法上人格否认是由滥用公司法人独立地位和股东有限责任的股东对公司债务承担连带责任,是股东有限责任的例外情形,旨在矫正有限责任制度在特定法律事实发生时对债权人保护的失衡现象,仅适用股东滥用有限责任的情况,且仅针对滥用有限责任的个别股东。法人人格否认是针对单个交易对个别股东行为进行的评价,其否认的效果也仅适用于单一法律关系,法院在个案中否认公司人格的判决的既判

---

① 参见赵吟:《连带责任视角下个人与企业合并破产的准入规范》,载《法学》2021年第8期。

② 参见郭歌:《"揭开公司面纱"作为关联企业合并破产之路径:规范解释与质疑回应》,载《中国政法大学学报》2022年第4期。

力仅仅约束该诉讼的各方当事人,不当然适用于涉及该公司的其他诉讼,不影响公司独立法人资格的存续。关联企业实质合并破产则是一种针对企业集团一体化经营方式而采取的破产清理方式,其要解决的是债权人公平清偿的问题,因此在审查时不能着眼于企业经营中的单笔交易,而必须审查关联企业整体的经营行为及交易安排。仅单笔交易中股东滥用有限责任的行为不能构成实质合并破产的理由,可以通过法人人格否认等制度予以纠正。在适用范围上,实质合并破产也不仅限于母子公司之间,综上所述,关联企业的核心判断标准是控制,实际控制人及其控制的多个企业之间均可认为存在关联关系,因此关联企业实质合并破产适用范围相较公司法上人格否认适用范围更广。在适用效果上,不同于法人人格否认仅针对单一法律关系,实质合并破产是在破产程序中对法人人格的彻底否认,适用实质合并方式将导致在破产程序中将关联企业视为一个整体,统一处理其资产负债,企业集团被合并成员的资产和负债将被视为单一破产财产的组成部分。[①] 同时,实体合并制度的出发点是实现对债权人利益的公平保护,实体合并必须兼顾不同情况下的债权人期待利益。[②] 因此,《破产审判会议纪要》第 32 条对于实质合并破产并未采取法人人格混同的单一标准,而是需要充分考虑资产分离成本、债权人权益公平保护等条件。该审查标准的确定能够体现出关联企业实质合并破产与法人人格否认的制度目的及适用条件存在较大的差别。

(2)法人人格高度混同的审查

综上所述,法人人格否认与关联企业实质合并破产制度存在较大区别,实质合并破产除了考虑公司法上的法人人格混同理论外,还从破产法价值角度的特殊考量,权衡破产费用成本、债权人收益、企业重整挽救成功等问题。[③] 但就法人人格高度混同这一标准本身而言,其仍然是借鉴了公司法法人人格否认理论,因此在实质合并破产审查过程中判断是否存在法人人格高度混同时,可以参考公司法关于人格否认审查的标准,从关联企业间资金占用、账簿记载规范

① 参见联合国贸易法委员会:《贸易法委员会破产法立法指南第三部分:破产企业集团对待办法》(2010 年),第 68 页。

② 参见贺丹:《破产实体合并司法裁判标准反思——一个比较的视角》,载《中国政法大学学报》2017 年第 3 期。

③ 参见王欣新:《关联企业实质合并破产标准研究》,载《法律适用(司法案例)》2017 年第 8 期。

程度等几方面进行审查。

根据《九民会议纪要》第10条的规定,认定公司人格与股东人格是否存在混同,最根本的判断标准是公司是否具有独立意思和独立财产,最主要的表现是公司的财产与股东的财产是否混同且无法区分。在认定是否构成人格混同时,应当综合考虑以下因素:①股东无偿使用公司资金或者财产,不做财务记载的;②股东用公司的资金偿还股东的债务,或者将公司的资金供关联公司无偿使用,不做财务记载的;③公司账簿与股东账簿不分,致使公司财产与股东财产无法区分的;④股东自身收益与公司盈利不加区分,致使双方利益不清的;⑤公司的财产记载于股东名下,由股东占有、使用的;⑥人格混同的其他情形。在出现人格混同的情况下,往往同时出现以下混同:公司业务和股东业务混同;公司员工与股东员工混同,特别是财务人员混同;公司住所与股东住所混同。在实质合并破产审查过程中,判断关联企业是否存在法人人格高度混同时,可以参考《九民会议纪要》关于法人人格混同之规定,重点审查关联企业之间是否存在财产混同,同时辅之以审查关联企业之间业务混同、人员混同、住所混同等情况,作为补强的因素。

应当注意的是,在审查关联企业是否存在混同情况时,不应着眼于单一交易,而应当整体审查关联企业之间在较长一段时间内的经营、交易情况,从资产的混同程序及其持续时间等方面判断是否构成法人人格混同。关联企业之间存在的资金往来、利益输送行为,在单一审视个别行为时,可以进行法人人格否认或关联交易撤销,但在何种情况下可以相关行为的“质”和“量”已经累积至一定程度,已经无法通过单个交易撤销或者追偿的方式予以纠正,必须适用实质合并破产清理关联企业债权债务关系,这涉及对实质合并另外两个标准的理解与适用,将在下一部分详述。

除财产混同外,判断法人人格混同考虑的另外一个标准为是否存在过度控制。过度控制往往和财产混同同时出现,即关联企业中某一主体对其他关联企业过度控制时,一般伴随企业间款项调拨及不当利益分配。关于是否存在过度控制,可以通过审查关联企业内部管理制度及实际经营模式来判断。在方正集团重整案中,重点考虑方正集团作为大型企业集团的经营特点,关注核心企业是否存在对其他关联企业过度控制、导致关联企业丧失法人人格独立性等情形。经审查,方正集团过度支配和控制下属4家公司的财务、经营、人事管理等,导致4家公司欠缺法人的独立意志,主要体现在:4家公司的重大财务管理事项、经营事项均由方正集团统一审批,重大融资业务及对外担保均由方正集团决策,资金由方正集团统一调配使用,人事管理权由方正集团统一行使,4家公司不能自主决定重大融资业务和资金的具体使用,经营管理均缺乏独立意志。同时,由于方正集团与4家公司之间存在大量互相担保、长期无偿使用资金以及混同使用资金的情况,且部分财务记录不完整、资料缺失,导致无法判断5家公司内部往来资产负债的准确性。综合上述情况,北京一中院认为方正集团与4家公司之间存在显著、广泛、持续的法人人格混同。

3. 关于区分成本过高及债权人利益保护标准的审查

《破产审判会议纪要》在法人人格高度混同之外,还设置了区分各关联企业成员财产的成本过高、严重损害债权人公平清偿利益两项标准。实质合并的立法目的是打破关联企业破产时的形式公平,实现实质公平,保障对债权人的整体公平清偿。通过实质合并可以消除区分不同企业资产、负债等事项的时间、费用成本,提高破产清算与企业挽救的实益效率,保障破产程序顺利进行。① 这是实质合并破产的重要制度价值,因此应当纳入相关审查标准之内。有的观点认为,该两项标准更多的是作为法人人格混同标准的辅助性或补强性内容,并没有在法人人格混同概念之外明确设立其他独立的适用标准。② 从司法审查角度,上述三个标准之间的内涵存在重叠,区分成本过高及债权人利益主要是作为人格混同或财产混同③程度的衡量标准,如果法人人格混同导致区分成本过高、严重损害债权人公平清偿利益,即可认定为法人人格"高度"混同。同时区分成本过高、严重损害债权人利益系法人人格高度混同而不采取实质合并破产方式审理所导致的必然结果。因此区分成本过高、严重损害债权人公平清偿利益两项标准确实难以单独适用,需要依托人格混同标准综合判断。但是,应当注意的是,该两项标准虽无法单独适用,但与法人人格混同并非同一标准,在实质合并破产审查过程中需针对相关情形单独审查。

关于区分成本的审查,一方面,可以参考审计机构出具的专项审计报告。

---

① 参见王欣新:《关联企业的实质合并破产程序》,载《人民司法(应用)》2016年第28期。

② 参见王欣新:《破产王道:破产法司法文件解读》,法律出版社2021年版,第160—161页。

③ 人格混同的主要表现形式为财产混同。

一般情况下,针对实质合并破产可由中介机构就关联企业的混同情况进行调查。根据审计机构的调查情况,可以比较直观地判断关联企业之间互联互保、关联债务往来金额及所占关联企业整体负债的比例等情况。同时,就关联企业财产区分的成本及难易程度,中介机构一般会根据调查情况出具初步意见,供法院审查判断。另一方面,可以考虑通过其他法律途径厘清资产归属的成本,一般而言,在关联企业存在不当关联交易的情况下,可以通过法人人格否认、确认行为无效、破产撤销权、债权人撤销权等法律途径对关联企业之间不当利益输送行为予以修正。但如关联企业之间资金往来数额巨大,笔数众多,逐一通过诉讼予以撤销或确认无效可能将耗费过高成本,影响破产程序正常推进,此时可认为区分成本过高。

关于债权人公平清偿利益的审查,破产程序的重要原则之一是确保同一种类的债权人依法受到公平对待,避免因债务人的单独清偿和偏颇清偿损害其他债权人的利益。关联企业的实质合并破产规则,就是将破产程序对债权人的公平保护从单体企业扩展到企业集团。① 损害债权人公平清偿利益似乎更多的是关联企业法人人格高度混同所导致的后果,企业集团经营过程中,法人人格高度混同的表现包括经营混乱、关联企业之间资产转移、利益输送等,甚至可能将负债集中于关联企业中的某个主体,并将优质资产和利润转移,以实现风险的隔离,此时如对单个企业进行破产,势必损害债权人整体的公平清偿利益。在司法实践中,这一标准更多作为债权人的异议理由,如实质合并,就会降低某一企业债权人的清偿率,损害其清偿利益。值得注意的是,实质合并破产导致部分关联企业债权人清偿率降低这一事实本身,并不意味着损害了该企业债权人利益,因关联企业间法人人格高度混同往往体现为企业间非基于市场行为的资金调配、互相担保等,这将导致单个企业资产与负债不相匹配。此时就单个企业进行破产,即使债权人债权清偿率较高,也是基于关联企业不当控制支配资产归属失衡所致,该清偿率无法体现单个企业的真实财产状况,也不能作为是否损害债权人清偿利益的判断基础。

4. 实质合并破产的其他审查标准

实质合并是美国破产法院基于判例法创设的一项衡平法规则。在 1980 年

① 参见郁琳:《关联企业破产整体重整的规制》,载《人民司法(应用)》2016 年第 28 期。

Vecco 案中法院归纳了 7 条实质合并的适用标准:第一,确定企业的独立财产和负债的难易程度;第二,企业间的债务报表是否有合并;第三,以合并为单一实体方式运营的盈利能力;第四,资产和营业的混同情况;第五,不同公司所有者结构和利益的同一性;第六,具有公司内部间的债务担保;第七,是否具有不符合章程规定的资产转移。后在 2005 年在 Owens Coening 案中,法院梳理和评述了此前案例中适用的实质合并破产标准,并在此基础上确定了具体适用标准,具体为:(1)在破产申请之前,这些债务人企业如此无视企业独立人格以至于他们的债权人必须要打破企业间的界限,将他们视为一个实体;(2)破产程序启动后发现,债务人企业的财产和责任混同十分严重以至于将他们分开会花费巨大成本并损害所有债权人的利益。同时,在判断是否符合实质合并标准时,实质合并的申请者必须证明:第一,债权人在与债务人企业成员交易时相信对方各成员企业是一个不可分割的整体;第二,债权人事实上合理地相信了这种不可分割的状态。① 参考上述美国判例中阐述的实质合并标准,在审查关联企业实质合并破产时还可以考察以下因素。

(1)债权人受益标准

《破产审判会议纪要》第 33 条规定,人民法院在审查实质合并申请过程中,可以综合考虑关联企业之间资产的混同程序及其持续时间、各企业之间的利益关系、债权人整体清偿利益、增加企业重整的可能性等因素。其中关于债权人整体清偿利益,及增加重整可能性等的表述,可以认为该规定在第 32 条规定的三标准基础上,事实上还引入了债权人受益这一新的标准。债权人受益标准包括"全体债权人受益"与"债权人整体受益",前者是指实质合并重整将使所有债权人都受益,后者是指从整体来看,实质合并重整所带来的整体利益大于给部分债权人造成的损害。② 一般认为,如果实质合并能够使全体债权人受益,则该标准可以作为实质合并破产单独适用标准,此时无须考虑法人人格是否高度混同等问题。但是,因实质合并审查对于未来合并之后的成本及清偿率的计算均是在模拟情况下的假设,存在极大的不确定性,无法精准计算实质合并是否

① 参见徐阳光:《论关联企业实质合并破产》,载《中外法学》2017 年第 3 期。

② 参见丁燕:《我国关联企业实质合并重整适用标准研究》,载《山东法官培训学院学报》2021 年第 6 期。

能够使所有债权人获益，因此这一标准在司法实践中很难适用，相比较而言，“债权人整体受益”标准更具有可行性。

关于债权人整体受益的判断，部分内涵可以包含于区分成本过高之中，即如果区分债务人财产成本过高，采取实质合并破产能够节省区分成本，显然会使债权人整体受益。另外，实质合并破产本身也能够增加债权人整体利益。一方面，实质合并制度能够节省破产成本，包括关联企业内部债权债务关系消灭，减少管理人调查成本，债权无须重复申报、降低债权审核工作量等。关联企业的实质合并破产与单独破产相比，还可以缓解各关联企业独立破产时债权人分配差异较大的对抗情绪与矛盾，同时还有利于解决在非合并破产情况下难以处理的一些社会问题。① 另一方面，针对重整案件，实质合并能够增加重整成功的可能，对此也可理解为重整需要标准。企业集团内部成员之间一般采取专业化分工，单独的企业无法构成完整的市场经营体系，因此单独重整往往无法获得成功。采取实质合并重整方式则能够整合企业集团不同业务板块的生产、经营资源，提升企业集团整体营运价值，实现债务人财产价值最大化，增加重整成功率，从而使普通债权人的清偿率获得大幅提升。

（2）关于债权人期待标准

债权人在与关联企业成员交易时是否将关联企业视为一体，也成为是否适用实质合并的关注情形之一。② 美国法院将债权人期待作为适用实质合并的一项重要标准，认为满足债权人的预想对信用市场十分重要，债权人的预想决定了贷款的条件，债权人的预想“创造了重要的公平条件”，并且当公司债权人依赖于他们各自债务人，依赖于公司单独分离的主体时，这些预想将会被实质合并财产的行为所破坏。③ 因此，保护债权人的信赖是重要的。但是，并非所有债权人在交易时都是出于对交易对手作为独立主体的信赖，针对企业集团，相当一部分债权人是基于集团整体的信用作出交易安排。联合国贸易法委员会《破产企业集团对待办法》也提出：“由于企业集团的性质及其运作方式，集团成员之间可能存在着复杂的金融交易网，债权人可能是在与不同的成员，甚至与作

① 参见王欣新：《实质合并破产中听证与复议的规制研究》，载《法律适用》2022 年第 8 期。
② 参见王静：《实质合并破产法律制度构造研究》，法律出版社 2021 年版，第 142—143 页。
③ 参见朱黎：《美国破产实质合并规则的实践及其启示》，载《浙江学刊》2017 年第 1 期。

为单一经济实体的整个企业集团打交道,而不是与个别成员打交道。”[①]

目前,《破产审判会议纪要》并未将债权人期待纳入实质合并审查标准,在司法实践中,这一因素亦未作为重点审查因素予以考量,相比较保护债权人在交易时对交易对手独立性的“信赖”,更强调实质合并破产带给债权人受偿的“公平性”。同时,交易信赖发生于单个债权人与关联企业成员之间,可能仅涉及单个债务人的单笔交易,而实质合并需要考察关联企业在相当长的时间内持续发生的多笔交易,因此单个交易中债权人的信赖一般无法证成或者否定实质合并的正当性。

但是,当关联企业互相提供增信措施成为其经营常态时,那么企业集团在市场交易中已经可以被视为一个交易实体,此时债权人整体信赖利益可以作为一个实质合并的补强因素予以考量。与企业集团交易的一个显著特征是,尽管债权人具体交易系与集团中的个别企业达成,但在交易时,企业集团与债权人均将整个企业集团资产作为其债务偿还的信用基础。基于这样的信用基础,在企业集团整体丧失清偿能力时,只有许可债权人以公司集团整体资产受偿,方可实现对债权人的实质保护。[②] 在实际审查过程中,可以通过审查关联企业经营模式、互联互保具体情况等确定债权人与企业集团中某一主体发生交易是否基于对集团整体信用的信赖,而非对于单个企业信用的信赖。

另外,值得注意的是,从事实确认与利益衡量来看,对于个案中关联企业之间是否构成高度人格混同、有无达到资产分离困难的程度、实质合并是否符合债权人利益最大化等实质合并适用标准的认定及各方主体的利益衡量均具有司法裁判的属性。[③] 实质合并破产是司法判断,无论采取何种实质合并模式,是否经由债权人会议表决同意以及是否经过专业审计机构调查等,相关材料均仅具有证据效力,最终仍需审查法院根据案件实际情况作出是否实质合并的司法判断。

---

① 参见联合国贸易法委员会:《贸易法委员会破产法立法指南第三部分:破产企业集团对待办法》(2010 年),第 57 页。

② 参见贺丹:《破产实体合并司法裁判标准反思——一个比较的视角》,载《中国政法大学学报》2017 年第 3 期。

③ 参见王静;《非讼程序视角下实质合并的申请与审查》,载《法律适用》2021 年第 6 期。

（二）实质合并的审查程序

1. 关于关联企业实质合并破产程序的启动方式

司法实践中，关联企业实质合并的常见启动方式有两种。一种是关联企业分别进入破产程序，之后发现存在法人人格高度混同等情形，实施实质合并破产。另一种是部分关联企业首先进入破产程序，经管理人的调查后对其他关联企业申请实质合并破产。第二种方式司法实践中比较常见，主要原因为，如采取第一种方式，关联企业前期分别进入破产程序，各企业均需要具备破产原因，但因企业集团经营的特征，其可能在集团范围内对资金进行统一调配并分配风险，因此部分企业虽存在和其他关联企业法人人格高度混同等情况，但单独不具备破产原因，无法单独进入破产程序。采取第二种方式时，则可以不再单独考虑各单体企业是否具备破产原因。我国《企业破产法》第 2 条关于破产原因之规定主要适用于企业单独破产的情形。在对企业集团适用实质合并破产进行清理时，各关联企业经审查已经确定存在法人人格高度混同、区分成本过高等情形，法人人格高度混同的一个重要的表征为财产的混同，包括无法区分各企业之间的财产、相互间存在大量的资金调配、互联互保等，在此情况下，关联企业的单体财务报表已经无法反映其真实的资产负债情况，可以将实质合并的企业作为一个整体，考虑其模拟合并情况下的资产负债情况，以判断是否具备整体的破产原因。

2. 关于申请主体

关于申请主体，我国《企业破产法》规定的破产申请主体主要包括债权人、债务人、企业法人已解散但未清算或者未清算完毕情形下的负有清算责任的人，以及企业进入破产清算程序后，出资额占债务人企业 1/10 以上的出资人可以在宣告破产前提出重整申请。在《企业破产法》未作出特殊规定的情况下，应当认为上述主体均有权申请实质合并破产。

但由债权人或债务人提出实质合并申请均有一定的局限性。债权人作为申请主体，在其到期债权未获清偿时，有权申请关联企业实质合并破产，但考虑债权人作为外部主体，难以了解企业集团内部成员之间的经营、交易情况，在涉及实质合并破产时，由债权人举证证明关联企业存在法人人格高度混同等情况，显然超出了债权人的举证能力。对于债务人而言，其了解自身及关联企业的经营状况，有能力提出实质合并破产申请，但进行实质合并可能会全面揭示关联企业不当经营乃至违规经营的状况,企业相关人员可能被追究法律责任。[①]因此出于维护自身利益的考虑,债务人及相关人员可能不会提起实质合并破产申请。出资人提起实质合并申请和债务人提起申请面临类似的问题。同时,无论是进入破产程序的企业,还是进入重整程序的企业,一般而言均已经具备破产原因,根据绝对优先原则[②],在企业无法全额清偿普通债权的情况下,不得为出资人保留权益。一般情况下,即便重整成功,原出资人权益也会被用于清偿债权人及引入重整投资人,原出资人无法保留权益,亦无动力提出重整申请。[③]

考虑上述情况,司法实践中如采取部分企业首先进入破产程序的启动模式,一般由破产管理人提出实质合并破产申请。联合国国际贸易法委员会《破产法立法指南》第三部分《破产企业集团对待办法》(2010 年)中,建议实质合并破产的申请人包括企业集团成员、关联企业成员的债权人以及管理人。管理人作为实质合并破产的申请主体具有合理性,在部分关联企业首先进入破产程序的情况下,该企业的管理人将依法接管破产企业,并对关联企业之间的财务往来、经营管理等情况进行全面的了解和调查。管理人对于关联企业之间法人人格是否混同有较为深入全面的了解,对实质合并原则的效用也有更为清晰的认识。实质合并破产可以减少管理人的工作量,免于对混同资产、债权债务归属的划分,实现保障债权人公平受偿的管理目标,尤其是可以促进重整工作成功,因此,管理人具有提出实质合并破产或重整申请的动力与能力。[④] 目前各地司法实践中也普遍承认管理人的申请权。如《北京市高级人民法院企业破产案件审理规程》第 7 条规定,关联企业不当利用关联关系,导致关联企业成员之间法人人格高度混同,损害债权人公平受偿利益的,关联企业成员、关联企业成员的债权人、关联企业成员的清算义务人、已经进入破产程序的关联企业成员的管理人,可以向人民法院提出对关联企业进行合并破产的申请。

---

① 参见王静:《实质合并破产法律制度构造研究》,法律出版社 2021 年版,第 196—197 页。

② 绝对优先原则为美国联邦最高法院所创设,系重整计划强制批准时必须满足的标准之一,其主要内涵为清偿顺位在先的债权人获得全部清偿之前,顺位在后的债权人不应获得任何清偿;全体债权人获得充分清偿前,出资人不得保有企业的任何利益。参见司伟:《"绝对"与"相对"之辩:论我国企业破产重整中优先原则的选择》,载《中国法律评论》2021 年第 6 期。

③ 对于中小微企业重整案件,一般认为可以适当突破绝对优先原则,考虑到经营者对于企业的重要性,可以适当保留原出资人权益。

④ 参见王欣新:《关联企业的实质合并破产程序》,载《人民司法(应用)》2016 年第 28 期。

方正集团重整案中，系由方正集团管理人提出实质合并重整申请。本案中方正集团首先进入破产程序，北京一中院指定方正集团清算组担任方正集团管理人。此后，方正集团管理人聘请审计、评估机构整体调查方正集团及下属企业情况，发现方正集团与下属企业存在法人人格高度混同等情况，故提起实质合并重整申请。同时，方正集团管理人提交了审计机构关于混同情况的专项调查报告、方正集团等5家公司企业经营及财务管理制度、企业之间资金往来、互联互保、人员交叉任职等情况，以证明5家公司存在法人人格高度混同，区分成本过高，不进行实质合并将严重损害债权人公平清偿利益。

3. 关于实质合并破产的审查程序

（1）听证审查

《破产审判会议纪要》第33条规定，人民法院收到实质合并申请后，应当及时通知相关利害关系人并组织听证，听证时间不计入审查时间。根据上述规定，人民法院应当通知利害关系人，并采取听证的方式对实质合并申请进行审查。我国《民事诉讼法》及《企业破产法》对于听证的具体程序并无明确规定。听证是一个内涵非常丰富的概念，包括一切听取意见的程序，其适用于司法、立法及行政领域。[①] 破产程序与民事诉讼程序有较大区别，相比诉讼要解决双方当事人之间的争端，破产程序中涉及利害关系人众多，因此，破产程序中涉及的利害关系人范围远较诉讼程序广泛。同时，一般而言，破产作为非诉程序，破产程序中各方实体性争议均需要通过诉讼程序另行解决，破产程序中并无处理各方实体争议的法定程序。但对于实质合并破产这一事项，虽对于债权人、债务人等利害关系人权益有重大影响，但目前其系纳入破产审查程序中由破产案件审理法官直接作出裁定，而非通过诉讼程序作出裁判。[②] 因实质合并破产事项将会对利害关系人权益产生重大影响，必须保证程序公正和公平，让利益攸关方有机会发表意见并对这类命令提出异议。[③]

---

① 参见王玲芳：《浅析听证在破产程序中的运用》，载《人民法院报》2022年11月10日，第8版。

② 目前亦有观点认为，实质合并涉及对关联企业法人人格的否认，系解决当事人争执的权利义务问题，应属实体法律关系，法院应当对此问题进行实体审查并通过判决解决民事权益纠纷，法院以裁定对此种实体问题作出决定的方式值得商榷。参见赵惠妙、左常午：《我国关联企业实质合并破产的裁定标准》，载《法律适用》2022年第4期。

③ 参见联合国贸易法委员会：《贸易法委员会破产法立法指南第三部分：破产企业集团对待办法》（2010年）。

关于听证程序的参与主体,应当为实质合并破产的利害关系人。关于利害关系人的范围,《破产审判会议纪要》并未作出明确规定,一般认为,应当包括拟纳入实质合并破产范围的债务人、债权人、出资人等,其他主体如能够证明其权益受到实质合并破产影响,也属于利害关系人之列。听证是相关部门广泛听取各种意见、查明事实真相、确定听证事项如何解决的一种手段。通过听证可以使法院了解到实质合并破产申请人之外的利害关系人掌握的关联企业情况。通过听证中各种不同意见的交流、碰撞,法官可以更为全面地判断并证实是否应受理实质合并破产的申请。同时,听证具有释放、缓解、稀释、吸收在审查中利害关系人之间存在的冲突与不满情绪,减少实质合并破产申请受理裁定作出后可能发生的复议争议等。① 考虑听证在实质合并破产审查中的重要作用,应当充分保障利害关系人知情权、参与权、异议权等权利,听取其针对实质合并破产的意见。考虑实质合并破产的利害关系人并无确定的范围,因此在通知已知利害关系人的同时,法院还应当就实质合并破产事宜发布公告,合理确定公告期限,给予利害关系人充分的时间查阅申请材料、了解相关企业信息,以便就实质合并申请充分发表意见。关于听证会的召开程序,法律未作出明确规定,可根据具体案件情况确定,但应当确保申请人、利害关系人就相关事实充分陈述、辩论,同时审查法院可以通知掌握关联企业财务账簿、文书等材料,了解关联企业财务或运营情况,或者对关联企业混同情况进行专项调查的社会中介机构等有助于查明相关事实的主体参加听证。

(2)利害关系人的复议权及复议后果

根据《破产审判会议纪要》第 34 条的规定,相关利害关系人对受理法院作出的实质合并审理裁定不服的,可以自裁定书送达之日起 15 日内向受理法院的上一级人民法院申请复议。关于复议的利害关系人范围,是否应当以参加听证并收到实质合并裁定的主体为限,目前存在不同的观点。如前所述,不同于诉讼案件中当事人有明确的范围,实质合并涉及利害关系人众多,且为充分听取各方意见,保证各方权益,对相关主体利害关系的界定不宜过于严格。同时,如采取部分主体先进入破产程序实质合并模式,审查过程中拟纳入破产程序的关联企业相关情况法院及管理人可能无法完全掌握,此时利害关系人的范围及

① 参见王欣新:《实质合并破产中听证与复议的规制研究》,载《法律适用》2022 年第 8 期。

联系方式主要有赖于被申请主体自行提供，相关信息的真实性及准确性均无法保障，因此在前期审查过程中，必然存在部分利害关系人无法为法院所识别并进行通知。公告方式作为通知的补充方式，亦具有一定的局限性，相关主体可能无法及时看到相关公告并参与听证程序。因此，客观上可能存在利害关系人前期并未获得通知，亦未参与听证程序的情况，在此情况下，法院作出实质合并破产裁定后，显然无法向相关主体送达。此时如果严格遵从文义解释，认为只有收到裁定书的主体才有权申请复议，会剥夺上述利害关系人的异议权及复议权。考虑上述情况，针对未收到裁定书但有证据证明其与实质合并存在利害关系的主体，也应当允许其提出复议。

对于复议的审查程序、期限及法律后果，《破产审判会议纪要》未作出规定。根据《民事诉讼法》等相关法律规定，复议均不影响原裁定的执行。也就是说，在利害关系人对实质合并破产裁定提出复议后，在上级法院作出复议结果前，实质合并破产程序仍应当继续推进。针对破产清算程序，一般程序期限较长，管理人可以进行前期的财产清理等工作，并暂缓作出财产变价、分配或提请宣告破产等难以逆转救济的行为。但重整程序具有严格的期限要求，根据《企业破产法》之规定，债务人或者管理人应当自人民法院裁定债务人重整之日起 6 个月内，同时向人民法院和债权人会议提交重整计划草案。如有正当理由，还可再延长 3 个月。同时，在期限内，各方需要协商制定重整计划草案，关联企业采取实质合并还是单独破产方式系完全不同的协商的基础，因此在实质合并重整案件中，如需等待上级法院作出复议决定后再行推进相应的协商谈判并制订重整计划草案，可能剩余期限不足，如在复议的同时推进谈判程序，则可能面临谈判基础存在较大不确定的困境。考虑上述情况，审查法院应当尽量缩短复议期限，快速作出复议结果，以确保破产程序的顺利推进。

关于复议的结果，目前亦存在不同的意见。有的观点认为，上级法院能够全面撤销下级法院作出实质合并破产裁定。但考虑到实质合并破产采取的不同启动模式，如前期部分企业先进入破产程序，之后再提起该破产企业与其他关联企业实质合并申请，则实质合并破产裁定中可能包含两部分内容，一部分为裁定受理对关联企业的破产申请，另一部分为对关联企业采取实质合并方式的审理。根据我国《企业破产法》之规定，对于破产受理裁定不得上诉。因此针对该裁定中受理关联企业破产申请的内容，上级法院不得撤销，其仅能针对关联企业是否应当实质合并破产进行审查,并撤销下级法院裁定中关于采取实质合并破产方式进行审理的内容。如上级法院认为不应当采取实质合并破产方式审理,相应的法律后果应当为关联企业单独破产。此时可以采取关联企业破产程序协调审理的方式。同时,考虑关联企业实质合并破产审查时,可能整体判断关联企业存在破产原因,在单体破产的情况下,部分企业可能不再具备破产原因,此时可以根据《企业破产法》第 12 条关于"人民法院受理破产申请后至破产宣告前,经审查发现债务人不符合本法第二条规定情形的,可以裁定驳回申请"之规定,驳回对不具备破产原因的关联企业的破产申请。

(三)关于实质合并破产的后果

1. 实质合并破产的法律后果

根据《破产审判会议纪要》第 36 条之规定,采用实质合并方式审理破产案件的,各关联企业成员之间的债权债务归于消灭,各成员的财产作为合并后统一的破产财产,由各成员的债权人在同一程序中按照法定顺序公平受偿。同时,重整计划草案中应当制定统一的债权分类、债权调整和债权受偿方案。根据上述规定,方正集团重整案中依法处理实质合并重整后的相关事项,实质合并重整主体之间的债权债务归于消灭,重整主体互联互保债务,在债权人重复申报的情况下,认定为同一笔债务。

同时,因关联企业不同主体进入破产程序时间存在差异,因此涉及不同企业停止计息、撤销权及抵消权等权利行使期间问题。《企业破产法》第 46 条第 2 款的规定,附利息的债权自破产申请受理时起停止计息。但对于实质合并破产案件,不同债务人是否采用同一停止计息时间并无规定,对此实践中亦存在争议。因对关联企业进行实质合并破产的前提是各企业存在严重的法人人格混同,无法区分,因此有观点认为可以自始将相应关联企业视为同一主体,即部分关联企业进入破产程序对其他关联企业亦应发生效力。如采取这一观点,在实质合并破产案件中应当认为某一关联企业进入破产程序,对于其他关联企业溯及产生该时刻破产的法律效果,包括所有企业债权停止计息之日均应当为首个企业进入破产程序之日,破产撤销权、抵消权等权利行使期限亦应当以此时间点计算。但这一观点无法解决尚未进入破产程序的关联企业经营行为效力问题,一般而言,企业集团不同企业进入破产程序时间存在先后差别,如方正集团重整案中,方正集团与 4 家企业进入重整程序时间相差约 6 个月。在此期间,对于外部债权人而言,4 家公司处于正常经营状态,如果认为相应关联企业破产程序应当溯及首家公司进入破产程序之时,那么 4 家企业在方正集团进入破产程序后进行的交易行为因为未获得法院、债权人会议的授权或批准应为无效。但事实上,这一阶段相应企业尚未进入破产程序,无法就相关事项提请法院或者债权人会议决议。同时,根据《企业破产法》第 32 条之规定,破产申请受理前 6 个月,债务人有破产原因仍进行个别清偿的,管理人有权请求撤销。《企业破产法》规定受理前 6 个月的个别清偿撤销期限,一方面是为了维护债权人的公平清偿利益,另一方面是考虑在破产申请受理前,债务人有权处分自己的财产,如将可以撤销的个别清偿行为发生期间定得过长,不利于交易安全的维护。① 如认为企业集团所有成员破产时间均应当追溯确定至首个关联企业被裁定进入破产程序之日,则撤销个别清偿的期间将被延长,且该期限将具有极大的不确定性,不利于保护相对人的信赖利益以及交易的稳定性。考虑上述因素,按照关联企业实际进入破产程序的时间确定停止计息及撤销权、抵消权等各项权利行使的时间,更符合《企业破产法》各项制度安排,同时可以妥善平衡债权人、债务人各方主体利益。

2. 实质合并破产对后续破产程序的影响

采取实质合并方式审理的,因合并后债务人主体发生重大变更,因此应当视为一个新的案件,自实质合并破产裁定作出之日起,统一重新起算各项期间。② 进入程序后,法院将关联企业成员自始至终都作为一个整体,统一开展各项重整工作。③ 但如采取部分关联企业已经先期进入破产程序的方式,前期管理人进行的债权申报、财产调查等工作可以延续至实质合并破产程序中,但因债务人主体已经发生变化,此时应当重新确定债权申报期限,并重新召开第一次债权人会议核查债权。同时,因实质合并破产案件系对关联企业视为一个主体整体清理债权债务关系,因此一般仅指定一个管理人,如果在此前破产案件中已经指定管理人,在裁定实质合并破产之后,考虑管理人工作的延续性,可以指定原管理人作为实质合并破产案件管理人。

---

① 参见《中华人民共和国企业破产法》起草组编:《〈中华人民共和国企业破产法〉释义》,人民出版社 2006 年版,第 134—135 页。

② 参见王欣新:《关联企业的实质合并破产程序》,载《人民司法(应用)》2016 年第 28 期。

③ 参见郁琳:《关联企业破产整体重整的规制》,载《人民司法(应用)》2016 年第 28 期。

四、结论

实质合并破产不再考虑关联企业成员的独立法人地位,突破《企业破产法》单个法人破产程序的规定,实践中各地法院裁量标准不一,争议较大。目前对于"关联企业实质合并重整"仅在《破产审判会议纪要》中有简要规定,在实践中仍存在适用标准不明等问题。

在大型企业集团破产案件中,为保护关联企业债权人权益,应当审慎确立实质合并范围,相关企业是否纳入合并重整主要考虑下列因素:一是关联企业的法人人格是否高度混同,以致其资产、负债需要过高的费用和大量的时间才能予以区分,或者由于记载资料匮乏等原因,已经在事实上无法区分,单独适用破产程序严重损害债权人公平清偿利益,可以适用实质合并重整程序。二是在实质合并重整案件中,充分考虑关联企业整体运营、资产配置等情况,判断实质合并重整是否为整体重整所确实必需,或者由于节省区分和清理成本、降低破产费用等原因,加入实质合并重整预计将使债权人整体受益。三是关联企业已经分别符合《企业破产法》第 2 条规定的情形,或作为一个整体,在模拟合并情况下已经具备《企业破产法》所规定的破产原因。

(案例编写:郑伟华、刘琦)

02. 大型企业集团重整重点问题研究

——紫光集团有限公司等7家公司实质合并重整案

案例要旨:紫光集团所涉债务规模大、债权人数众多,并关系到我国高科技相关行业产业链的完整与安全,因此,在进入重整前的庭外风险识别和早期应对尤为重要。本案系在公司法框架内由第三方专业团队进驻,尽早开展具有公信力的清产核资相关工作,为进一步研判风险化解方式和途径奠定基础。进入重整后,通过进行财务审计、运用听证听取各方意见,审慎确立实质合并重整范围。在选择重整模式时,法院特别就出售式重整的各方权利义务和职责提前释明管理人,在明确相关重整模式的优势和特别安排后,最终本案选定了存续式重整模式,极大地降低重整成本,加快重整计划执行。大型企业集团破产案件中管理人通常由政府部门派出人员与律师事务所共同组成,其中律师事务所应当根据其工作量和工作贡献收取相应报酬,而不应收取属于管理人的总体报酬。

一、据以研究的案例

2021年7月16日,北京一中院裁定受理紫光集团有限公司(以下简称紫光集团)重整案。此后,紫光集团管理人申请对紫光集团等7家公司进行实质合并重整,北京一中院组织申请人、被申请人、异议债权人等利害关系人及中介机构进行听证。经审查,北京一中院认为,紫光集团与北京紫光通信科技集团有限公司、北京紫光资本管理有限公司、西藏紫光大器投资有限公司、西藏紫光卓远股权投资有限公司、西藏紫光通信投资有限公司、西藏紫光春华投资有限公司之间法人人格高度混同，区分各关联企业成员财产的成本过高，对其实质合并重整有利于保护全体债权人的公平清偿利益，降低清理成本，增加重整可能性，提高重整效率，故于 2021 年 8 月 27 日，裁定对紫光集团等 7 家公司进行实质合并重整。

北京一中院受理紫光集团实质合并重整案后，坚持市场化法治化原则，通过公开招募、市场化竞争选定重整投资人，严格依法办理，坚持公平对待债权人，切实维护职工权益，紫光集团及下属企业通过继续经营，企业基本面持续向好，有效保障企业集团核心资产的安全及产业布局的完整性。2021 年 12 月 29 日，第二次债权人会议上各表决组高票表决通过重整计划草案。根据草案规定，有财产担保债权、税款债权及普通债权 120 万元以下的部分均获得全额现金清偿；普通债权 120 万元以上的部分可在“现金 + 股票抵债 + 3 年期留债”“现金 + 股票抵债 + 5 年期留债”“现金 + 股票抵债 + 8 年期留债”三种清偿方式中任选一种获得清偿，重整债权清偿率预期可达 95%—100%。2022 年 1 月 14 日，北京一中院裁定批准重整计划。

此后，紫光集团进入为期 6 个月的重整计划执行期间，其间共向 1062 家债权人偿付资金 596. 29 亿元。2022 年 7 月 12 日，管理人向法院提交重整计划执行监督报告。7 月 13 日，北京一中院裁定确认紫光集团等 7 家公司实质合并重整案重整计划执行完毕，并终结紫光集团等 7 家公司重整程序。

本案被最高人民法院和中央电视台共同评为“新时代推进法治进程 2022 年度十大案件”，系破产领域首次获得此殊荣的重整案件；同时，还获评 2022 年度“全国破产经典案例”。

法院生效裁判认为，关于重整计划草案提交期限，法院于 2021 年 8 月 27 日裁定对紫光集团等 7 家公司实质合并重整，重整期间自法院裁定实质合并重整之日重新起算。紫光集团管理人于 2021 年 12 月 13 日向法院及债权人会议提交重整计划草案符合《企业破产法》第 79 条第 1 款规定。

关于表决组设立，本案中债权人申报债权类别包括税款债权、有财产担保债权和普通债权，因重整计划草案拟对税款债权一次性全额现金清偿，税款债权人权益未受重整计划草案调整或影响，故其不参加重整计划草案的表决，仅设立有财产担保债权组、普通债权组对重整计划草案进行表决；因重整计划草案涉及出资人权益调整方案，故设立出资人组对该方案进行表决，符合《企业破产法》及相关司法解释规定。

关于表决规则，紫光集团管理人提交的重整计划草案经第二次债权人会议表决，有财产担保债权组同意重整计划草案的债权人人数占该组出席会议的债权人人数的 100%，超过该组出席会议债权人的半数，其所代表债权额占该组债权总额的 100%，超过该组债权总额的 2/3；普通债权组同意重整计划草案的债权人人数占该组出席会议的债权人人数的 99.72%，超过该组出席会议债权人的半数，其所代表的债权额占该组债权总额的 90.14%，超过该组债权总额的 2/3；出资人组同意出资人权益调整方案的股东持股份额占全部股东持股总额的 100%，超过股东所持表决权的 2/3。据此，各表决组均通过重整计划草案，重整计划即为通过，符合《企业破产法》第 84 条规定。

紫光集团管理人提请批准的重整计划内容合法且完备，公平公正对待了债权人及出资人，未损害各表决组中反对者的清偿利益，并明确投资人不能按约全面履行时的法律责任，保障债权受偿方案的实际执行。通过"存续式"重整使企业迅速恢复持续经营能力，在企业后续经营方案中对业务经营、研发创新、人才引培等方面进行具体安排，具有可行性。此外，重整计划草案的提交程序、债权人会议的召开程序、表决组的设置及表决程序均符合相关法律规定。

北京一中院于 2022 年 1 月 14 日作出（2021）京 01 破 128 号之二民事裁定：（1）批准紫光集团、北京紫光通信科技集团有限公司、北京紫光资本管理有限公司、西藏紫光大器投资有限公司、西藏紫光卓远股权投资有限公司、西藏紫光通信投资有限公司、西藏紫光春华投资有限公司实质合并重整案重整计划；（2）终止紫光集团、北京紫光通信科技集团有限公司、北京紫光资本管理有限公司、西藏紫光大器投资有限公司、西藏紫光卓远股权投资有限公司、西藏紫光通信投资有限公司、西藏紫光春华投资有限公司重整程序。

二、争议的法律问题

一是前期如何介入债务人了解企业所涉风险。紫光集团所涉债务规模大、债权人数众多，并关系到我国高科技相关行业产业链的完整与安全，因此在进入重整前的庭外风险识别和早期应对尤为重要。本案系在公司法框架内由第三方专业团队进驻，尽早开展具有公信力的清产核资相关工作，为进一步研判风险化解方式和途径奠定基础。

二是实质合并重整范围的确定。在大型企业集团体系内,通常有上百家关联企业,哪些企业纳入实质合并重整范围,需要以相关法律规范为依据,明确实质合并企业。通常,管理人要聘用财务审计机构,通过出具第三方报告明确财务、人员混同情况,法院则在管理人递交申请后,运用听证听取各方意见,审慎确立实质合并重整范围。

三是大型企业集团的重整模式选择。在选择重整模式时,法院特别就出售式重整的各方权利义务和职责提前释明管理人,在明确相关重整模式的优势和特别安排后,最终本案选定了存续式重整模式,极大地降低重整成本,加快重整计划执行。

四是管理人报酬问题。大型企业集团破产案件中管理人通常由政府部门派出人员与律师事务所共同组成,其中律师事务所到底如何收取报酬,能否收取属于管理人团队的整体报酬,其报酬计算基数如何确定,相关政府部门作出的贡献是否应当计入管理人报酬,目前该问题争议较大,此前实务中并未有明确结论。

三、案例分析

紫光集团是我国"芯云"科技产业的龙头企业,旗下上市公司分别是其云业务和安全芯片业务的核心企业。此次司法重整所需处置的债务规模大、债权人众多,该案是我国近年来大型企业集团司法重整的典型案例。结合本案案情,对重整中所涉的庭外与庭内程序相衔接、重整模式选择等问题分析如下。

(一)庭外风险识别与庭内程序的有效衔接

当企业陷入经营困境时,此时不仅需要企业自行判断自己的债务规模和风险,而且债权人或者相关主管部门也亟须对相应风险加以研判应对,因此如何在破产程序外尽早开展清产核资是紫光集团债务风险应对的重要工作。通常情况下,在陷入困境后,债务人自行清产核资一般会存在较大难度,原因主要包括:一是内部治理通常会陷入瘫痪,事实上无法推进相关财务审计等工作;二是陷入困境的企业通常有公司管理或决策方面的失误,相关管理层、股东担心被追责,因此主动梳理债权债务,邀请第三方进驻可能性较低;三是我国《企业破产法》重整制度当中,对于资不抵债企业的出资人权益通常会被清零,因此股东并不愿意尽早进入破产程序；四是陷入困境的企业通常已伴随很久的债务违约，很难取得债权人信任，因此也难以开展有效的庭外重组。我国仅在金融机构相关行政监管制度中明确可由金融监管部门对金融机构进行接管，但是对于我国相关行业产业领域有重要地位，其债务危机可能引发连锁反应的大型集团企业，我国目前法律法规上没有第三方进驻或接管的强制规定，不利于风险的早期识别。

紫光集团作为我国知名大学下属企业，其主营业务涉及国家科技领域重大攻关项目，且其债务风险波及上下游多个产业，风险外溢性明显。此时，有必要由中立第三方进驻，及时摸清企业资债和风险规模，尽早开展拯救工作，识别企业营业市场价值。在紫光集团前期风险识别和应对中，通过与两位股东协商沟通，由第三方专门工作团队进驻，在公司法框架内加快诊断企业困境原因，尽早谋划脱困方案，实现庭外诊断与庭内重整的有序衔接，为后续进入重整程序奠定良好的基础。

（二）审慎确立实质合并重整企业范围

关联企业实质合并重整是在重整程序中不再考虑关联企业成员的独立法人地位，消灭其互负债权债务，合并其资产和负债，对其同类债权人统一清偿，将关联企业视为一个单一企业实施重整。由于实质合并重整突破《企业破产法》的单个法人破产程序的规定，因此只有审慎确立实质合并范围，才能不损害关联企业债权人的权益。在紫光集团重整案中，相关企业是否纳入实质合并重整范围，主要考虑下列因素：

一是是否存在法人人格高度混同。经查，紫光集团过度支配与控制北京紫光通信科技集团有限公司等 6 家公司，导致 6 家公司欠缺法人的独立意志，财产存在混同，紫光集团与 6 家公司之间存在显著、广泛、持续的法人人格混同。

二是区分紫光集团与 6 家公司财产成本较高，独立审计厘清债权债务关系难度较大，通过法律途径厘清资产归属成本过高，如果采用专业技术和法律途径加以区分紫光集团和 6 家企业的资产，预计成本较高，耗时较长，将不利于重整案件的有序推进。

三是实质合并重整有利于全体债权人，实质合并重整未损害债权人公平清偿利益，有利于重整程序整体推进，未损害债权人的信赖利益，特别需要说明的是信赖利益的损害问题，紫光集团对 6 家平台公司实行统一管理，在投融资方面视为同一整体。部分参与听证会的债权人所述情况一定程度上能够反映紫光集团及6家公司对外融资及交易时已经向债权人披露其管理模式,债权人与6家公司发生交易亦是基于对紫光集团整体信用的信赖,而非对于单个公司信用的信赖。根据模拟编制的紫光集团等7家公司合并资产负债表,目前7家公司已不能清偿到期债务,且资不抵债,符合破产条件。因此,法院裁定紫光集团等7家公司采取关联企业实质合并重整方式进行审理。

四是法院在裁定是否进行实质合并前,通过发布公告明确异议期,并组织听证来听取各相关方异议,在程序上保障相关利害关系人的合法权益。为保障相关异议方能够切实行使异议权,听证前法院明确给予各异议方相应期限,可联系管理人查询相关材料,了解掌握拟纳入实质合并企业的财务情况,确保异议方能够提出有针对性的异议,避免异议流于形式。

(三)法院指导下的"存续式"重整模式选定

重整案件中,如对债务人采用存续式重整模式有利于降低重整资产交易成本,有效保留企业原有专业职工队伍,平稳实现法人机构更迭,而出售式重整则面临后续剩余资产处置,出售资产交易周期等问题。在本案审理过程中,争议比较大的是采用何种重整模式。重整过程中,在最终确定投资人之前,曾有有竞争力的投资人主张仅出资购买紫光集团的核心营业,这就意味着需要在出售式重整和存续式重整之间进行选择,也意味着后续资产交割等重大事项的安排。管理人事先向法院报告,如果最终确定的投资人仅购买核心营业,那么剩余资产则打包给信托计划进行处置。法院要求,管理人需先明确剩余资产项目及价值。在此基础上,法院进一步释明,由于剩余资产多数为股权,项目少且价值低,如果采用出售式重整模式,则剩余资产应当由管理人按照破产清算程序进行拍卖处置变现和分配,不建议在出售式重整中采用信托模式处置剩余资产。在法院明确释明下,管理人明确表示如果采用出售式重整模式,剩余财产由管理人负责处置。此后管理人在组织遴选投资人过程中,重点关注是否有整体承接的意向投资人,最终通过各方不懈努力,选定了出资额最高且能对紫光集团资产进行整体承接的投资人。

破产重整案件办理过程中,债权人会议和管理人职责有一定的界限和划分,事事提交债权人会议决策并不符合《企业破产法》的规定,实践中也不经济,同时效率低下。大型集团企业所涉债权人众多,在重整模式选择等方面,涉及各种专业、经济等考量因素，此时难以通过组织债权人会议来进行一一决策。我国《企业破产法》规定管理人执行职务，向人民法院报告工作，人民法院对管理人工作有指导监督的职责，但是对于如何指导监督仍没有明确的要求和标准。以本案为例，在管理人就重整模式的决策过程中，法院切实发挥好指导监督职能，提前就相关方案进行了解沟通，紧紧围绕管理人开展工作的相关法律依据、是否依法保护相关人合法权益、是否降低破产成本这三个重点方面进行评判，及时指导监督管理人开展相关工作，对于不符合法律精神原则、增加破产成本等方案、做法，也应及时加以指导改善。

(四)关于重整程序中财产处置信托的风险及规制

大型企业经营范围广、债权债务规模大、资产结构复杂、资产质量参差不齐，在进入重整程序后，除主业核心资产被投资人承接之外，管理人还需要处理非主业资产用以清偿债务。从我国大型集团类企业重整的实践来看，将这部分待处置资产纳入信托计划，向债权人分配信托收益份额，通过资产证券化的方式实现债务人非核心财产的处置变得越来越流行。但是，如何认识重整程序中财产处置信托的风险以及在《企业破产法》的框架下进行规制是当前值得认真对待的问题。

1. 重整中财产处置信托存在的风险

信托是指委托人基于对受托人的信任，将其财产权委托给受托人，由受托人按委托人的意愿以自己的名义，为受益人的利益或者特定目的，进行管理或者处分的行为。信托作为一种金融工具，具有灵活处置资产、破产隔离、以时间换空间等优势，对于多元化处置重整企业资产具有一定益处。由于重整期限较短，大型企业出售式重整案件中，重整期间主要用于投资人谈判，投资方案确定之后才能确定待处置资产范围，因此非核心资产难以在重整期间进行实际处置。此外，待处置的资产类型较多，并非所有资产都适合在短期内即时处置，加之财产处置本身很难明确处置期限和清偿率，因此重整中部分财产处置的信托应运而生。实践中，管理人倾向于将投资人未承接的资产一体纳入信托计划，交由信托机构在未来的几年进行处置。在遴选信托机构时，多数由管理人采取定向邀标等方式选任，信托方案及相关费用支出多是在重整计划草案中予以列明并由债权人会议“一揽子”表决。考虑目前我国有资质且实力较强的信托机构数量较为有限，作为财产处置的信托机构很有可能与作为重整企业的债权人存在重合,在债权人意思自治及司法均缺乏有效监督情况下,信托机构的中立性存疑。

管理人将待处置财产纳入信托计划后,债权人所享有的债权一般将兑换为相应份额的信托受益权,此受益权能够获得的清偿数额取决于信托计划的执行情况。如果信托管理处分的资产不佳,债权人获得的实际清偿可能远低于份额价值,甚至可能为零。相比其他债权清偿方式的明确性,信托计划到底能实现多少清偿,什么时间能实现清偿具有很大的不确定性,未来如果信托被撤销、解除从而发生终止,未被处置的资产本身不能作为法律主体,此时剩余财产的处置主体、处置程序等均有待确定,将面临很大的再处置困境。可以说,目前重整实践尚未认识到使用财产处置信托的局限性,程序上仍缺乏规范性,存在不利于保障债权的情形,会为未来债权清偿和重整计划执行留下风险隐患。

2. 重整程序中财产处置信托的性质

在传统的存续式重整模式中,重整企业主体将继续存续,其资产保留后用于后续经营,一般不涉及部分资产的剥离处置。但是当经营范围较广、涉足行业较多的大型企业重整时,会面临投资人只承接主业资产,非主业资产就面临着处置变现的问题。近年来逐渐兴起的"出售式重整"及"反向出售式重整",都面临着在重整中转让核心经营事业后,而非核心资产面临处置变现问题。在此类重整模式中,需要同时进行重整及清算两种完全不同的模式进行处置。在出售式重整当中,出售核心资产后的剩余资产仍可在重整企业名下进行处置变现,用于债务清偿;在反向出售式重整中债务人企业股权已经由投资人承接,为了实现重整企业与企业原有资债的隔离,管理人需要将已有资债剥离出来,新设或转入其他关联公司名下进行破产清算。无论何种模式,都是在《企业破产法》的框架和监管下进行。

破产管理人在一定程度上具有信托受托人的地位,从《企业破产法》中规定的管理人职责来看,管理和处分债务人的财产是管理人的基本职责,是不允许再行委托的,且从管理人聘用第三方机构人员的要求来看,一是确有必要具有较强专业性的工作可以聘用,比如审计、评估等;二是所需费用如纳入破产费用,需经债权人会议同意。而在重整程序中将部分应当由管理人进行处置的财产进行信托,其实质是管理人作为委托人将自己应尽的管理处分财产的职责委托给第三方信托公司。值得探讨的是,根据我国《企业破产法》规定,管理和处分债务人财产是管理人的基本职责,引入信托进行财产处置,相当于在经过债权人多数决后能否解除管理人的法定职责,如果有此效力那么需要债权人会议表决达到何种比例才能通过,如果不具有此种效力,那么财产处置后续问题及相关责任是否仍应由管理人继续承担?

在《企业破产法》框架下,对于资产处置变现有相应明确的程序要求,表决后的方案需经法院裁定确认,程序、权利、职责、纠纷争议的处理途径非常清晰明确,有助于依法保障破产程序中各利益相关方的权益。而将债务人待处置财产纳入信托后,受益人仍保留财产管理处置的重要事项决定权,在后续过程中,将继续召开受益人大会来决定财产处置方式、分配方案,其与破产清算程序中的债权人决议机制并无二致。财产处置信托仅仅是更换了处置实施主体,但处置程序、处置方式、分配方式均未发生实质性变化,信托仅是财产处置的一个中间环节,而不能视为财产处置完毕。可以说,如果将原本由管理人在《企业破产法》框架下按照法定程序处置资产,变更为单纯商业信托方案下的资产处置,也不再作为重整计划执行内容和执行完毕的标准,客观上使信托方案的执行游离于重整和清算之外,不受《企业破产法》的监管与规制,不利于债权人权益的保护。

3. 重整程序中对财产处置信托的规制

一是明确能够纳入信托财产的范围。不同于正常商业情境下的信托,破产重整中能否及如何运用信托也必须要在《企业破产法》的框架下进行考虑和构造。企业破产法明确及时尽早处置资产是基本原则,管理人要以财产价值最大化,提高债权清偿率,维护债权人合法权益作为履职出发点。在企业重整中除了纳入继续经营的范畴外,原则上都要及时处置变现用于清偿债务。因此,重整企业财产是否纳入信托应当遵循必要和合理的原则。首先,管理人要对处置资产进行甄别分类和价值评估,明确财产价值、处置变现方式和时间,在此基础上明确哪些财产适合纳入信托。由于信托是未来一定期间内进行处置,因此只有延期处置能够提升财产价值的才有必要纳入信托,而需即时处理的则不应纳入。其次,管理人要重点考虑信托成本和信托收益的问题。在重整程序中需要就这部分财产处置支付管理人费用和报酬,在信托中需要支付信托机构相应的费用和报酬,具体处置变现时还可能另行委托第三方处置,还要继续支付费用,此外各种税费等,因此管理人在制定信托方案时要在专业评估和公开询价的基础上,论证将这部分财产纳入信托,将使债权人的收益大于成本,有利于提升债权人受偿额度,否则也不应采用信托。

二是信托方案应披露风险并安排后续处置方式。管理人制订的信托方案不仅要包括信托财产的具体类型、现状、议事行权、财产管理及处置方案,还应当充分披露信托方案的风险,包括无收益、低于评估价值的收益、发生纠纷时的解决方式、管理人是否免责等重要问题。其中信托风险的披露是重要内容,因为要将法定程序内的事项变更到程序外进行,基于管理人的信义义务,应当对债权人进行全面披露。只有信息的充分披露,才能真正保障债权人的意思自治。

重整程序中表决和批准的信托方案在实施过程中将成为一份完全的商业协议,各方都只能在此前提下解决争议,不再具有重整、清算程序的终局性特征。如果信托发生提前终止的情形,全体债权人想要处置剩余财产,将面临着救济途径少、行权决议难等困境,最终导致财产处置难。如果要避免此种情形,管理人应当提前在信托方案中明确如果信托方案提前终止或无法执行时剩余财产的处置主体、处置程序,以避免在信托终止后财产处于无人管理状态导致价值的不当减损,从而对债权人造成损失。

三是管理人选任信托机构应经过法定程序。财产处置信托本质上是管理人委托相关机构履行法定职责,因此应当遵循《企业破产法》第 28 条、《全国法院破产审判工作会议纪要》第 11 条关于聘请必要工作人员的规定。在信托机构的选任程序上,参考评估机构、审计机构等中介机构的选任,由管理人向法院陈述聘请信托机构的理由,并由法院许可,确保选任的必要性及选任程序的公正性。关于信托费用,应当依据前述规定关于管理人聘用其他人员费用负担的规则,管理人聘请信托机构的费用如需要列入破产费用,应当经债权人会议同意,以实现债权人会议对信托费用的监督。

四是债权人会议单独表决信托方案。重整中不涉及继续经营和债务人权益保留的财产应当适用破产清算规则,处置变现后向债权人分配。在资不抵债的情形下,债务人财产权益归属于全体债权人,财产的运营管理及处置分配均基于债权人的意思自治范畴,财产的管理、变价、分配均需要经过债权人会议决议。目前实践中一般将信托方案纳入重整计划草案一并表决,客观上使债权人丧失对财产处置中间环节的决定权,造成“捆绑销售”的后果。债权人为了获得清偿,将不得不同意信托方案,客观上剥夺了债权人对财产处置的意思自治与决定权。加上信托方案其实质是将管理人职责委托给第三方,因此信托方案不仅需要提交债权人会议单独表决,而且至少需要遵循有关重整计划草案的表决规则。

(五)以实际工作量和工作贡献确定律师事务所的报酬

一是以债权人在重整程序中所受实际清偿作为报酬计算基数。管理人以普通债权金额作为计算报酬的基数,但是该基数并不符合最高人民法院《关于审理企业破产案件确定管理人报酬的规定》第 2 条规定的“最终清偿的财产价值总额”的要求。紫光集团等 7 家公司重整计划中针对普通债权的清偿方案为:120 万元以下部分全额现金清偿;120 万元以上债权部分提供三种清偿方案选择权,债权人可以在三种方案中任选一种进行受偿。方案一,“现金 + 股票抵债 +3 年期留债”;方案二,“现金 + 股票抵债 +5 年期留债”;方案三,“现金 +8 年期留债”。方案中以留债偿还普通债权的清偿方式,尚未清偿完毕,需要重整后的紫光集团利用经营所得去偿还,故留债金额不应纳入“最终清偿的财产价值总额”进行计算。

截至 2022 年 7 月 13 日,法院裁定终结重整程序,紫光集团已经清偿的债权金额具体包括:(1)普通债权现金清偿金额;(2)以下属上市公司股票抵债已清偿的普通债权金额;(3)已清偿三个方案中普通债权的留债利息;(4)税款债权清偿金额。前述 4 项金额之和作为“最终清偿的财产价值总额”来计算管理人报酬的金额,延期现金清偿的留债金额不应计入其中。

二是确定律师事务所报酬金额时的考量因素。最高人民法院《关于审理企业破产案件确定管理人报酬的规定》第 15 条规定,清算组中有关政府部门派出的工作人员参与工作的不收取报酬。其他机构或人员的报酬根据其履行职责的情况确定。本案管理人系在政府指定的清算组基础上组建,清算组中有诸多相关政府部门派出工作人员参与,律师事务所仅是参与方之一,主要负责解决案件所涉的法律事务工作。故律师事务所作为清算组聘用的第三方中介机构,应当根据前述规定,按照其履职情况收取相应报酬,不应收取属于管理人的总体报酬。

鉴于紫光集团重整案诸多疑难复杂问题已通过府院联动工作机制牵头协调解决,加之相关政府机关人员参与管理人团队,发挥重要作用,且不收取任何报酬。在整个重整期间，管理人聘用了紫光集团原有高级管理人员开展日常经营等工作，并用债务人财产支付了相应的工资报酬。本案聘用会计师事务所从事审计及税务筹划工作，聘用资产评估有限公司从事本案资产评估工作，聘用中介机构担任本案财务顾问，在紫光集团风险处置期间，亦参与重整投资人招募等工作。考虑到府院联动工作机制在本次重整中起到的决定性作用，以及政府部门、其他第三方中介机构的深度参与，因此，最终应在管理人总体报酬基础上酌情确定律师事务所的报酬。

（案例编写：王玲芳）

03. 预重整制度的职能定位、运行机制与效用发挥

——北京华谊嘉信整合营销顾问集团股份有限公司重整案

案例要旨：预重整制度虽然在我国《企业破产法》中尚无明确规定，但在司法实践中已被广泛运用，而各地预重整的适用条件、程序设置等却不尽一致。本文以华谊嘉信公司重整案为引例，系统剖析预重整的启动条件、预重整与重整程序的衔接要点以及上市公司预重整的特殊问题，并从中总结出上市公司预重整的具体操作流程，以期为后续预重整案件提供参考。

一、据以研究的案例

申请人：北京华谊嘉信整合营销顾问集团股份有限公司（以下简称华谊嘉信公司）。

华谊嘉信公司成立于2003年1月23日，注册资本为67138.642万元，于2010年登陆创业板，是国内较早从事整合营销传播业务的公司之一，在企业品牌设计、营销、公共关系领域处于细分龙头的地位，具有良好的口碑与客户关系。2019年起，华谊嘉信公司因受中国证券监督管理委员会（以下简称证监会）处罚、举债式并购扩张，以及行业发展变化等因素影响，面临财务状况严重恶化的困境，其2020年年度报告显示净资产为负5亿余元，公司股票被实施退市风险警示。

2021年3月24日，华谊嘉信公司向北京一中院申请预重整。法院通过

听证程序初步判断华谊嘉信公司在技术、产品、营销、品牌等方面具有突出优势，具有重整价值和可能，并鉴于华谊嘉信公司若不能在12月31日前完成重整程序将面临强制退市，北京一中院于3月26日决定对华谊嘉信公司启动预重整，并通过竞争选任的方式于4月9日指定北京市大成律师事务所为临时管理人。

预重整期间，一方面，临时管理人协助债务人企业预先与主要债权人、潜在投资人等相关主体进行沟通，开展了债务清算、债权预申报与审查、资产评估和重组方案协商等工作，明确重整工作整体方向，并根据重整投资人提供的投资方案制定预重整方案；同时持续关注中小股东诉求，协调其理解、支持预重整工作，为案件进入重整程序后重整方案得以快速表决奠定了基础。另一方面，公司与临时管理人就预重整及未来重整各项具体事宜与法院、证券监管部门进行深入交流，充分听取法院与证券监管部门意见反馈，就包括普通债权人清偿方式选择权、表决分组、转增股份数量、投资人受让股票对价、业绩承诺等安排加以完善，增加重整实施落地的可能性。

经证监会和最高人民法院核准后，10月28日，北京一中院裁定受理华谊嘉信公司的重整申请，并指定北京市大成律师事务所担任管理人。2021年12月，华谊嘉信公司重整案第一次债权人会议及出资人组会议分别召开。由于华谊嘉信公司有财产担保债权组、职工债权组与税款债权组的债权人，权益未因重整计划草案受到调整或者影响，不参加重整计划草案的表决，仅由普通债权组对重整计划草案进行表决。经表决，普通债权组表决同意债权人占出席会议的债权人的83.87%；表决同意债权人所代表债权额占普通债权组债权总额的75.51%。出资人组表决同意的出资人所持有效表决权股份占出席会议出资人所持有效表决权股份总额的92.19%。各表决组的表决结果均符合法定通过标准。

根据华谊嘉信公司重整计划，各类债权将通过投资人提供资金、处置资产的现金清偿，以及通过资本公积转增股份的以股抵债等多种方式进行清偿（其中债转股清偿方式能够实现100%的清偿率），公司债务实现妥善化解；资本公积转增股份比例为10转3.8，最大限度稳定公司股份实际价值；投资人通过提供资金支持、业绩承诺、取得股份安排锁定期等措施实现公司提质增效，以保障各利益相关方权益。12月16日，北京一中院裁定批准华谊嘉信公司重整计划并终止重整程序。12 月 31 日,北京一中院裁定确认华谊嘉信公司重整计划执行完毕并终结重整程序。

该案系北京市首例上市公司重整案件,亦系北京首例适用预重整程序的上市公司重整案。由于预重整期间完成了招募战略投资人、债权预申报及审查、预重整方案的制定等重要事项,案件进入司法重整后,从受理至审结仅用时 49 天,重整计划的执行仅用时 15 天,为企业引入偿债资源和营运资金逾 8 亿元,成功化解企业债务逾 12 亿元,有效保障了近 2 万名中小股东的权益,集中体现了预重整制度在降低重整成本、提高重整成功率、有效识别重整价值及可行性方面的积极作用,充分发挥了重整制度实现多方共赢的功能和价值。

二、涉及法律问题

一是预重整适用的条件。预重整的作用已被学术界和实务界广泛认可,但我国《企业破产法》目前对预重整尚无明确规定,司法实践中的预重整案例也多为各地法院根据自行制定出台的制度规范进行的实践性探索,因为各地规定各有不同、各有侧重,其适用条件、功能定位、程序设置仍处于较为混乱的状态,这种不规范性不仅影响预重整制度的效应发挥,还会对利益关系人权益造成损害,亟须对预重整的适用条件进行统一规范。

二是预重整与重整程序的衔接。预重整是重整程序在庭前的延伸,其目的在于将债权核查、重整投资人招募、各利益方的谈判协商、预重整方案的制定表决在预重整阶段完成,从而快速、有效推动重整计划发生效力,而实现这一目标的关键就是做好预重整与重整程序的衔接。只有做好立案、管理人、债权审查、财产清查、方案表决等各个环节的衔接,才能有效发挥预重整的效力,推动重整方案尽快落地,从而实现挽救困境企业的制度目标。

三是上市公司预重整的特殊问题。上市公司预重整除符合一般困境公司的流程外,因涉及众多股东利益,关乎上下游产业链的健康等影响社会稳定和经济发展的相关因素,对其重整有特殊的要求,如交易所对其退市流程、信息披露、时间限制等方面有特殊规定,因此,对于上市公司预重整要统一、明确其特殊流程设置。

三、案例分析

(一)预重整制度的定义

预重整制度源自美国,《美国破产法典》第 1126 条(b)规定,如果符合法律规定的有关申请重整前的信息披露要求,债权人或股东在重整程序提起前已经接受或拒绝重整计划,将被视为已接受或拒绝了该重整计划。该条规定从立法上承认了预重整。① 联合国贸易法委员会制定的《破产法立法指南》中明确,预重整是指使受到影响的债权人在程序启动之前自愿重组谈判中谈判商定的计划发生效力而启动的程序。

目前,我国《企业破产法》对预重整尚无明确规定,但近年来在最高人民法院出台的会议纪要、行政机关出台的制度文件中可以零散窥见预重整的相关规定。如 2017 年最高人民法院发布《关于为改善营商环境提供司法保障的若干意见》,第 16 条规定提及"积极推动构建庭外兼并重组与庭内破产程序的相互衔接机制,加强对预重整制度的探索研究",系第一次在司法政策性文件中明确提及"预重整"。而后 2018 年《全国法院破产审判工作会议纪要》第 22 条规定,探索推行庭外重组与庭内重整制度的衔接。在企业进入重整程序之前,可以先由债权人与债务人、出资人等利害关系人通过庭外商业谈判,拟定重组方案。重整程序启动后,可以重组方案为依据拟定重整计划草案提交人民法院依法审查批准。虽然该条并未直接使用"预重整"的概念,但被普遍认为是国内探索构建预重整制度的信号。2019 年《全国法院民商事审判工作会议纪要》第 115 条对庭外重组协议效力在重整程序中的延伸进行规定,明确继续完善庭外重组与庭内重整的衔接机制,降低制度性成本,提高破产制度效率。人民法院受理重整申请前,债务人和部分债权人已经达成的有关协议与重整程序中制作的重整计划草案内容一致的,有关债权人对该协议的同意视为对该重整计划草案表决的同意。但重整计划草案对协议内容进行了修改并对有关债权人有不利影响,或者与有关债权人重大利益相关的,受到影响的债权人有权按照《企业破产法》的规定对重整计划草案重新进行表决。上述规范对预重整和重整程序的衔接作出了明确规定,为实践中实施预重整提供了制度保障。

---

① 参见王玲芳:《混合企业救援实践下的预重整制度构建》,载《法治研究》2022 年第 4 期。

司法实践中，各地法院也相继对预重整作出规定，如《北京破产法庭破产重整案件办理规范(试行)》第27条规定，本规范所称“预重整”，系指为了准确识别重整价值和重整可能、降低重整成本、提高重整成功率，人民法院在以“破申”案号立案后、受理重整申请前指定临时管理人履行相关职责，债务人自愿承担相关义务，由临时管理人组织债务人、债权人、出资人、重整投资人等利害关系人拟订预重整方案的程序。《广州市中级人民法院关于破产重整案件审理指引(试行)》第20条规定，本指引所指预重整，是指在重整程序启动前，主要债权人、出资人、债务人、重整投资人等主体在人民法院主导下通过协商谈判，预先就重组关键条款达成共识、参照《企业破产法》规定的主要内容制作预重整方案，并取得一定比例利害关系人同意的程序。《重庆市第五中级人民法院预重整工作指引(试行)》第1条规定，本指引所称“预重整”，指衔接庭外重组和庭内重整，对债务人与债权人等利害关系人达成的符合本指引规定的庭外重组协议在重整申请受理后予以确认的程序。破产申请受理前，庭外商业谈判的期间称为预重整期间，破产申请受理后，可以庭外重组协议为依据拟订重整计划草案。虽然各地对预重整的规定各有侧重，但总结而言，我国司法实践中的预重整是指在法院受理破产重整申请前，通过临时管理人清理困境企业的债权债务，协助债务人、债权人、投资人等各方利害关系人进行沟通谈判，通过庭外协商制订重整计划，并获得债权人多数同意后，借助重整程序使重整计划发生约束全体债权人的效力，以早日实现债务人复兴的一种法律拯救机制。① 目前，其功能定位、程序设置仍处于探索阶段。

1. 庭外重组、预重整、庭内重整的关系

庭外重组、预重整、庭内重整都是挽救危困企业的有效路径，三者在司法干预程序上，是依次递增的；而在灵活性和自治性上，又是递减的。庭外重组尊重意思自治，自由度高，但容易因少数债权人的钳制行为而失败。庭内重整有国家司法机关作为背书，权威性强，但重整时间长，司法成本高，具有不可逆性。作为中间地带的预重整，兼顾了庭外重组和司法重整的优点，兼具私力救济的灵活性与公力救济的权威性，是一种混合性拯救程序。一方面，谈判活动提前到正式重整程序之前完成，节约了大量的时间成本和管理费用，庭外谈判也将

① 参见胡利玲：《论困境企业拯救的预先重整机制》，载《科技与法律》2009年第3期。

减少破产重整对困境企业信誉和商誉带来的负面影响,有利于其继续营业。另一方面,预重整有限司法权的介入,如指定临时管理人、中止执行、在进入重整时对预表决计划草案的强制批准等,也能够减少庭外重组产生的钳制成本。

2. 预重整的流程设置

预重整在实践中的具体操作模式一般为困境企业向法院提交预重整申请,法院收到申请后审查是否符合预重整条件,如符合则法院决定进入预重整,同时指定临时管理人,在预重整阶段形成"预重整计划草案",经过表决后,临时管理人申请进入正式的司法重整程序。

3. 预重整的期限

实践中,各地法院对于预重整的期限存在不同的规定,其中大多数法院明确预重整期限为3个月,符合条件的可延长1个月至2个月不等;也存在部分法院未对预重整期限作出限制。应该说,鉴于预重整自由灵活的庭外协商的特点,不宜对其进行时间限缩。但实践中,如果过于放任困境企业无止境地进行私力救济,很可能导致企业自身"病入膏肓",从而导致司法公权力的介入也毫无意义。而且进入预重整的上市公司面临退市的紧迫威胁,即使在预重整程序上没有相应的时间限制,但根据监管部门相关规定,若未能在当年12月31日前完成重整,亦是"回天无力"。

(二)预重整适用的条件

就目前法律规定而言,全国范围内并未形成统一的预重整适用标准。从各地出台的规范性文件来看,启动预重整的适用标准亦是各有侧重,如深圳市中级人民法院《审理企业重整案件的工作指引(试行)》第28条规定,债务人符合需要安置的职工超过500人,债权人200人以上,涉及超过100家上下游产业链企业,直接受理重整申请可能对债务人生产经营产生负面影响或者产生重大不稳定因素之一的,可以进行预重整;重庆五中院《预重整工作指引(试行)》第3条规定,具有挽救可能,有能力与主要债权人开展自主谈判的企业法人,可以进行预重整。在《企业破产法》并无规定的情况下,各地法院对于预重整的启动具有较大的裁量空间。本文认为,应当综合考量预重整的制度优势及不足,合理确定预重整的启动条件,以维护各方当事人权益。

1. 预重整制度优势及不足

预重整是将庭外重组与庭内重整相衔接而创新的一种企业挽救辅助性模

式,整合了庭外重组的市场自治功能和庭内重整的司法强制效力,在挽救困境企业、优化资源配置等方面具有独特优势。① 因预重整是在法院指定的临时管理人主持下进行,以重整相关规则为指导,具有一定的公信力,能够增加利害关系人的信任度和参与的积极性。同时,因预重整期间,临时管理人并不接管债务人财产和营业事务,债务人具有较大的自主权,可以参与乃至主导与投资人、债权人等各方主体谈判工作,即使协商不成,也可退出预重整程序回归庭外重组,而非强制进入破产清算,因此,具有较大的程序灵活性。启动预重整后还可以提前开展部分重整工作,能够有效缩短重整时间、提升重整成功率。但是,在承认预重整具有诸多优势的同时,也应当看到预重整制度的不足。预重整本质上并无司法强制效力,该程序中司法权介入较为有限,且不产生停止计息、中止诉讼执行、解决保全措施,担保权暂停行使等破产保护效果。一般而言,预重整应当具有私密性特征,该特征的最大优势是不会造成"公司正在经历一个极端困难时期"信号公开后所引起的诸如丢失客户、雇员离开、供应商拒绝继续合作等负面影响的连锁反应。在企业有转圜希望,且因困境早期的"尽早"启动重组协商而有尽可能多的财产得以确保的情形下,债务人与债权人将有大概率机会达成重组共识。② 目前我国各地区对于预重整的探索更多将其作为重整前的"准庭内程序",由法院立相应案号并指定临时管理人推进相关程序,该程序启动之初即具有破产程序的公开性,但却并未配合破产程序的保护效力,极易引发众多债权人加快诉讼及抢先执行等行为,不但可能导致债务人经营情况急剧恶化,还可能因未及时开启破产保护而损害债权人的公平清偿利益。

2. 预重整滥用情况

除上述预重整本身存在不足之外,由于对预重整制度缺乏明确规则,司法实践中还可能出现滥用预重整的行为,主要体现为以下三种情形:

一是变相延长重整期间。重整程序作为成本高昂的司法挽救程序,对债务人保护较为充分,但可能影响担保债权人等相关权利人的利益,因此,《企业破产法》明确规定了"6+3"的重整期间,以平衡各方主体利益,尤其是如果在预重整的同时,配合诉讼执行中止等措施,将导致预重整成为事实上的重整程序,但

① 参见陆晓燕:《预重整的运行机理及规则构建》,载《中国应用法学》2023年第3期。

② 参见杨春华:《我国预重整制度探索研究》,载《法律适用》2022年第11期。

其又不受法定重整期间及重整各项强制性规则约束，将损害债权人等利害关系人权益。因此，对预重整期间应加以适当限制。

二是变相规避重整相关程序规则。因预重整系以重整程序为目的，本应在重整程序中进行的部分工作如审计评估、投资人招募等在预重整程序即已开展。但上述工作在重整程序中均具有较为严格的程序要求，如果在重整程序中不加审查直接沿用相关成果，可能导致重整程序相关规则被规避。因此，在预重整期间应当向当事人充分释明相关程序要求，重整程序中亦应当严格把握衔接标准。

三是变相提高重整受理审查标准。司法实践中，存在对企业重整价值过度审查的倾向，预重整虽有利于判断企业重整价值及可能，但并非必要前置程序，对于已经能够初步判断重整价值的企业，应当尊重当事人意愿，允许其进入重整程序。

3. 预重整启动条件

综合考虑预重整的制度优势及不足，本文认为对于预重整程序的适用应当审慎，可以结合当事人意愿、债务人困境程度、各方谈判情况、进入重整程序是否存在障碍等情况，综合考虑是否应当适用预重整。具体而言，预重整可以适用以下两类案件，一是债务人尚处于困境初期，有一定的自救能力，希望开展庭外重组程序。在此情况下预重整程序，可以充分发挥预重整制度优势，提升谈判效率，增加重整成功率。但如果法院经审查发现，债务人已经发生破产原因，且其关键资产面临被强制执行等风险，此时，一般不宜进行预重整，而应当根据当事人意愿尽快开启破产保护，以保障各方权利主体的权益。二是上市公司重整案件，因上市公司破产重整法院在受理前需要更加细致的审查，同时为了避免公司被强制退市，实现"保壳"目标，一般需要在当年度的 12 月 31 日前执行完毕重整计划，具有很强的时限要求，因此，在此类案件中，可以适用预重整程序提前开展部分工作，以节省重整程序时间，满足监管时限要求。

华谊嘉信公司重整案是北京首例上市公司重整案，因上市公司受理重整前需要经过相关审查，同时为了避免公司被强制退市，重整计划需要在当年度的 12 月 31 日前执行完毕，实现年内净资产转正。如果在完成审查进入重整程序之后再开展各项工作，可能无法满足时限要求。考虑上述情况，在审查的同时，合议庭根据当事人的申请同步启动预重整程序，指定临时管理人开展债权预申报、审查，审计评估、招募投资人及沟通谈判等工作，充分发挥预重整制度在降低重整成本、提高重整成功率、有效识别重整价值及可行性方面的积极作用，为后续重整程序及重整计划执行工作节约大量时间，将重整期间和执行期间分别压缩至 49 天和 15 天，成功实现了高效拯救企业的既定目标。

（三）预重整与重整程序的衔接

预重整的最终目的在于快速、有效推动重整计划发生效力，而实现这一目标的关键就是预重整与重整程序的衔接，否则，预重整和重整程序中环节类似、内容雷同的工作将会给债务人带来双重负担。

1. 关于预重整的启动。首先，预重整应当由债权人或者债务人主动提出申请，以当事人自愿为前提。其次，因预重整并非法定程序，程序的推进需要债务人、债权人、股东等各方主体自愿配合，尤以债务人的配合最为重要，在该程序启动时，债务人应当出具履行预重整期间相关义务的承诺，包括接受临时管理人财产调查、如实披露信息等。如出现债务人不予配合，导致预重整相关工作事实上无法开展的情况，应当终止预重整程序。

预重整的目的在于：一是正式表达重整的需求，并将重整需求置于司法的关注之下，受司法的保护与约束；二是让预重整工作在破产法的制度规范下有序开展，减少破产预重整工作的风险，为重整时机的选择提供制度保障。预重整作为司法重整程序的前移，可以“破申”作为案件类型代字编制案号，出具启动预重整决定书。待进入正式重整程序后，继续以同一案号出具受理重整民事裁定书。[①] 华谊嘉信公司的预重整决定和受理破产重整裁定均以（2021）京 01 破申 82 号编制案号。

2. 预重整应受庭内程序规则约束。预重整虽本质上属庭外程序，但其以衔接庭内重整为目标，因此，预重整应当以有效衔接重整程序为工作导向。一方面，预重整期间债权预审查、投资人预招募、审计评估等工作，均应当按照重整程序相关要求开展，以便相应工作成果可以在重整程序中获得认可。另一方面，预重整期间相关主体协商谈判、方案制定时应当以重整计划相关规则为约束，以确保预重整工作方案可以转化为重整计划草案，实现程序间的有效衔接。

3. 指定（临时）管理人。预重整期间，由法院指定临时管理人开展工作，临

① 参见潘幼亭、朱晋华：《适度司法干预下的预重整程序》，载《人民司法》2021 年第 16 期。

时管理人应当在相关权利人的自愿配合下开展以下工作:(1)全面调查债务人资产负债等情况;(2)查明债务人是否具有重整价值和重整可能;(3)监督债务人履行预重整期间相关义务,并及时报告人民法院;(4)组织各方协商拟定预重整方案;(5)根据需要指导和辅助债务人引进重整投资人等。

在预重整期间,临时管理人完成资产清查及债权审查等预重整工作成果,在重整期间可以直接确认。若更换管理人会增加工作交接成本,加重债务人企业的负担,因此从预重整程序转变为重整程序时,可以直接指定临时管理人为正式管理人,除非预重整期间管理人存在重大失职问题,法院根据债权人或债务人申请并调查确认临时管理人构成重大失职而予以更换。北京一中院通过竞争选任的方式于2021 年4 月9 日指定北京市大成律师事务所为临时管理人,在裁定受理华谊嘉信公司重整申请后,继续指定北京市大成律师事务所担任管理人,实现了管理人在预重整阶段和重整程序中的有序衔接。

4. 债权审查工作的衔接。在债务人未经所有债权人申报的前提下,出具符合条件的预重整方案比较困难,更加难以计算模拟清偿率。因此,为了最大限度地掌握债务人的债权债务情况,提升模拟清偿率的精确度,以便识别重整可能性,预重整期间需要公告申报债权并进行债权预审查。① 预重整期间债权人类型、人数和债权利息截止日期等的确定,须与重整期间的规定相衔接。在预重整期间,债权人和债务人对预重整管理人编制的债权表中记载的债权无异议的,预重整管理人应当予以确认。因预重整债权还不是真正破产法意义上的破产债权,因此法院对管理人审查的债权无须确认无异议债权。②

关于债权利息截止日期的确定。根据现有法律规定,预重整尚不能阻却司法执行,也不能发生停止计息的法律效力。因此,通常预重整期间债权利息暂计至法院出具的预重整登记日期,待重整裁定作出后以法院确定的重整日期为准。最后,提交的预重整计划草案确定的债权人人数,应满足债务人进入重整程序时法律对相应债权人人数和债权比重的相关规定。

在华谊嘉信公司预重整期间,北京一中院发布申报债权公告,并载明"本院

---

① 参见浙江省宁波市中级人民法院课题组:《预重整制度的逻辑构建与路径探索》,载《人民司法》2022 年第10 期。

② 参见潘幼亭、朱晋华:《适度司法干预下的预重整程序》,载《人民司法》2021 年第16 期。

裁定受理重整申请的,上述债权可以不必另行申报”。但是,预重整期间申报的债权以预重整受理日为止息日,而重整期间申报债权的止息日为受理重整之日。对此,重整期间管理人对已经在预重整期间申报债权,附利息的债权利息部分金额根据正式裁定受理日停止计息后重新予以审查和确认,从而实现了预重整期间债权申报及审核与重整期间债权申报及审核的衔接。

5. 财产清查的衔接。预重整期间临时管理人须对债务人企业进行尽职调查,包括资产调查、财产清查等,以对债务人企业进行全面摸底,为制作预重整计划草案制定财产清偿方案提供基础。该财产调查结果同样适用于重整程序,因此,须做好财产清查的衔接,预重整期间所做的财产清查同样适用于重整程序。

而关于重整审计、评估基准日,上市公司重整实务中存在不同做法,有的以重整受理日作为重整审计评估基准日,有的则以预重整受理日或者预重整受理前后之日作为重整审计评估基准日。《北京破产法庭破产案件管理人工作指引(试行)》第 50 条第 2 款规定,“债务人在破产申请受理之前已经完成评估、审计工作的,管理人应当以节约成本、提高履职效率为原则,根据债务人实际情况考量是否采用”。鉴于华谊嘉信公司在预重整期间,审计、评估机构已经完成以 2021 年 3 月 31 日为基准日的审计报告与评估报告初稿,故最终华谊嘉信公司进入重整程序后,仍然采用预重整(2021 年 3 月 31 日为基准日)审计评估结果。

6. 预重整计划表决的衔接。预重整与正式重整衔接的一个重要内容就是预重整过程中重整计划表决效力的延伸,在预重整结束后,法院审查预重整工作报告和相关证据等材料后,可依法裁定转入重整程序。关于预重整方案的审查。一是看信息披露是否充分。结合信息披露的内容、对象等具体履行情况等方面进行审查,以确保预重整中信息被充分披露。二是看债权人的知情权能否得到充分保障。从债权人考虑期和异议期、表决方式等方面进行审查,确保投票表决程序公平公正。三是看重整计划草案是否实质变更了预重整方案内容。若草案没有实质性变更预重整方案内容,预重整方案的内容可实现效力的延伸,债权人和相关出资人在预重整阶段的表决可视为对重整计划草案的表决。①

① 参见浙江省宁波市中级人民法院课题组:《预重整制度的逻辑构建与路径探索》,载《人民司法》2022 年第 10 期。

预重整期间，债务人有征集债权人表决预重整计划的权利，根据《全国法院民商事审判工作会议纪要》的相关规定，债务人和部分债权人已经达成的有关协议与重整程序中制作的重整计划草案内容一致的，有关债权人对该协议的同意视为对该重整计划草案表决的同意。但是应当注意的是，关于预重整期间相关主体对于预重整方案的表态，因并非重整正式表决程序，不适用多数决规则，仅能代表单个权利人意见，重整程序中仍需要根据《企业破产法》的规定设置各表决组进行表决，但表决组中相关权利人已经同意预重整方案，且重整计划草案与预重整方案内容一致的，相关权利主体可以不用再次表决，视为已经同意重整计划草案。

在华谊嘉信重整案中，根据《北京破产法庭破产重整案件办理规范（试行）》第 47 条规定，除除外情形外，预重整方案与重整程序中制作的重整计划草案内容一致的，有关出资人、债权人对预重整方案的同意视为对该重整计划草案表决同意。据此，在重整计划草案与预重整方案基本一致（未发生前述第 47 条规定的除外情形）时，已对预重整方案出具书面赞成意见的债权人与出资人，管理人在重整程序中不再给予前述债权人与出资人表决权，将其在预重整期间的书面赞成意见顺延至重整程序中，从而实现预重整期间债权人与出资人对预重整方案的表决与重整期间债权人与出资人对重整计划草案的表决的衔接。

（四）上市公司预重整的特殊问题

上市公司出现财务状况异常或者其他异常情况，导致其股票存在被终止上市的风险，或者投资者难以判断公司前景，投资者权益可能受到损害的，交易所将对该公司股票交易实行特别处理，即在公司股票简称前冠以“*ST”“ST”字样，以警示公司存在终止上市风险，如果公司持续亏损，则面临退市风险。[①] 而预重整作为挽救危困企业的有效手段，往往成为此种情况下困境上市公司的优先选择。然而，上市公司涉及众多股东利益，关乎上下游产业链的健康，还存在监管审批、时限要求等多方面的限制，其重整具有特殊性。

2020 年 12 月 31 日，沪深交易所发布并实施股票上市规则及多项配套规则（以下简称退市新规），对上市公司退市标准和退市程序进一步进行限制，如在交易类指标方面将面值退市指标修改为“1 元”退市指标，在规范类指标方面新

① 参见王佐发：《预重整制度及其对上市公司拯救的效应》，载《证券法苑》2010 年第 2 期。

增信息披露及具体标准等，在退市程序上取消暂停上市和恢复上市环节，并明确上市公司连续两年触及财务类指标即终止上市。2022 年 3 月 31 日，沪深交易所发布上市公司破产重整等事项的自律监管指引，以进一步规范上市公司破产重整等事项的实施程序和信息披露，更好保护中小投资者合法权益。监管部门和交易所的新规则对于上市公司破产重整进行了全流程规范，增强了预重整等合法性和可操作性。更加严苛的退市新规对面临退市风险的上市公司而言，其从出现被终止上市的可能到退市之间的流程大幅缩短，这种情况下，预重整的作用更加凸显，上市公司要提前预见被终止上市的可能，及时主动申请预重整，从而避免被终止上市。

四、结论

从整体实践情况来看，预重整模式已经越来越多地应用于上市公司纾困。上市公司预重整的操作流程总结有以下几个方面。

（一）债务人前期准备阶段

上市公司如果出现债务危机，或者受到退市警示，在申请预重整前需要做如下准备。

1. 分析申请人及被申请人是否符合预重整启动的条件

因目前《企业破产法》并未规定预重整程序，因此司法实践中预重整程序一般嵌入重整审查程序中进行，由相关主体申请重整的同时申请启动预重整，因此申请主体、被申请主体均应当符合我国《企业破产法》关于重整程序相关主体的规定。同时，预重整程序的启动以债务人自愿为前提，债务人应当承诺履行预重整期间配合临时管理人调查等义务。

2. 股东会、董事会作出决议

实践中，上市公司自行申请重整或者预重整的，属于《公司法》规定的“公司合并、分立、解散、清算或者变更公司”的情形，应当依照《公司法》第 37 条、第 46 条的规定，由股东会、董事会作出决定。

3. 准备预重整的相关申请材料

根据最高人民法院《关于审理上市公司破产重整案件工作座谈会纪要》的规定，上市公司申请预重整不仅要提交《企业破产法》第 8 条规定的材料，还要准备关于上市公司具有预重整可行性分析报告、上市公司住所地人民政府出具的维稳预案、职工安置方案等。

（二）法院审查受理阶段

1. 受理申请

法院在接受预重整申请时，会对预重整案件编立“破申”案号。

2. 组织听证

根据最高人民法院《全国法院破产审判工作会议纪要》第 15 条的规定，对于债权债务关系复杂、债务规模较大，或者涉及上市公司重整的案件，人民法院在审查重整申请时，可以组织申请人、被申请人听证。债权人、出资人、重整投资人等利害关系人经人民法院准许，也可以参加听证。同时，根据最高人民法院《关于审理上市公司破产重整案件工作座谈会纪要》的规定，债权人提出重整申请，上市公司在法律规定的时间内提出异议，或者债权人、上市公司、出资人分别向人民法院提出破产清算申请和重整申请的，人民法院应当组织召开听证会。

3. 决定预重整

经审查，法院认为符合启动预重整条件的，作出预重整决定。

4. 指定临时管理人

法院决定对上市公司进行预重整的，应参照《企业破产法》相关规定指定预重整阶段的临时管理人。考虑上市公司重整程序需兼顾司法及监管两方面要求，对于管理人执业能力和经验要求较高，该类案件可采取竞争或债权人推荐等方式指定临时管理人。

（三）预重整实施阶段

1. 制定预重整工作方案

由上市公司和临时管理人就预重整的工作事项、工作时间、工作方法以及具体要求等作出合理安排。

2. 通知债权人进行债权预申报

通知已知的债权人并公告通知未知的债权人向临时管理人申报债权。临时管理人对申报的债权进行登记、审查、确认，并登记造册、编制债权表。

3. 招募战略投资人

与有意向的投资人商谈关于投资条件、投资方式等，在商谈一致后，与投资人签订投资协议。

4. 拟订预重整方案

在初步拟订预重整方案后,向债权人、出资人以及投资人等利害关系人征求意见,根据提出的意见进行修改和完善,并进行预表决。

(四)预重整转入司法重整阶段

1. 受理重整申请

法院审查预重整工作报告和相关证据等材料后,认为重整申请符合《企业破产法》规定的,裁定受理。

2. 指定管理人

除非预重整期间临时管理人存在重大失职问题,一般直接将临时管理人确定为重整案件管理人。

3. 申报债权及资产核查

在预重整期间,临时管理人完成的资产清查及债权审查等,在重新计算利息的情况下,在重整期间可以直接确认。但值得注意的是,虽预重整已经开展债权申报审查等相关工作,但基于《企业破产法》的强制性规定,受理重整申请后仍需进行相应程序,但可依法缩短程序期限。

4. 召开债权人会议

债权申报期满后,组织召开第一次债权人会议,对管理人制定的债权表进行核查,如重整计划草案已经比较完备,同时考虑上市公司重整期限要求,可以在第一次债权人会议上表决重整计划草案。草案没有实质性变更预重整方案内容的,预重整方案的内容可实现效力的延伸,债权人和相关出资人在预重整阶段的表决可视为对重整计划草案的表决。

5. 向法院申请裁定重整计划草案

法院经审查后,认为重整计划符合《企业破产法》相关规定的,裁定确认重整计划。

6. 执行重整计划

上市公司重整计划中需要合理确定执行期限,考虑监管要求,具有退市风险的上市公司一般需要在当年12月31日前执行完毕重整计划。

(案例编写:孙燕)

04. 中小微企业快速破产重整程序的适用条件和特殊规则

——某饲料制造有限公司重整案

案例要旨：目前，在司法实践中，中小微企业破产案件占绝大多数但重整案件占比低，且我国《企业破产法》中并没有符合中小微企业自身特点的重整规则适用专章或相关条款，严重制约重整制度挽救企业整体功能作用效能发挥。本案例从依法及时保护和挽救中小微企业着眼，明晰了中小微企业快速破产重整程序的适用条件及特殊规则。本案也是北京首例适用中小微企业简易快速破产重整案件，为该类型案件的审理提供了有价值的参考。

一、据以研究的案例

申请人：某饲料制造有限公司（以下简称某饲料公司）。

某饲料公司成立于2006年，是一家主营生产和销售动物饲料、宠物食品的中小微企业，是北京唯一具有宠物饲料生产资质的内资企业，拥有较为先进的生产线和化验设施，在动物饲料领域占据一定的市场份额和品牌价值。因受新冠疫情导致原材料和产品采购、运输受限及生产能源供给方式落后等因素影响，某饲料公司生产和销售暂停、资金流断裂，导致无法清偿债务、支付厂房租金并办理续租，该企业陷入困境。某饲料公司以其不能清偿到期债务且明显缺乏清偿能力为由，向北京一中院申请破产重整。

北京一中院查明，某饲料公司企业性质为其他有限责任公司，注册资本为

1000 万元,登记机关为北京市顺义区市场监督管理局,经营范围为生产预混饲料、浓缩饲料、配合饲料等。根据某饲料公司提供的证据材料显示,某饲料公司涉及数起诉讼,其中(2022)京 0113 诉前调书 464 号民事调解书确定的债务履行期限届满且某饲料公司未履行生效裁判文书确定的给付义务。同时,某饲料公司资产负债表记载,截至 2021 年 12 月 31 日,某饲料公司负债合计 4903777.15 元,账面货币资金仅为 17291.01 元,可供偿还债务的资金严重不足。目前某饲料公司的资产主要集中在原材料存货、应收账款以及生产设备等固定资产,此部分资产短期内难以回收或变现以清偿债务。本案审查过程中,某饲料公司向法院提交《某饲料公司重整价值及可行性分析报告》,称:某饲料公司是一家集动物饲料及相关产品的科研、生产、销售和技术于一体的科创企业,资质齐全,拥有较成熟的经营模式,在动物饲料领域占据一定的市场份额和拥有品牌价值。同时,已有潜在合作方愿作为重整投资人,某饲料公司的重整条件已经成熟。

另查,根据某饲料公司提交的主营业务、经营情况、债权债务等材料,某饲料公司债权债务关系多经过法院生效法律文书确认或某饲料公司自认,债权债务关系明确;公司财产主要为原材料存货、生产设备等固定资产,价值相对稳定,财产状况清楚;无财产担保负债总额为 490 余万元。

北京一中院认为,某饲料公司不能清偿已生效的(2022)京 0113 诉前调书 464 号民事调解书确定的到期债务,且因资金严重不足,导致其明显缺乏清偿能力,符合破产法规定的受理破产重整的条件。根据某饲料公司提交的《某饲料公司重整价值及可行性分析报告》,某饲料公司具有持续经营价值,具有挽救价值和可能。某饲料公司提出的破产重整申请,符合法律规定,2022 年 6 月 20 日,法院依法予以受理。后经法院许可,某饲料公司在管理人的监督下自行管理财产和营业事务。

2022 年 9 月 19 日,某饲料公司重整案召开第二次债权人会议,由债权人组对重整计划草案进行表决,由出资人组对重整计划草案中涉及的出资人权益调整方案进行表决。经核查、统计,出资人组共 2 家出资人,均表决同意重整计划草案;普通债权组有表决权的债权人共 31 家,债权总额为 3343981.71 元,出席会议有表决权的债权人 28 家,表决同意重整计划草案的债权人 27 家,其人数占该组出席会议的债权人人数的 96.4%,其所代表债权额占该组债权总额的

75.78%;因本重整计划草案对职工债权全额清偿、权益不做调整,根据《企业破产法》第83条及最高人民法院《关于适用〈中华人民共和国企业破产法〉若干问题的规定(三)》第11条的规定,权益未受到调整或者影响的债权人,不参加重整计划草案的表决,因此,职工债权组不参加表决;综上,表决组的设置符合法律规定,各表决组的表决结果均符合法定通过标准。管理人向法院提交了书面意见,认为重整计划草案的制作主体、提交时间及内容合法,内容不损害各组中反对者的清偿利益,且经营方案具有可行性。法院认为:根据《企业破产法》第86条第1款的规定,各表决组通过重整计划草案时,重整计划草案即为通过。经法院审查,某饲料公司提请批准的重整计划内容完备,不违反法律、行政法规的强制性规定,未损害各表决组中反对者的清偿利益;有关企业的后续经营方案具有可行性;重整计划的制定、提交和表决等程序均符合《企业破产法》及《北京破产法庭中小微企业快速重整工作办法(试行)》的相关规定;债权人、出资人的分组符合《企业破产法》的相关规定,重整计划已经由各表决组通过。综上,某饲料公司的申请符合法律规定,依照《企业破产法》第79条第1款、第84条、第85条、第86条之规定,裁定如下:(1)批准某饲料公司重整计划;(2)终止某饲料公司重整程序。至此,从法院受理某饲料公司重整到批准重整计划,仅用时3个月。

二、涉及法律问题

一是关于中小微企业适用快速破产重整程序的主要考量。中小微企业是国民经济和社会发展的重要基础,是扩大就业和改善民生的有力支撑。我国现有的重整程序十分复杂、费用高昂、耗时很长,不宜为中小型企业采用,我国的破产重整规则对于中小微企业的营业挽救存在显著的不适配性。

二是关于中小微企业快速破产重整程序适用主体资格的审查。对于已经进入破产程序但具有挽救价值的中小微企业,要积极引导通过破产重整等程序全面解决债务危机,公平有序清偿相应债务,使企业再获新生。在此情势下,人民法院应当充分发挥司法能动性,积极探索中小微企业的重整规则。中小微企业重整价值的识别,是中小微企业重整的首要问题。

三是关于中小微企业快速破产重整程序特殊规则的适用。中小微企业的重整程序必然与大型企业重整程序具有不同的样态,中小微企业重整具有特别规则。大型企业的重整程序重点应放在保障信息的充分披露、确保债权人的充分参与、保护劣势债权人的利益;而对于中小微企业而言,其资产负债情况都比较简单,债权人的数量和债权金额都比较少。因此,中小微企业的重整应更注重对高效率和低成本的保障,避免给中小微企业施加不合理的程序负担。

三、案例分析

(一)关于中小微企业适用快速破产重整程序的主要考量

1. 中小微企业适用普通重整程序的问题

(1)周期长

可通过《企业破产法》中的相关期限,解析中小微企业适用普通重整程序周期长问题:其一,债权申报期限长。自法院受理破产重整申请公告之日起计算,债权申报期限最短不得少于30日,最长不得超过3个月。绝大部分中小微企业债权人人数少、关系简单、争议较少,普通重整程序要求的债权申报期限对于它们来说时间较长。其二,重整计划制定期限长。债务人或管理人自法院裁定债务人重整之日起6个月内,向法院和债权人会议提交重整计划草案,有正当理由,法院可以裁定延期3个月。也就是说,普通重整中重整计划草案制定时间是6—9个月,对于中小微企业来说,产品服务单一,经营范围以本地为主,经营方案及执行计划较简单,无须6—9个月的制定时间。其三,重整计划批准期限长。法院自收到重整计划草案之日起30日内召开债权人会议,对重整计划草案进行表决。表决通过后10日内,债务人或管理人向法院提出批准申请。法院自收到申请之日起30日内裁定批准。从期限上限看,批准时限最长高达70日。对于危困中的中小微企业来说,时间就是生命,批准期限过长会影响其自救。

(2)成本高

并非所有企业都能负担得起重整成本,如上市公司可以承担重整中各类显性成本和隐性成本的企业并不多。所谓的显性成本是指重整程序中需要负担破产费用、共益费用、资产处置费等必要费用,而隐性成本是指企业与地方政府、证券监督管理委员会、法院、投资人等沟通协调的成本。对于中小微企业来说,隐性成本较少,但显性成本较高。

(3)成功率低

虽然目前我国尚未有官方的中小微企业重整成功的统计数据,但从美国2008年至2015年适用《美国破产法》第11章(普通重整程序)的小企业只有27%获得重整计划批准的情况看,中小微企业适用普通重整程序的成功率较低。其中原因较为复杂,可分为直接原因和间接原因。前面论述的周期长、成本高是直接原因,间接原因主要是中小微企业重整动力不足,普通重整程序对原出资人权益与债权之间的顺位关系,认同绝对顺位规则,无担保债权人获得全额清偿前,出资人不能保留任何利益。在此规则下,中小微企业主没有任何重整激励,自然没有动力推动重整。

2. 中小微企业破产重整面临的特殊问题

(1)重整模式受限:企业价值与经营者联系紧密

对于中小微企业来说,其价值最大的影响因素是经营者的专业知识、客户资源、行业经验等人身因素,而非技术、固定资产、融资能力等非人身因素。其紧密度主要表现为:其一,经营者对企业资金具有支配权。中小微企业资金少,经营者对企业资金管理较为严格,通常由其支配,决定经营投资方向和内部奖惩制度。其二,经营者对企业人事具有决定权。中小微企业内部治理简单,许多是家族企业,人事任免权通常由经营者一人决定。其三,经营者对企业经营具有决策权。经营者对企业主营业务、运营策略、发展规划通常具有决策权,凭借个人对市场形势的判断,作出相应的决策,主观色彩较为浓厚,依赖于行业经验的积累。

(2)融资能力受限:所有权与经营权重合

绝大部分中小微企业所有权与经营权高度统一,其规模还未发展到所有权与经营权分离的阶段,暂时未能超过原出资人的承受极限。另外,中小微企业所有者与经营者是高度重合的,这种情况下,重整时所有权交易困难,即股权交易性较差,进而招募重整投资人较为困难,融资能力受到限制。新投资人担心即使获得剩余索取权,也无法取得企业控制权,企业治理结构失衡,自身合法权益无法得到保护。

(3)财产处置受限:企业资产可交易性差

中小微企业多为轻资产企业,资产主要形式为人力资本、客户资源、知识产权、资金、实物等,资产规模较小,交易性较差。财产处置方式受限,主要体现为两方面：一方面，不利于采取拍卖方式处置。中小微企业除了少量实物资产的交易性尚可外，多为交易性较差的资产，甚至不具有可交易性。另一方面，不利于采取拆分方式处置。中小微企业价值与资产组合方式息息相关，有些企业没有土地、厂房、设备等，但供应链管理做得较好，能为客户提供优质产品或服务。人力资源、交易数据、用户评价等无形资源，只有组合起来才能发挥经济效益，拆分处置几乎没有财产价值。因此，中小微企业的经营性资产，打包处置或整体处置，对债权人更有利。

3. 中小微企业快速重整程序的理论依据

（1）债务人重整模式优先的理论依据

一般情况下中小微企业经营者对企业价值影响较大，高度依赖经营者的管理能力、客户资源和财产，企业重整后如果选择管理人负责重整事务，不利于维持企业经营，延误拯救的最佳时机。因此，中小微企业重整可以给予债务人负责重整的优先权，激励他们及时申请重整。其理论依据主要是对利益相关者理论的重新阐释。所谓利益相关者理论自诞生、发展至今，饱受各种批评，但并不影响其在公司治理领域的地位，利益相关者理论提供了一个全新的视角，解释影响公司治理结构的因素。根据利益相关者理论，企业股东、经理、员工是直接与企业发生市场交易关系的利益相关者。债权人是与企业有经济往来的间接利益相关者，其权益的实现依赖于直接利益相关者。另外，在普通重整程序中，如果债务人提出重整申请，只要符合法律规定，通常会允许其自行管理重整事务。对中小微企业重整模式的考虑更应侧重于债务人管理模式，在债务人、经营者和所有者的"意志"高度统一的情况下，管理人很难取代直接利益相关人，有效地实施重整。

（2）出资人权益保留的理论依据

其一，状态依存所有权理论的失灵。传统企业理论认为，股东是企业的所有者，但自 20 世纪 80 年代以来，状态依存所有权理论从动态视角重新解释了公司的所有权。股东只是正常状态下的所有者，拥有剩余价值索取权和控制权，但当企业处于资不抵债的破产状态时，股东失去企业的剩余价值索取权和控制权，企业所有权属于债权人。理论上中小微企业债权人是所有者，剩余价值即清算价值和控制权完全属于债权人，但债权人无法实际取得控制权，债权人既不能直接接管企业，又不能任命企业管理人员，只能在破产程序中行使"间接”监督权。没有控制权保护的剩余价值索取权,处于“不安全”状态,有被侵害的风险。这种情况下,实际上突破了状态依存所有权理论,只能重新考虑权利平衡问题,保留出资人权益,以此保护债权人“剩余价值索取权”。一方面激励其创造新的价值,提高企业剩余价值,提高债权清偿率;另一方面防止因债务人不配合而侵害债权人利益。

其二,绝对优先规则理论的突破。绝对优先权原则是破产财产分配最重要、最基本的规则。该原则是指先顺位的权利未获得全额清偿前,后顺位的权利人不应得到清偿或者保留权利。[①] 依据绝对优先规则中小微企业出资人在重整程序中不能保留出资,但在所有权与经营权重合的情况下,为了激励其提供重整价值,出资人可以通过投入新价值等方式,突破绝对优先规则,允许原出资人保留权益。

(3)债务人财产适度膨胀的理论依据

对债务人财产构成范围有不同的立法原则,主要包括固定主义和膨胀主义,固定主义是以破产案件受理时或破产宣告时,债务人所有的财产,包括可以行使财产请求权的财产作为破产财产的。膨胀主义是指破产财产不仅包括破产案件受理时或破产宣告时,债务人所有的财产,还包括破产程序终结前所新取得的财产,财产范围可以扩大膨胀。固定主义有利于确定债务人财产范围,膨胀主义更符合公平原则,二者各有利弊。但从各国立法实践看,对中小微企业快速重整程序均采取了膨胀主义,并且膨胀范围较普通重整程序更大。例如,《美国破产法》第 11 章普通重整程序中破产财产范围采取的是固定主义,但 2019 年《小企业重整法》(The Small Business Reorganization Act, SBRA)改革,对中小型商事主体采取膨胀主义,重整计划的批准要求,对中小型商事主体采用预期可支配收入标准,即债务人未来 3 年至 5 年间的预期可支配收入向债权人进行偿还,当事人另有约定的除外,未来收入自动归入破产财产中。

4. 其他国家相关立法及适用

其他国家相关立法,颇具代表性的主要有以下 3 个。

(1)美国的《美国小企业重整法》

2019 年美国国会通过了《美国小企业重整法》,并于 2020 年 2 月实施,是美

① 参见贺丹:《破产重整优先规则:实践突破与规则重构》,载《政法论丛》2022 年第 2 期。

国破产重整制度改革的重要成果。《美国破产法》第 11 章对小企业来说程序时间和金钱成本高昂，美国《2005 年防止破产程序滥用和消费者保护法案》对第 11 章做了几项修改，曾试图使第 11 章对小企业更友好，但未能从根本上减轻小企业适用《美国破产法》第 11 章承担的巨大成本。第 11 章中的信息充分披露、保护劣势债权人、投资者等安排，客观上造成了重整程序成本高的结果。[①] 美国破产法协会专门成立了"第 11 章改革调研委员会"（以下简称委员会），自 2012 年 1 月起，委员会定期举行例会，对第 11 章的问题进行讨论和分析，最终通过及发布了《美国破产协会美国破产重整制度改革调研报告》。其中报告第 7 章"改革建议：中小企业重整"，提出的部分建议被《美国小企业重整法》吸收。

《美国小企业重整法》最终在《美国破产法》中的体现是在第 11 章之下增设了第 5 分章，共计 15 条。其中对适用该分章的小企业债务人作了定义，即小企业债务人是指从事商业或交易活动，在申请提交之日或破产救济令下达之日，担保债权和无担保债权之和不超过 2725625 美元，包括商业或交易活动产生的债务占总债务 50% 以上的"人"。《美国小企业重整法》实际上创设了一种新的小企业重整模式，并不影响《美国破产法》原有的针对小企业债务人的特殊规定。小企业重整可以选择适用第 11 章，也可以选择适用《美国破产法》第 11 章第 5 分章。《美国小企业重整法》的核心要点是：

第一，债务人提交重整计划的绝对权。《美国小企业重整法》第 1189 条规定，只有债务人可以提交重整计划草案，其他人无权提交，债务人拥有绝对权。区别于适用《美国破产法》第 11 章的一般重整案件，债务人若未在期限内提交重整计划草案，其他利益相关人员可以提交。

第二，允许修改担保权利。虽然普通重整案件可以限制担保权的行使，但不能修改担保权利。《美国小企业重整法》第 1190 条允许修改债务人主要住所上设立的担保权，用于债务人的经营。

第三，降低强制批准的条件。普通重整案件申请强制批准的条件之一是，至少有一个权利受损的组别通过重整计划，但小企业重整申请强制批准，不再受此条件的约束。即使所有权利受损的组别均反对，只要重整计划草案平等、公正地对待债权人，债务人即可以申请强制批准。

① 参见徐阳光、武诗敏：《我国中小企业重整的司法困境与对策》，载《法律适用》2020 年第 15 期。

第四,取消债权人委员会和信息披露要求。在重整事务管理中,小企业重整原则上不设债权人委员会,提高重整效率。同时取消了一般重整案件的信息披露要求,包括债务人经营史、清算分析、预期偿债能力等,债务人无须提交信息披露声明。

第五,增强过程把控和降低费用。因以债务人负责重整事务为原则,为了推动和把控案件进程,一方面,强制要求举行进度讨论会。《美国小企业重整法》第1188条规定,破产救济令下达60日之内,法院应举行进度讨论会,会议举行之前14日内,债务人应向法院、托管人和所有利益相关人提交和送达讨论报告。另一方面,强制要求任命托管人。第1183条规定,适用第5分章的重整案件,应当任命托管人。但为了降低重整费用,取消了托管人的季度费用,减少债务人的管理费用支出。

(2)日本的《日本民事再生法》

日本有两部再生法,一部是适用于大型公司的《日本公司再生法》,另一部是适用于中小企业的《日本民事再生法》。《日本民事再生法》的内容要点是:

第一,再生申请权的特别限制。《日本公司再生法》以管理人重整模式为主,而《日本民事再生法》以债务人重整模式为主,限制债权人申请再生程序的原因,即债权人只能依据“有导致破产程序开始的原因发生的事实”,申请债务人重整,不能依据“债务人如果清偿到期债务的,会给继续经营带来明显障碍的情形”。

第二,再生计划草案制定规则。《日本民事再生法》未赋予债务人绝对的再生计划草案制定权,原则上债务人或管理人可以制定再生计划草案,但实际上绝大部分情况由债务人制定,只有极少数案件由管理人制定再生计划草案。另外,对再生计划草案的提交时间作了灵活规定。例如,第164条第1款规定,民事程序开始后,债权申报期限届满前,再生债务人可以提交再生计划草案。

第三,内部经营权与外部监督权的平衡。债务人负责再生事务,具有营业事务和财产管理处分的权利,这样规定的目的是,激励债务人及时申请民事再生程序,继续为企业投入资源。但为了平衡,保护债权人合法权益,法院会在民事再生案件中任命监督人,其职责包括:其一,批准权。法院指定监督人时,在指定书上载明哪些债务人行为需要监督人批准,未获批准债务人实施行为无效。其二,监督权。监督人可以要求债务人的董事、职工、子公司等汇报公司业务及财务情况，对虚假报告人，可以申请法院处以3年以下有期徒刑或300万日元以下罚金。同时监督人应定期向法院汇报债务人情况。其三，挑拣权。这是监督人独有的权利，对未履行完毕的合同拥有挑拣权，可以决定继续履行还是解除合同。

（3）韩国的“快速重整程序”

《韩国债务人重整与破产法》规定了三种重整程序：一是一般重整程序，适用于各类债务人的重整程序，但主要是公司债务人；二是快速重整程序，适用于小型企业债务人（包括公司和个人）重整程序；三是个人重整程序，适用于个人的重整程序。具体适用条件可见表1。

表1　韩国三种重整程序具体适用条件

程序	债务人适用条件		涉及债权/权益类型	计划清偿期	是否对计划进行表决	债务免除
	类型	债务最大额				
一般重整程序	所有类型债务人	无限制	有担保债权、无担保债权、股权	最长不超过10年	是	法院批准后免除
快速重整程序	小型企业债务人（公司、个人）	30亿韩元	同上			
个人重整程序	获得企业收入或薪资收入的个人	（1）有担保债务：10亿韩元；（2）无担保债务：5亿韩元	无担保债权	最多5年	否	原则上，完成计划，且法院作出免除令后免除

快速重整程序和取得企业收入的个人重整程序，可以视为适用于中小微企业重整程序。内容要点是有以下几点。

第一，赋予债务人程序启动权。个人重整程序和快速重整程序，均规定了只有债务人有权申请启动重整程序。本研究报告语境下，适用于个人重整程序的债务人仅限取得企业收入的个人。也就是说，韩国破产法对中小微企业重整的程序启动态度是，赋予债务人专属启动权，一方面可以鼓励债务人及时申请重整，挽救困境企业；另一方面可以不必担心债务人配合重整事务的主观态度。

第二，简化审查程序和参与人员。程序启动时法院任命一名审查员，对债务人企业和财产情况进行审查,并对能否继续进行重整提出独立意见。相比一般重整案件,快速重整案件中,审查程序和内容较为简化。通常只任命一名个人会计师为审查员,支付较少费用。如果任命法官担任审查员,原则上不收取费用。取得企业收入的债务人,通常任命法院外专业人员为重整管理人,并支付一笔较小的费用。快速重整案件中原则上不任命受托人,债务人代表被视为受托人。另外,不必设立债权人委员会。

第三,降低重整计划草案通过条件。取得企业收入的个人重整中,债权人无须对重整计划草案进行表决,但重整计划草案必须符合破产法的最低要求,即至少向债务人清偿清算条件下可获得的金额,且债务人的全部可支配收入用于清偿草案中的债务。快速重整程序中,放宽了无担保债权人通过重整计划草案的条件,即重整计划草案至少清偿 2/3 无担保债权,或按照金额及人数无担保债务人表决通过计划草案,两种情况视为无担保债务人组别通过。

(二)关于中小微企业适用快速破产重整程序主体资格审查

不是所有的中小微企业都适用于"特殊"的快速破产重整程序,企业的情况千差万别,有的中小微企业可能经营规模较大、负债额度较高、债权人人数较多,不宜适用期限较短的快速破产重整程序,而需要适用普通重整程序解决问题。另外,无论哪种企业,适用重整程序的前提是,企业要有重整价值。如果中小微企业不具备重整价值,仍然不能适用快速破产重整程序。因此,在构建中小微企业快速破产重整程序框架结构时,首先应解决适用条件,即识别出适用中小微企业快速破产重整程序的对象。

1. 中小微企业的含义

中小微企业是相较于大企业而言的,世界各国对中小微企业没有统一的定义,大多从"质与量"两个方面进行定义,其中"质"可以理解为概念,"量"可以理解为认定标准。我国《中小企业促进法》对中小企业的"质"作了规定,中小微企业是指在中华人民共和国境内依法设立的,与所处行业的大企业相比人员规模、资产规模、经营规模相对较小的企业,包括中型企业、小型企业和微型企业。中小微企业一般具备以下特征:一是经营决策权高度集中,通常由大股东经营;二是股东人数较少,且股东之间有信任关系;三是企业内部治理不完善,所有权与经营权高度重合;四是企业价值与经营者高度相关,依赖于经营者的"资源"。

2. 适格主体的识别标准

适用主体的标准可以区分两种情况：第一，参照工业和信息化部对中小微企业的划型标准。一方面有利于与其他支持中小微企业的政策衔接；另一方面便于法院识别及受理案件。第二，大型企业适用快速破产重整程序的情况。大型企业如果债务规模较小，财产情况清晰，可以适用中小微企业快速破产重整程序，这样可以激励大型企业实际经营者及时重整。

具体适用条件：(1)前提条件。中小微企业适用快速破产重整程序主体有一个前提条件，即债权债务关系明确，财产状况清楚的企业。该范围囊括部分中小微企业和部分非中小微企业。(2)适用条件一，中小微企业。在符合债权债务关系明确、财产状况清楚的条件下，符合国务院相关部门制定的中小微企业划型标准的企业，可以适用快速破产重整程序。暂不考虑可以视为小微企业的个体工商户适用问题，其判断标准有待进一步明确。(3)适用条件二，符合条件的非中小微企业。在符合债权债务关系明确，财产状况清楚的条件下，非中小微企业也可以适用快速破产重整程序，但应对其适用条件予以限制。例如，规定无财产担保的债务总额不超过一定额度，可以适用快速破产重整程序。

赋予债务人和债权人申请快速重整权利的同时，应赋予其异议权，具体内容是：(1)异议提出的时间。债权人、债务人及其他利益关系人，可以在法院审查重整申请时，对是否适用快速破产重整程序提出异议。(2)异议的理由。包括但不限于债权债务关系复杂，财产状况不明确，适用快速破产重整程序将损害债权人利益，债务人明确反对等理由，并提供充分的证明材料。(3)异议的采纳与驳回。法院应及时审查异议及证明材料，综合判断企业适用快速破产重整程序的可行性，如不符合适用条件应及时向当事人释明，转为其他破产程序，如符合适用条件，应向异议人释明。

3. 重整价值的识别标准

对中小微企业重整价值的识别可以采用较为宽松的审查标准，所谓“宽松识别标准”主要体现为两个方面：一方面债权人申请债务人重整时，对债权人提交的重整价值证明材料要求不宜过高。债权人相较于债务人而言是“外部人”，对企业实际经营情况并不了解，如果标准设定得较高，将变相地限制债权人提出重整申请的能力，不利于保护债权人的合法权益。另一方面债务人申请重整时，对其提交的重整价值证明材料要求不宜过细。中小微企业财力有限，聘请专业人员辅助的能力有限,如果对重整申请材料要求过高过细,将增加中小微企业申请的负担,有悖快速破产重整程序设立的初衷。另外,"专精特新"中小企业相较于普通中小企业而言,更具有挽救价值,在重整识别标准上应进一步放宽。还有在新三板等板块进行公开股权交易的中小企业,出于保护中小投资者和债权人利益的目的,也应放宽其重整价值识别标准。

重整价值判断是中小微企业快速破产重整程序的重要内容,是决定程序启动的条件之一。具体方法:(1)法院判断。法院可以通过审查材料、调查询问、组织听证等方式了解企业情况,综合判断债务人是否具备重整价值和可能。(2)借助专业人员或机构判断。法院是专业审判机构,商业判断能力有限,可以借助掌握专业技术知识、了解行业市场情况、具备商业判断能力的专业社会中介机构或专业人员等第三方提供的有关意见进行判断。(3)推定判断。债务人为专精特新中小企业,北京证券交易所、上海证券交易所、深圳证券交易所、全国中小企业股份转让系统等全国性证券交易场所上市或挂牌的中小微企业,或主营业务属于前沿科技、高新技术等领域的,除有相反证据外,可以推定债务人具有重整价值和重整可能。

某饲料公司破产重整案中,北京一中院根据某饲料公司提交的主营业务、经营情况、债权债务等材料,某饲料公司债权债务关系多经过法院生效法律文书确认或某饲料公司自认,债权债务关系明确;公司财产主要为原材料存货、生产设备等固定资产,价值相对稳定,财产状况清楚;无财产担保负债总额为490余万元,因此,某饲料公司符合中小微企业快速破产重整程序主体适格条件。与此同时,某饲料公司是北京唯一具有宠物饲料生产资质的内资企业,考虑到生产资质稀缺、生产线调整灵活等特点,法院随即认定其具备重整价值和重整可能性,及时开启重整保护。

(三)关于中小微企业适用快速破产重整程序的特殊规则

1. 程序特殊规则

中小微企业快速破产重整程序应遵循高效、公正、节约的程序规则,三者相辅相成,相互促进。

(1)高效,即适当简化重整程序,压缩程序期限,缩短案件办理周期(见表2)。对于资产状况、债权债务关系较为简单的中小微企业,重整程序的高效推进对中小微企业尤为重要。

表 2　相较普通程序缩短的程序期限

程序事项	法定完成期限	简化完成期限
通知已知债权人	受理重整申请之日起 25 日内	受理重整申请之日起 15 日内
债权申报期限	发布公告之日起 30 日至 3 个月	发布公告之日起 30 日内
第一次债权人会议	债权申报期限届满之日起 15 日内召开	债权申报期限届满之日起 5 日内召开
提交重整计划草案	自裁定债务人重整之日起 6 个月内，可延期 3 个月	自裁定债务人重整之日起 3 个月内，可延期 3 个月
提请法院批准重整计划	自重整计划通过之日起 10 日内	自重整计划通过之日起 5 日内
裁定批准重整计划	自收到申请之日起 30 日内	自收到申请之日起 10 日内

（2）节约，即降低企业挽救成本，减轻中小微企业重整负担。债务人自行管理财产和营业事务的，管理人可以不开立银行账户。债务人自行管理财产和营业事务的，管理人报酬一般应当适当低于管理人管理的情形。重整程序中处置债务人财产应当优先采用网络拍卖方式，但法律、行政法规规定必须通过其他途径处置，债权人会议决议通过其他方式处置，以及根据中小微企业财产特点不适宜通过拍卖方式处置的除外。自行管理的债务人或管理人可以根据财产的性质、状态、是否为重整所必须等，采取整体营业转让、多项财产打包处置、分别处置、增值后处置等适当方式进行财产处置。

（3）公平，即不得克减或损害利害关系人享有的程序权利和实体权利。人民法院在重整申请受理审查阶段，可以就是否适用快速破产重整程序征求债权人、债务人等利害关系人的意见，债务人明确反对，或其他利害关系人提出异议且有充分理由的，不适用快速破产重整程序进行审理。人民法院审理快速破产重整案件应当在审查材料的基础上，就是否符合重整原因、是否具备重整价值可能进行调查询问、组织听证。申请人提交的材料符合法律规定的，人民法院应当及时依法作出是否受理的裁定。人民法院批准债务人自行管理财产和营业事务的，管理人应当对债务人的自行管理行为进行监督。债务人应当定期向管理人报告财产管理及营业情况。

考虑到某饲料公司财产状况相对清晰，且债权人人数仅为 30 余家，债务总额低于 500 万元，因此，法院在重整程序推进过程中，积极缩短各项程序期限，最大限度挤出程序“水分”，高效推进重整进程：设定最短债权申报期限，即自发布公告之日起30日为债权申报期间；债权申报期限届满之日起5日即召开第一次债权人会议；自裁定债务人重整之日起3个月内，提交重整计划草案；重整计划通过之日，提请法院批准重整计划，自收到申请当日，法院裁定批准重整计划。总体来说，从法院受理某饲料公司重整到批准重整计划，仅用时3个月。

2. 实体特殊规则

中小微企业快速破产重整程序应当结合中小微企业的经营特点和案件实际情况，适用某些特殊规则，以维护企业营运价值，推进中小微企业重整程序的快速平稳推进。

（1）原则上采用债务人自行管理模式。鉴于中小微企业所有者与经营者高度混同，经营者对企业价值影响较大等情况，债务人自行管理更有利于企业快速摆脱困境，恢复偿债能力。因此对于中小微企业债务人的内部治理机制仍正常运转，其自行管理有利于债务人继续经营，同时债务人不存在隐匿、转移财产及其他严重损害债权人利益的行为的情况的，即应当准许债务人自行管理财产和营业事务。在判断债务人是否符合上述自行管理的条件时，一般采取向债权人、债务人相关人员等利害关系人了解情况、债务人提交相关证明材料或出具承诺等方式进行审查。法院准许债务人自行管理财产和营业事务的，债务人应当定期向管理人报告财产管理及营业情况。

（2）允许一定条件下保留出资人权益。中小微企业一般为轻资产企业，其资产多为人力资本、客户资源、知识产权等，对于原经营者具有较强的依赖性，经营权与所有权难以分割，考虑到中小微企业的这一特点，可以根据案件实际情况，保留原出资人权益。如中小微企业的出资人承诺投入资金或实物、知识产权、股权等非货币财产，或者承诺继续投入商业资源、专业能力等，有利于债务人重整的，重整计划草案可以规定保留部分或全部出资人权益[①]。

（3）一并解决企业人员个人担保债务。基于中小微企业融资困难等特点，企业经营者及其家庭成员常为中小微企业债务提供担保。中小微企业挽救制度往往需要与个人债务清理程序相结合，才能彻底清理债权债务关系，为企业家提供重新开始的机会。针对中小微企业出资人、法定代表人、实际控制人等

① 参见徐阳光、武诗敏：《我国中小企业重整的司法困境与对策》，载《法律适用》2020年第15期。

企业相关人员及其家庭成员为企业债务提供担保的情况，在取得担保人及相应债权人的同意后，可以结合中小微企业债务清偿方案，在重整计划草案中对相关人员担保债务的清偿一并作出规定①。

(4)合理确定管理人选任及报酬方式。中小微企业重整案件管理人一般通过随机方式在管理人名册中指定。根据案件情况确有必要的，可以采取竞争方式指定管理人。经过预重整的案件，可以指定临时管理人为中小微企业重整案件管理人。中小微企业重整案件债务人自行管理财产和营业事务的，管理人报酬一般适当低于管理人管理的情形。

(5)财产采取保全措施的及时解除。法院受理重整申请后，自行管理的债务人或管理人可以持受理重整申请裁定书和指定管理人决定书，向相关部门申请解除对债务人财产的保全措施。如果相关部门未及时解除保全措施，财产处置方案经债权人会议表决或经法院裁定批准后，自行管理的债务人或管理人可以带封处置债务人财产，处置后依据破产案件受理法院出具的法律文书办理财产解封及过户手续。如果债务人财产不适宜带封处置，自行管理的债务人或管理人还可以申请破产案件受理法院出具法律文书，解除债务人财产的保全措施。

(6)提交或执行重整计划的特殊处理。重整期间，自行管理的债务人或管理人如果因不可抗力影响而无法开展尽职调查、协商谈判等工作，不能按期提交重整计划草案，法院可以依自行管理的债务人或者管理人的申请，考虑不可抗力对重整工作的实际影响程度，合理确定不计入重整计划提交期限的期间，但一般不得超过 6 个月。债务人因不可抗力等难以执行重整计划的，法院应当积极引导当事人充分协商予以变更。仅涉及执行期限变更的，法院可以依债务人或债权人的申请，作出延长重整计划执行期限的裁定，延长的期限一般不得超过 6 个月。

某饲料公司采用了债务人自行管理模式。进入重整后，法院与某饲料公司高级管理人员、财务人员以及部分债权人等利害关系人进行了询问听证，某饲料公司法定代表人及其股东一直在负责企业的运营和管理，股东会、董事会能够正常履职且目前在岗职工可以维持公司的基本运营，同时，考虑到某饲料公

① 参见贺丹:《破产重整优先规则:实践突破与规则重构》,载《政法论丛》2022 年第 2 期。

司自行管理可以继续保留机器设备、生产线及技术人员等“核心资产”，获得相对稳定的运营环境，稳住企业基本盘，尽快恢复生产，为实现销售收入、盈利能力大幅“回血”奠定坚实基础，在要求管理人发挥监督、指导、协助等多方面作用，债务人定期向法院、管理人报告财产管理及营业情况的基础上，法院裁定许可某饲料公司自行管理财产和营业事务。

通过重整计划安排，原公司股东之一兼法定代表人以及核心团队成员留任，适当保留了出资人的部分权益。同时，一并解决了公司生产能源供给方式落后的掣肘问题，实现清洁、安全、高效的能源供给，最终，某饲料公司债务危机成功化解，正式开启“涅槃重生”。

四、结论

(1)一般而言，根据资产负债表、审计报告等财务资料，企业无财产担保负债总额不超过1亿元或符合国务院相关部门制定的中小微企业划型标准规定的中小微企业，债权债务关系明确，财产状况清楚的，即满足适用中小微企业快速重整的条件。

(2)为畅通中小微企业重整启动渠道，对于中小微企业重整价值及重整可能的识别适用较为宽松的审查标准，以北京地区为例：债权人申请重整时，仅需要根据企业公开信息及债权人所掌握的其他信息对债务人的重整价值和重整可能进行说明；债务人自行申请重整时，应当根据企业主营业务、经营情况等提交具有重整价值和重整可能的初步证明材料。债务人为“专精特新”中小企业，北京证券交易所等全国性证券交易场所上市或挂牌的中小微企业，或主营业务属于前沿科技、高新技术等领域的，除有相反证据外，应当推定债务人具有重整价值和重整可能。

(3)中小微企业债务人的内部治理机制仍正常运转，其自行管理有利于债务人继续经营，同时债务人不存在隐匿、转移财产及其他严重损害债权人利益的行为的情况的，即应当准许债务人自行管理财产和营业事务。在判断债务人是否符合上述自行管理的条件时，一般采取向债权人、债务人相关人员等利害关系人了解情况、债务人提交相关证明材料或出具承诺等方式进行审查。法院准许债务人自行管理财产和营业事务的，债务人应当定期向管理人报告财产管理及营业情况。

(4)中小微企业一般为轻资产企业,其资产多为人力资本、客户资源、知识产权等,对原经营者具有较强的依赖性,经营权与所有权难以分割,考虑到中小微企业的这一特点,根据案件实际情况,可以保留原出资人权益。如中小微企业的出资人承诺投入资金或实物、知识产权、股权等非货币财产,或者承诺继续投入商业资源、专业能力等,有利于债务人重整的,重整计划草案可以规定保留部分或全部出资人权益。

(5)基于中小微企业融资困难等特点,企业经营者及其家庭成员常为中小微企业债务提供担保。中小微企业挽救制度往往需要与个人债务清理程序相结合,才能彻底清理债权债务关系,为企业家提供重新开始的机会。针对中小微企业出资人、法定代表人、实际控制人等企业相关人员及其家庭成员为企业债务提供担保的情况,在取得担保人及相应债权人的同意后,可以结合中小微企业债务清偿方案,在重整计划草案中对相关人员担保债务的清偿一并作出规定。

(案例编写:刘冰、张春城、刘琦)

05. 法院强制批准重整计划的审查标准

——北京中电华通信息科技有限公司破产重整案

案例要旨:中电华通科技公司破产重整案中,法院充分考虑债务人权益复杂的特殊情况,对可能存在的矛盾和问题进行提前研判、摸底。立足于债权人、债务人整体利益最大化,破解在反对者非理性抉择时重整程序面临的困境,债权人获得更高比例的清偿,同时债务人实现涅槃重生,各方利益得到平衡,案件办理实现了法律效益、经济效益和社会效益的统一。

一、据以研究的案例

申请人:北京中电华通信息科技有限公司管理人(以下简称管理人)。

2020 年 12 月 11 日,管理人向北京一中院提出申请,称北京中电华通信息科技有限公司(以下简称中电华通科技公司)重整一案,管理人制定中电华通科技公司重整计划草案(以下简称重整计划草案),提交债权人会议表决,有财产担保债权组和普通债权组均已表决通过,出资人组表决未通过。管理人认为重整计划草案符合《企业破产法》第 87 条第 2 款规定的人民法院批准的条件,故提请裁定批准重整计划草案。

经审理查明,2019 年 12 月 17 日北京一中院决定对中电华通科技公司启动预重整。预重整期间,临时管理人向多家意向投资人发出招募邀请书,后根据意向投资人提交的响应文件,经过多次磋商,制作了中电华通科技公司预重整方案(以下简称预重整方案)。根据预重整方案,普通债权人 100 万元以下(含

100万元)的债权部分,按照100%的比例进行现金清偿;100万元以上的债权部分,债权人可选择按照25%的比例进行现金清偿,或者选择通过债转股的方式进行全额清偿。由于《企业破产法》第82条规定的债权分类中第1项为对债务人的特定财产享有担保权的债权,故将本案的建设工程价款优先受偿权作担保债权对待,相应组别称为担保债权组。该预重整方案征得了普通债权组及有财产担保债权组债权人的同意。2020年8月3日,北京一中院裁定受理中电华通科技公司重整案。

在重整过程中,审计机构于2020年9月9日出具专项审计报告,显示该公司所有者权益(或股东权益)合计为-721387103.65元。评估机构于2020年9月9日出具3份报告。第一份为股东全部权益价值评估项目资产评估报告显示,中电华通科技公司在2020年8月3日评估基准日申报评估的总资产账面价值90408.83万元,评估价值66911.36万元,评估减值23497.47万元,减值率25.99%;总负债账面价值139050.06万元,评估价值139050.06万元,评估无增减值;净资产账面价值-48641.23万元,评估价值为0。第二份全部资产价值评估项目资产评估报告显示,以2020年8月3日为评估基准日所申报评估的总资产账面价值90408.83万元,评估价值为66911.36万元,评估减值23497.47万元,减值率25.99%。第三份偿债能力分析报告显示,该公司在破产清算状态下,清偿建设工程价款优先受偿权、破产费用、共益债务、职工债权、税款债权后,剩余可供普通债权人分配的财产总额为0,即中电华通科技公司在破产清算状态下普通债权清偿率为0。

根据重整计划草案,中电华通科技公司将引入战略投资人,盘活企业存量资产,实现无线宽带物联网产业园项目的复工建设;通过恢复主营业务,发展增量业务,加快园区建设与智慧城市、工业物联网、车联网等领域布局的配套,提升企业运营及盈利水平;同时,优化企业经营管理模式,重新招募企业员工,促进管理效率和运营质量的提升。

2020年9月10日,本案召开了第一次债权人会议,针对重整计划草案进行表决。涉案债权包括职工债权、税款债权、建设工程价款优先受偿权及普通债权。根据重整计划草案,职工债权及税款债权将获得全额现金清偿;对于有财产担保债权,通过债转股的方式进行全额清偿;对于普通债权,100万元以下(含100万元)的债权部分,按照100%的比例进行现金清偿。100万元以上的债权部分，债权人可选择现金方式清偿，即对每家普通债权人 100 万元以上的债权部分，按照 25% 的比例进行现金清偿，或者选择债转股方式清偿，即对每家普通债权人 100 万元以上的债权部分，通过债转股的方式进行全额清偿。同时，重整计划草案对中电华通科技公司出资人权益做全额调整，中电华通科技公司 100% 股权全部让渡用于引入战略投资人。本案因重整计划草案对职工债权及税款债权全额现金清偿，职工债权人与税款债权人不参与重整计划草案表决。本案设有财产担保债权组及普通债权组对重整计划草案进行表决。重整计划草案涉及出资人权益调整，故本案设出资人组进行表决。

截至 2020 年 9 月 25 日，经统计，有财产担保债权组有表决权的债权人共计 1 家，为建设工程价款优先受偿权 480000000. 00 元，该组表决同意重整计划草案的债权人共 1 家，占出席会议同一表决组债权人的 100%，其所代表的债权额占该组债权总额的 100%；普通债权组有表决权的债权人共 18 家，债权总额为 863881683. 30 元，其中 3 家债权人全额现金受偿，不参与重整计划草案的表决。管理人报告称，预重整阶段，共计 11 家普通债权人表决同意预重整方案，重整计划草案系以预重整方案为基础而制定，对预重整方案表决同意且重整计划草案内容未对相关权利人权益进行调整的，相关权利人视为对重整计划草案的同意。经统计，参与表决的债权人共计 15 家，债权总额为 862598559. 61 元，该组表决同意重整计划草案的债权人共 11 家，占出席会议同一表决组的债权人的 73. 33%，其所代表的债权额占该组债权总额的 96. 25%。此次表决，有财产担保债权组和普通债权组表决通过重整计划草案。

关于出资人组表决，中电华通科技公司工商登记股东为北京两家公司，分别持股 51%、49%。截至 2020 年 9 月 25 日，管理人收到出资人表决票，双方针对重整计划草案的表决结果均为不同意。故出资人组表决未通过重整计划草案。

综上，有财产担保债权组已表决通过重整计划草案；普通债权组参与表决的债权人共计 15 家，债权总额为 862598559. 61 元，该组表决同意重整计划草案的债权人共 10 家，占出席会议同一表决组的债权人的 66. 67%，其所代表的债权额为 809558419. 20 元，占该组债权总额的 93. 85%，该组已表决通过重整计划草案；出资人组表决未通过。综上，管理人认为重整计划草案符合《企业破产法》规定的批准条件，故提请裁定批准。

北京一中院于2020年12月28日作出(2020)京01破33号之一民事裁定书认为,普通债权组中,同意重整计划草案的债权人人数占该组出席会议的债权人人数的66.67%,超过该组出席会议债权人的半数,其所代表债权额占该组债权总额的93.85%,超过该组债权总额的2/3。有财产担保债权组中,同意重整计划草案的债权人人数占该组出席会议的债权人人数的100%,超过该组出席会议债权人的半数,其所代表债权额占该组债权总额的100%,超过该组债权总额的2/3。据此,普通债权组及有财产担保债权组均表决通过重整计划草案。关于出资人组的表决,中电华通科技公司的51%及49%股权的出资人均不同意重整计划草案,故出资人组未通过重整计划草案。

《企业破产法》第87条第1款、第2款规定:"部分表决组未通过重整计划草案的,债务人或者管理人可以同未通过重整计划草案的表决组协商。该表决组可以在协商后再表决一次。双方协商的结果不得损害其他表决组的利益。未通过重整计划草案的表决组拒绝再次表决或者再次表决仍未通过重整计划草案,但重整计划草案符合下列条件的,债务人或者管理人可以申请人民法院批准重整计划草案:(一)按照重整计划草案,本法第八十二条第一款第一项所列债权就该特定财产将获得全额清偿,其因延期清偿所受的损失将得到公平补偿,并且其担保权未受到实质性损害,或者该表决组已经通过重整计划草案;(二)按照重整计划草案,本法第八十二条第一款第二项、第三项所列债权将获得全额清偿,或者相应表决组已经通过重整计划草案;(三)按照重整计划草案,普通债权所获得的清偿比例,不低于其在重整计划草案被提请批准时依照破产清算程序所能获得的清偿比例,或者该表决组已经通过重整计划草案;(四)重整计划草案对出资人权益的调整公平、公正,或者出资人组已经通过重整计划草案;(五)重整计划草案公平对待同一表决组的成员,并且所规定的债权清偿顺序不违反本法第一百一十三条的规定;(六)债务人的经营方案具有可行性。"《全国法院破产审判工作会议纪要》第18条规定:"重整计划草案强制批准的条件。人民法院应当审慎适用企业破产法第八十七条第二款,不得滥用强制批准权。确需强制批准重整计划草案的,重整计划草案除应当符合企业破产法第八十七条第二款规定外,如债权人分多组的,还应当至少有一组已经通过重整计划草案,且各表决组中反对者能够获得的清偿利益不低于依照破产清算程序所能获得的利益。"

本案中出资人组表决未通过重整计划草案,管理人于表决后就重整计划草案表决事宜进行协商,原出资人均明确表示不同意出资人权益调整方案,应当视为拒绝再次表决。因此审查重点为重整计划草案是否符合《企业破产法》第87条第2款之批准条件。

本案中,关于职工债权及税款债权,因权益未受调整或者影响,不参与重整计划草案表决;有财产担保债权组及普通债权组均已表决通过重整计划草案。依据重整计划草案,有财产担保债权将以债转股方式获得全额清偿,该表决组中并无反对债权人。普通债权组债权100万元以下部分全额现金清偿,100万元以上部分如选择现金清偿方式,则清偿率为25%,如选择债转股方式,则清偿率为100%。依据偿债能力分析报告,在模拟破产清算程序中,普通债权组清偿率为0。故重整计划草案确定的普通债权人,包括该组中反对债权人的清偿率远高于其在破产清算状态下所能获得的清偿比例。

关于对出资人的权益调整,根据股东全部权益价值评估项目资产评估报告及债务人资产负债表专项审计报告,中电华通科技公司已经资不抵债,其股权价值为0,即如果对中电华通科技公司进行破产清算,现有资产在清偿债权后已无剩余财产向出资人分配,出资人权益为0,故重整计划草案将出资人权益调整为0,并将中电华通科技公司出资人持有的100%股权全部让渡给战略投资人并未实质损害中电华通科技公司出资人的权益,重整计划草案对出资人权益调整公平公正。

同时,重整计划草案针对同一表决组,设计了相同的清偿方案,同一表决组的成员可依据重整计划草案公平受偿,故重整计划草案内容符合《企业破产法》第87条关于"重整计划草案公平对待同一表决组的成员"之规定。

根据重整计划草案,中电华通科技公司主要资产无线宽带物联网产业园项目地理位置优越,具有良好的发展前景。中电华通科技公司的经营方案具有可操作性,有利于恢复企业营运价值,助力企业重新获得盈利能力,故法院认为中电华通科技公司的经营方案具有可行性。

综上,北京一中院依照《企业破产法》第87条第2款、第3款之规定,裁定:(1)批准重整计划草案;(2)终止中电华通科技公司重整程序。

二、争议法律问题

本案争议焦点为中电华通科技公司是否符合强制批准重整计划的条件。

本案系北京一中院首次适用《企业破产法》第 87 条第 2 款之规定强制批准重整计划草案。鉴于重整利益各方利益关系复杂，强制批准重整计划需要尤为审慎。

本案中，北京一中院充分考虑债务人股东权益复杂的特殊情况，对可能存在的矛盾和问题进行提前研判、全面摸底，指导管理人对债务人资产负债及股东权益情况进行审计、评估。在出资人组表决未通过重整计划草案的情况下，依法严格审查重整计划草案，在确保重整计划草案对出资人权益的调整公平公正的前提下，立足于债权人、债务人整体利益最大化，依法批准重整计划草案，有效破解了在反对者非理性抉择时重整程序面临的困境，在出资人权益未受实质损害的情形下，实现债权人获得更高比例的清偿，同时帮助债务人涅槃重生，较好平衡了各方利益，实现了法律效益、经济效益和社会效益的统一。

三、案例分析

（一）强制批准权的价值基础

1. 法院强制批准权的法律性质

（1）司法裁判权

通说认为，法院强制批准重整计划的权力是一种司法的裁判权。法院强制批准重整计划的过程，实质上是司法权对重整计划进行介入审查的过程。在审查过程中，法院需对重整计划内容的公平性、合理性等作出判断和分析、对重整进程和程序进行审核，进而决定是否批准重整计划。重整计划草案内容是在当事人意思自治的前提下达成，而法院介入重整计划草案的内容进行审查和裁量，对债权人、债务人、出资人等各方利益均会造成一定影响，属于国家司法权力对当事人之间的法律关系进行的调整。强制批准权力犹如法官手中的“达摩克利斯之剑”，破产法规定了严格的适用原则和标准来规范这一权力的行使，而这些规范反过来也形成对重整利益各方的事先威慑。①

① 参见齐明、郭瑶：《破产重整计划强制批准制度的反思与完善——基于上市公司破产重整案件的实证分析》，载《广西大学学报（哲学社会科学版）》2018 年第 2 期。

(2)衡平权

重整制度发端于美国的《1898 年破产法案》(Bankruptcy Act of 1898),但《1898 年破产法案》的适用范围不包括铁路公司,故而一种衡平接管(equity receivership)的拯救模式应运而生。[①] 美国破产重整制度属于以私主体自治为基础的市场主导型重整程序。[②] 1983 年美国国会第一次修订破产法案,并以专章的方式规定了重整程序。1978 年,美国制定了统一的重整程序,也产生了强制批准重整计划制度。由于破产法的重整制度来源于衡平法的接管,所以从渊源来说,强制批准权是一种衡平权。在各方谈判僵持不下时,法院从国家机关和第三方的角度去平衡各方当事人的利益关系。

2. 法院强制批准权的必要性分析

(1)打破僵局,避免少数人对重整程序的"钳制"

司法介入的必要性源自信息不对称,能力和道德缺失所引发的决策失当,其目的在于确保重整质效。[③] 如果不赋予法院强制批准权,重整程序与和解程序将没有区别,重整计划的通过将只能仰仗于各表决组通过重整计划,甚至部分大额债权人会依据其债权额等优势地位,阻碍重整计划通过,对重整程序形成"钳制",损害小股东利益和公共利益。本案中,如果因为债务人股东不同意重整计划草案导致整个案件重整失败,不仅会导致债权人利益受到损害,也会带来职工失业、税款流失等社会性问题。在此情况下,北京一中院准确行使强制批准权,避免了原股东对重整程序的"钳制",有力地维护了债权人和公共利益。

(2)助力解决"搭便车"问题

"搭便车"是指某些人或者团体在不付出代价或付出极小代价的情况下从他人或社会获得收益的行为。通常情况下,债务人企业在能够初步达成重整的情况下,债权人的清偿率能够高于破产清算状态下的清偿率,在此情况下,债权人真实的内心深处一般不会对重整产生抵触情绪。但是,债权人在看到企业有重整投资人进入,有重整成功预期的情况下,为了能够获得更大的利益,在重整谈判和磋商的过程中,反而会投出反对票,试图让重整投资人追加更多的资金

---

① 参见李曙光:《我国破产重整制度的多维解构及其改进》,载《法学评论》2022 年第 3 期。

② See O. M. Brupbacher, *Functional Analysis of Corporate Rescue Procedures: A Proposal from an Anglo-Swiss Perspective*, JCLS, No. 5, 2005, p. 110.

③ 参见李聿涵:《市场化重整识别——从商业判断与司法审查出发》,载《市场周刊》2022 年第 8 期。

或将重整计划进行调整或迫使其他债权人放弃一部分利益。债权人投出反对票后，为己方所在的债权组争取更多利益，自己也能通过"搭便车"的方式使己方利益最大化。而强制批准计划制度的存在，可以从法院中立第三方的角度审视重整计划是否会由于个别债权人的"搭便车"行为而无法通过，公共利益是否会受到损害，降低个别债权人试图"搭便车"的心理预期，进而对此类"搭便车"行为形成有效遏制。

(3)维护各方利益，实现整体利益最大化

因部分当事人不同意而无法通过债权人会议的方案并不能说明该方案不合理。不同当事人的利益诉求不同，但方案是否为当前情境下各方妥协能够达成的最佳方案，需要由法院进行审查，确保方案的正当性、合理性。

法院合理使用强制批准权，可维护股东、债权人、债务人等各方利益，在地区经济发展、债权保护等方面发挥积极作用，形成"多赢"的良好局面，尤其是对于发展前景较好的企业，通过重整程序尽快恢复经营，避免走入清算程序。本案中，根据中电华通科技公司重整计划草案的安排，债权人能够获得的清偿明显高于清算状态下的清偿。相对于清算，重整更加符合多数人的利益。在仅有原股东反对重整计划的情况下，通过行使强制批准权，让原公司能够继续存续，有力地维护了债权人和公共利益。

3. 对法院强制批准权进行规制的必要性

重整制度的优势建立在当事人有效谈判的基础上，当事人的谈判和博弈才是重整的核心，强制批准是万不得已的替代。[①] 重整计划兼具投资和合同的双重属性，是当事人意思自治的产物。鉴于企业经营发展的不确定性、企业破产清算价值和重整价值的不确定性，导致债权人对清偿率的预期将会不同。基于自身所处的利益环境不同，不同债权人的诉求会产生明显差别，对"公平""公正"的理解也会不同。如果不能合理使用强制批准权，反而容易造成利益分配不公平，遭受到外界对司法中立和权威性的质疑。

4. 强制批准重整计划的应然逻辑

(1)理性的市场化原则

司法审查或者司法介入是以一种理性的市场化的商业判断来取代相关主

① 参见高丝敏：《重整计划强裁规则的误读与重释》，载《中外法学》2018 年第 1 期。

体作出的非理性的恶意的商业判断。[①] 破产重整中的司法审查亦应当坚持市场化原则,不能违背市场化原则和商业规律,甚至是以自身的商业判断来替代市场主体各方所作出的商业判断。本案中,北京一中院坚持市场化手段推进重整程序。管理人通过公开、公平招募重整投资人,遴选出了实力较为雄厚、提供资金较多的一方作为正式投资人。让市场对重整企业的价值进行准确定价,进而使债权人能够获得更高的清偿率。

(2)个案公平原则

强裁中的公平原则遵守实质正义准则,其并不是简单粗暴地将所有利害关系人等闲视之,平等地分配破产财产,而是关注个案公平,对不同类别的当事人差异化对待,实现有限资源的最大化利用。[②] "强裁规则"应既能化解企业债务风险、消除社会稳定隐患、助力企业度过困境,使其获得重生的机会,同时也应达到公权力强制干预与私权利意思自治的平衡。

(二)法院审理强制批准重整计划案件中应当避免问题

1. 避免重社会效益和整体经济效益、忽视异议债权人权利保护

调研相关裁判文书后发现,强制性地批准重整计划,法院更多考虑的是社会公益或其他利益。[③] 但是,强制批准的立法论上的理由,不能成为法院在裁判个别案件时应当遵循的指导思想,更非强制批准的依据,除非法律对此有明文规定。[④] 法院在批准重整计划的论述中,侧重于社会整体利益和地区经济发展、保障就业等方面,法院倾向于从改善地区经济环境、带动就业、有助于社会整体利益等角度进行了论述。而对于破产程序整体是否符合法律正当程序的要求,是否对异议债权人进行了充分保护,则在一定程度上缺乏关注。上述问题应当进行相应改善。

2. 避免重整清偿率的对比口径较为单一、体现不出公允性

如果普通债权组未能通过重整计划草案,法院强制批准的理由一般是:重整的清偿率高于清算的清偿率。看似重整清偿率更高,但是与清算状态相比较

① 参见李聿涵:《市场化重整识别——从商业判断与司法审查出发》,载《市场周刊》2022 年第 8 期。

② 参见张钦昱:《论公平原则在重整计划强制批准中的适用》,载《法商研究》2018 年第 6 期。

③ 参见《中华人民共和国企业破产法》起草组编:《〈中华人民共和国企业破产法〉释义》,人民出版社 2006 年版,第 271 页。

④ 参见邹海林:《法院强制批准重整计划的不确定性》,载《法律适用》2012 年第 11 期。

得出的。清算状态下的清偿率是依托于评估机构所作出的模拟清偿率,而非真实的清算清偿率。这导致模拟清偿率可能会与真实的清偿率有所区别,尤其是担保债权人在强裁程序中被剥夺了出售担保物并利用回笼的资金继续投资获利的机会。[①] 此外,重整获得清偿率未能与同行业、同类型企业重整清偿率进行比较,这导致可能存在优质资产被低价变卖、债权人利益被侵害的风险。

3. 避免忽视保障债权人资产评估价值知情权、异议权

将营业中所包含的要素拆开出售,通常可以更快地变现。尽快变现和获得较优的变现价格二者都是债权人期望的目标,但二者之间往往存在冲突。[②] 重整投资人的投资金额、债权人获得清偿的金额和清偿率,依托于资产评估机构出具的评估数据。但是评估机构的基础数据如何获得、采用何种估值技术和估值方法存在一定的不确定性。鉴于评估的专业性较高,对于资产的价值,尤其是权益类资产和无形资产的公允价值较难确定。对于债权人而言,为了获得清偿,往往只能被迫按照评估结果获得相应清偿,尤其在债转股的重整模式下,如强制批准重整计划,迫使债权人放弃债权获得股权,债权人的有效清偿更难得到保障。

4. 避免对经营方案的合规性、可行性审查不足

重整程序的优势是与其替代品——清算程序比较得出的。但调研发现,法院偏重审查重整计划是否已通过表决,表决同意人数是多少,是否达到了通过重整计划的人数、债权额的要求等,对经营方案的合规性、可行性审查确有不足。经统计,仅有部分文书对经营方案的合理性进行了论述。有的文书中虽对经营方案进行论述,但也较为简单和概括,缺少较为翔实的可行性分析。这导致债权人,尤其是采用留债或债转股方式进行清偿的债权人对强制批准重整计划的必要性产生怀疑。

(三)强制批准重整计划案件审理容易产生相关问题的原因分析

1.《企业破产法》的相关规定有待继续完善

《企业破产法》对强批规则的适用条件较为宽泛。《企业破产法》第 87 条第

① 参见张钦昱:《论公平原则在重整计划强制批准中的适用》,载《法商研究》2018 年第 6 期。

② 参见许德风:《破产法论:解释与功能比较的视角》,北京大学出版社 2015 年版,第 468 页。

2 款第 1 项中对于担保债权清偿的规定,[①]担保物评估价值下降后,担保债权无法获得全额清偿,只能按照评估价值获得部分清偿,而剩余债权则作为普通债权处理。在该种未拍卖变卖担保物的情况下,担保债权的清偿数额依赖于评估价值,但是对于评估价值范围和幅度较大的担保物(如股权等权益类资产),一旦评估价值较低,担保债权人就不能得到高比例的清偿,如不能采用在市场上出售的方式来确定担保物价格,强行通过实质重整计划会对担保权造成损害。《企业破产法》第 87 条第 2 款第 3 项对清偿比例作出规定,[②]但是对于破产清算程序所能获得的清偿比例如何取得未作出规定,这导致实质上债权人能获得多少清偿,依赖于评估机构作出的判断。对于第 87 条第 2 款第 6 项的规定,[③]该规定中对“可行性”未予明确规定。此外,对于不同意重整计划的债权人的权利如何救济,《企业破产法》未予以规定。这导致不同意重整计划的债权人只能被迫接受重整计划的条款和安排。

2. 对于经营可行性的判断非法官所擅长

债务人分属于不同行业,每个债务人企业的经营范围、经营战略、产业链中的地位、市场占有率等均不尽相同,这给判断经营可行性带来了巨大挑战。债务人未来的经营存在不确定性,而对于未来尚未发生的情况进行判断,需要具有金融、投资、财务等方面的专业知识,超出了法律适用的范畴,这并非法官所擅长。这导致异议人认为,即使重整计划得到了强制批准,但不能保证此类重整计划具备可行性和合理性。

3. 法院审查过程中承受一定的外部压力

各地方的中大型企业,对于当地 GDP、税收、就业、经济发展、民生问题等产生较大影响,一旦此类企业进入重整程序,地方政府部门往往会尽最大的可能去挽救企业。而为了保证重整成功,一方面要大力与债权人进行沟通,另一方面也会与案件审理的法院进行充分协调,确保法院能够在重整计划无法获得全部组别同意的情况下,强制批准重整计划。在外部压力影响下,法院在适用强

---

① 该条规定:本法第 82 条第 1 款第 1 项所列债权就该特定财产将获得全额清偿,其因延期清偿所受的损失将得到公平补偿,并且其担保权未受到实质性损害。

② 该条规定:普通债权所获得的清偿比例,不低于其在重整计划草案被提请批准时依照破产清算程序所能获得的清偿比例。

③ 该条规定:债务人的经营方案具有可行性。

制批准权的过程中，容易出现重视集体和公共利益，而忽视异议人和少数人权利的保护。

4. 管理人履职存在瑕疵，未能与各方展开充分协商和沟通

重整制度的优势建立在当事人有效谈判的基础上，当事人的谈判和博弈才是重整的核心，强制批准是万不得已的替代。[①] 作为重整案件驱动的核心力量，管理人在履职中存在一定惰性，未能在重整期限内与各方当事人展开充分的谈判和协商，为各方当事人共赢创造基础和条件，而是将希望倾注于法院的强制批准权，等到重整期限届满后再请求法院强制批准，将重整成功的压力转移至法院，而法院考虑到整体利益不得不强制批准。

(四)强制批准重整计划案件审理的司法应对

1. 审查管理人是否积极履行信息披露义务

债权人同意重整计划的前提是获得较为准确、全面的信息，充分的信息披露可以争得利益相关方对计划的支持，也有助于各方展开较为充分的协商。全面的信息披露，内容包括企业自身的资产负债情况、投资人资金投入情况、提供的清偿方案等，确保表决组能够掌握企业的相关情况，及时调整己方对债权清偿率的预期。此外，披露的内容还应包括一些重要的程序性事项，包括投资人招募流程和程序、审计和评估机构的确认方式等，确保程序合规，避免因程序瑕疵引起债权人抵制重整计划。在本案审理中，北京一中院认真监督指导管理人履职，充分听取各方意见，保障各方的程序性和实体权利，为强制批准重整计划草案打下坚实基础。

2. 审查债务人企业评估价值的合理性

强制批准重整计划的前提是“不低于其在重整计划草案被提请批准时依照破产清算程序所能获得的清偿比例”，不同于诉讼案件，对于企业破产清算程序能够获得的清偿数额、清偿比例，法官无法直接进行计算，需要依托于第三方机构计算得出。这就对第三方机构的独立性、专业性提出了较高要求。

为了能够获得企业的清算价值，除了要求专业的评估机构进行合理、审慎的评估外，还要关注评估机构是否中立于重整程序中的相关方、是否具有关联关系，评估机构遴选程序是否瑕疵等各个方面。另外，也要将评估报告及评估

① 参见高丝敏:《重整计划强裁规则的误读与重释》，载《中外法学》2018 年第 1 期。

过程及时向债权人进行披露,以充分监督评估机构的工作。通过听取各方对破产清算价值的意见,准确评估清算程序能够获得的清偿数额和比例,进而为强制批准重整计划打好基础。如果经各方认可的清算价值与重整分配比例相差不大,则对强制批准权的适用要更加慎重。

3. 审查经营方案可行性

一方面,在强制批准时,此时的重整计划草案没有获得表决组的全部通过,法院启动的不仅是合法性审查,还有对经营方案可行性或者重整计划草案合理性的审查。① 为了得到更多人的支持,重整计划起草时对经营方案的论述要全面具体,不能过度宏观、只讲目标而不谈具体规划。经营方案中应包括预测未来营业收入、能够产生的现金流量、估计的毛利率、净利率等财务指标。法院在撰写裁判文书时,一方面应当根据草案内容,从资本架构、管理结构、营收水平、未来发展前景等内容进行论述,让强制批准重整计划草案的理由更加充分。另一方面也可借助外界力量来增强裁判者的判断。听证程序的建立有益于增加信息透明度,便于法院全方位、深入了解重整计划草案的内容,为审慎、合理行使强制批准权与平衡各重整利害关系人利益提供充分必要的依据,借以确保程序与实体的正当性,保证强制批准的公平公正。② 可通过召开听证会的方式来进行综合判断,邀请"投资人、行业内专家、政府相关部门工作人员、财税人员"等参加听证程序,对经营方案的可行性进行全面论证。

4. 加强强制批准重整计划案件中的文书说理

当前强制批准重整计划的裁定书中,法院认为部分论述较为简单。法院强制批准重整计划本身就容易遭到债权人、出资人等各方的质疑,如果不能在裁定书中对争议问题作出回应,往往会加剧各方的不满,损害司法和法院的权威性。

本文认为,法院强制批准重整计划需充分论述强制批准计划的原因和必要性。文书中应涵盖企业的拯救价值、通过重整计划能够带来的社会效应。包括通过重整能够带来的经济价值、给当地 GDP 带来的贡献,重整对于资产价值提升的重要意义,重整对于解决就业带来的意义,重整对于特殊经营资质的重要

① 参见王欣新:《试论重整制度之立法完善》,载《昆明理工大学学报(社会科学版)》2010 年第 5 期。
② 参见曹文兵:《上市公司重整计划强制批准制度的审视与完善》,载《人民司法》2021 年第 34 期。

性等。通过多维度的论述，有助于让异议方更加认同强制批准的重要意义，减轻对强制批准的抵触。本案中，北京一中院从资产的地理位置优越、发展前景、经营方案可行性、恢复企业营运价值和盈利能力方面进行了论证，对强制批准重整计划的必要性进行了充分阐释，得到各方支持。

四、结论

针对法院强制批准重整计划涉及的审查标准及程序性要求，我们有以下建议。

1. 管理人充分履行信息披露义务

全面的信息披露内容包括企业自身的资产负债情况、投资人资金投入情况、提供的清偿方案等，确保表决组能够掌握企业的相关情况。此外，披露的内容还应包括一些重要的程序性事项，包括投资人招募流程和程序、审计和评估机构的确认方式等，确保程序合规，避免因程序瑕疵引起债权人抵制重整计划。

2. 合理评估企业价值

强制批准重整计划的前提是"不低于其在重整计划草案被提请批准时依照破产清算程序所能获得的清偿比例"。管理人需要遴选出中立、专业的第三方机构对企业清算价值进行评估和测算。把价值发现职能交还市场，遵循市场规律，在充分听取各方意见的基础上，确保企业评估价值合理、准确。

3. 制定科学、具有可持续性的经营方案

重整计划起草时对经营方案的论述要全面具体，不能过度宏观、只讲目标而不谈具体规划。经营方案中应包括预测未来营业收入、能够产生的现金流量、估计的毛利率、净利率等财务指标。

（案例编写：张宏宇）

06. 破产重整中资产出售相关问题研究

——中信国安集团等 7 家公司重整案

案例要旨：重整程序中采用出售方式处置债务人财产时，既可以通过重整计划出售，也可以适用我国《企业破产法》关于出售营业和资产的相关规定，由管理人对部分资产进行先期出售，或者在重整计划批准后出售剩余资产。重整中对部分财产采用清算规则出售仅限现金一次性交易处置范畴，否则应当通过重整程序进行。

一、据以研究的案例

2022 年 1 月 30 日，北京一中院作出(2021)京 01 破申 682 号民事裁定，裁定受理交通银行股份有限公司菏泽分行对中信国安集团有限公司(以下简称中信国安集团)的重整申请。2022 年 6 月 2 日，北京一中院作出(2022)京 01 破申 148 号民事裁定，裁定中信国安集团、中信国安有限公司(以下简称国安有限)、中信国安投资有限公司(以下简称国安投资)、中信国安城市发展控股有限公司(以下简称国安城市发展)、青海中信国安科技发展有限公司(以下简称青海科技)、青海中信国安锂业发展有限公司(以下简称青海锂业)、河北国安第一城景区管理有限公司(以下简称河北一城)实质合并重整。

在重整过程中，经中信国安集团管理人申请，北京一中院于 2022 年 2 月 18 日许可中信国安集团管理人聘请审计及评估机构。2022 年 11 月 25 日，天职国际会计师事务所(特殊普通合伙)出具天职业字〔2022〕33916 号中信国安集团模拟合并资产负债情况专项审计报告显示中信国安集团等 7 家公司所有者权

益合计 –1399 亿元。

2022 年 11 月 28 日，北京天健兴业资产评估有限公司出具天兴咨字〔2022〕第 0244 号中信国安集团等 7 家公司实质合并重整模拟合并偿债能力分析报告认为，如对中信国安集团等 7 家公司进行破产清算，优先清偿有财产担保债权等、破产费用、共益债务、职工债权和税款债权后，剩余部分可供向普通债权人进行分配的财产金额为 1621509.82 万元，模拟计算的清算假设下的普通债权清偿率为 9.36%。

2022 年 12 月 1 日，中信国安集团管理人向法院及债权人会议提交重整计划草案。根据重整计划草案，中信国安集团等 7 家公司引入投资人中国中信集团有限公司（以下简称中信集团），采取出售式重整模式，根据整体重组、现状承接原则，中信集团投入重整投资款总额为 120 亿元。中信国安集团等 7 家公司全部资产分为保留资产、待处置资产和或有权益：中信国安集团等 7 家公司拟以保留资产和选择留债清偿的债务整体打包设立新公司（以下简称新国安集团），通过股权受让、增资及以股抵债等方式，新国安集团最终由中信集团和转股债权人共同持股。中信集团投资款拟根据重整计划规定分别用于受让中信国安集团等 7 家公司持有的新国安集团股权对价及用于对新国安集团增资盘活企业存量资产。

关于债权清偿方案，涉案债权包括有财产担保债权、职工债权、税款债权和普通债权。根据重整计划草案，职工债权及税款债权将获得全额现金清偿；对于有财产担保债权，债权人可以选择留债清偿或者以股抵债。选择留债清偿的有财产担保债权人，优先受偿金额在 100 万元（含本数）范围内的部分获得全额现金清偿；超过 100 万元的部分由留债主体在法院裁定批准重整计划草案之日起 5 年清偿。留债主体原则上为主债务人，主债务人是没有纳入新国安集团范围的重整主体或者是非重整主体的，由新国安集团作为留债主体。选择以股抵债的有财产担保债权人，优先受偿金额按照 1∶1 的比例转为新国安集团净资产对应股权，净资产价值根据资产价值评估报告中的评估价值确定。对于普通债权，债权金额在 100 万元（含本数）范围内获得全额现金清偿；超过 100 万元（不含本数）至 5000 万元（含本数）的部分，债权人可以选择“3% 现金 + 以股抵债”或者“20% 现金清偿，剩余部分豁免”的方式获得清偿；超过 5000 万元的部分，通过“3% 现金 + 以股抵债”方案清偿。关于转股价格及清偿率，按照 19 元/股的价格实施以股抵债，转股部分清偿率约45%—50%。最终转股部分清偿率根据债权人对普通债权清偿方案选择情况确定。

关于出资人权益调整方案，根据重整计划草案，中信国安集团原有全部出资人权益调整为0；河北一城、国安有限、青海科技原出资人全部股权均无偿让渡给新国安集团；青海锂业随青海科技股权一并转移到新国安集团，无须对青海锂业的出资人权益进行调整。

2023年1月18日，北京一中院裁定批准中信国安集团等7家公司重整计划草案，并认为，关于中信国安集团与共和控股公司、黑龙江鼎尚公司、天津万顺公司正在进行相关诉讼，共和控股公司、黑龙江鼎尚公司、天津万顺公司主张其并非中信国安集团真实股东，不应参与本案出资人组表决。对此，法院认为，《企业破产法》规定在重整计划草案涉及出资人权益调整事项时，应当设立出资人组进行表决，其立法目的在于保障出资人权益。本案中，虽共和控股公司、黑龙江鼎尚公司、天津万顺公司主张其系代持股东身份，但在未经法定程序进行股东身份变更，且在重整期间亦无利害关系人就重整主体股权主张权利的前提下，本案依据工商登记及章程记载的股东作为出资人组的权利人，有相应法律依据；同时该安排也兼顾了外部主体对工商登记股东身份的信赖利益，并无不当。综上，本案债权人分组及设立出资人组均符合法律规定。

本案中，出资人组表决未通过重整计划草案，同时出资人组拒绝再次表决。因此法院审查重点为重整计划草案是否符合《企业破产法》第87条第2款之批准条件。经查，重整计划草案确定的普通债权人，包括该组中反对债权人的清偿率均高于其在破产清算状态下所能获得的清偿比例。根据专项审计报告、资产价值评估报告、偿债能力分析报告，中信国安集团等7家公司已经资不抵债，如对中信国安集团等7家公司进行破产清算，模拟计算的破产清算假设下的普通债权清偿率为9.36%。此时应当认定中信国安集团等7家公司所有财产应用于清偿债务，出资人所持有股权已无法获得剩余分配。据此，重整计划草案将中信国安集团等7家公司外部出资人权益全部进行调整，并未实质损害前述出资人的合法权益。故综合考虑中信国安集团等7家公司资产负债情况、工商登记的股东信息及股东意见等情况，法院认为重整计划草案对出资人权益的调整公平、公正。

二、争议问题

债务人出售资产既是破产清算程序处置财产的主要方式,也是重整程序中出售主要资产的方式,特别是从事多元化经营的企业在出售核心资产之外,还存在先期出售及剩余资产处置变现的问题。我国《企业破产法》第八章重整以存续式重整模式为主,而出售核心资产在程序选择、“债务人”界定、债权人权利保障等方面都对我国《企业破产法》现有规范提出新的问题,有必要进一步分析厘清。

从选择重整与清算程序来出售资产的角度来看,出售重整中,管理人通过重整计划出售债务人有价值的核心资产后,针对非剩余资产的处置,实践中通常分为两种情形,一种是将剩余的待处置资产纳入信托计划,通过分配信托受益权来进行清偿。采用信托计划处置债务人剩余资产,需重点考虑信托成本和信托收益、充分披露信息及满足法定程序后才能实施。[①] 另一种是对剩余资产进行处置变现和分配,由谁具体实施并负责仍有不同做法。如果在重整程序中对剩余财产进行管理、处置变现和分配采用清算规则,就一家债务人企业的破产程序中能否同时存在重整和清算两种程序?在同一债务人的破产程序中又如何协调和区分适用重整出售和清算出售?

在破产重整中,出售资产时在法院裁定确认债权人的债权性质和金额后,由新主体就债的清偿与全体债权人通过重整计划加以约定,并由法院进行确认,此时新主体又与全体债权人重新缔结了债权债务关系。在重整计划执行期间,如果新主体违约,能否按照我国《企业破产法》的规定,在相关主体申请后,由法院宣告新主体破产?如果不能,那么,全体债权人又如何救济?以上问题均有必要进一步思考。

三、案例分析

(一)出售式重整中可同时适用清算出售

重整程序中可对部分财产进行清算出售。我国《企业破产法》程序结构较为复杂,体现在程序结构方面即为“总分结构”。按照“一个大门,三个小门”,

① 参见王玲芳、刘琦:《重整程序中财产处置信托的风险规制》,载《人民法院报》2021年12月9日,第7版。

是指将破产清算、和解和重整统称为“破产程序”，适用“大破产”的概念，而前述三个程序是一个个具体的程序，可以称为小门，好比“三室一厅”的房子，大厅是公共部分，而每个室是三个不同的房间。① 按照总分结构，《企业破产法》共用的总则部分包括第一章至第七章、第十一章，而第八章、第九章、第十章为具体程序，每一章具体程序均可以适用总则的规定，因此在适用重整制度时，理论上可以适用《企业破产法》第 25 条第 1 款第 6 项(管理和处分债务人财产)及第 69 条第 1 款第 3 项(全部库存或者营业的转让)等相关制度，只是适用清算程序进行全部营业转让和重整中的营业转让有何区别，仍应进一步加以厘清。前述规定明确的营业、财产出售一般都在破产清算程序中，待债务人宣告破产后，由管理人实施处置，一定程序排除了重整中的适用。

(二)《美国破产法典》关于“先期出售”的相关规定

《美国破产法典》中明确规定，可以在重整中出售债务人全部或大部分财产，该法第 1123 条(a)(5)(D)规定“将全部或部分破产财产出售，无论其是否受财产上的担保权的约束；或将全部或部分破产财产在对该财产享有权益的主体间进行分配”，该条(b)(4)规定“将全部或几乎全部破产财产出售并将该出售所得的收益在持有该债权或权益的主体间进行分配”，重整程序中对债务人进行彻底清算也是可行的。② 此条允许提出进行清算的计划，其最终效果等同于第 7 章的破产清算，但因债务人在重整中有较大的控制权，有更多时间对其业务进行清盘，故提高了破产财团的最终价值。③ 此条明确的是重整中的出售，需要按照重整程序、符合重整计划内容的要求进行出售。

而备受关注的美国通用和克莱斯勒案是通过先期出售，在重整计划之外的出售。美国通用汽车和克莱斯勒汽车重整案中系适用《美国破产法典》第 4 附章“管理职责”第 363 条由法院在经过通知和听证后，批准的快速出售来完成，此出售在重整计划之外，并不需要债权人分组表决，与重整计划的批准存在很大的区别。正是因为在重整计划之外进行先期出售，没有按照《美国破产法典》第 1129 条的重整规定要求进行，因而通用汽车和克莱斯勒汽车重整案遭到猛

① 参见李永军：《破产法的程序结构与利益平衡机制》，载《政法论坛》2007 年第 1 期。

② 参见[美]查尔斯·J. 泰步：《美国破产法新论》(第 3 版)(下册)，韩长印等译，中国政法大学出版社 2017 年版，第 1207 页。

③ 参见王欣新：《重整制度理论与实务新论》，载《法律适用》2012 年第 11 期。

烈批评。

我国司法实践中在重整中出售资产与美国通用汽车和克莱斯勒汽车重整中适用《美国破产法典》第363条的先期出售并不相同。我国出售核心资产适用重整规则进行,因债务规模较大,有价值的营运事业包括各类有价值资产的集合,经过公开招募投资后,投资人无法完全以现金作为对价购买。因此,投资人在收购营运事业基础上新设企业,以新设企业作为债务承接主体,以留债、债转股等组合方式清偿原债务人全部债务,并和相关主体签订投资协议、通过审计、评估机构确定出售资产的公允价值,同时对债权人、出资人分设不同组别对相关"一揽子"协议进行表决。我国所出售的营运事业全部纳入重整计划中加以安排,更大程度保障了债权人权益,特别是异议债权人。

(三)不同破产程序中运用出售方式处置财产的要求

出售既可以按照重整制度进行出售,也可以按照我国破产清算中的出售营业进行,后者既可以在重整计划出台之前出售,也可以在重整计划经法院批准之后出售。经过前述分析,是运用重整出售还是清算出售,至少要考虑以下因素:

第一,是否完全以现金为对价进行的一次性出售。如果不是完全现金对价,结合债转股、留债等清偿安排,投资人与债权人共同持股新主体时,应当通过重整制度进行出售,因为重整制度不仅可以在分组表决、设置小额债权组、出资人组进行权益保障,还可以适用强裁、管理人对重整计划执行监督、执行不能时进入破产清算等法律强制规范,可以更有利于保护债权人、出资人等相关利害关系人的合法权益。而如果是以现金作为对价进行的一次性交易,则可采用清算出售,并以债权人人数和金额过半数作为财产处置、分配方案表决通过的标准。

第二,是否出售债务人全部或者核心资产。我国《企业破产法》第25条、第69条进一步明确,管理人有权进行全部库存和营业的转让,理论上可以通过清算程序出售全部资产,为避免通过资产出售绕过重整程序,应当对法律漏洞进行填补,应当明确全部资产出售构成实质的重整计划,对全部资产出售宜采用重整计划分组表决方式进行。[①] 我国《企业破产法》第112条(破产企业可以全部或者部分变价出售)将此种方式定义为重整程序更为合理,且因其程序制度

① 参见贺丹:《通用公司重整模式的破产法分析》,载李曙光、郑志斌主编:《公司重整法律评论》第2卷,法律出版社2012年版,第22—42页。

支撑更有利于获得成功(如在重整程序中限制担保物权的行使等)。[①] 从另一侧面说明,如果出售债务人的全部财产更宜在重整程序下进行。在判断一项出售是重整还是清算时,有学者认为,如果卖方公司资产负债表里超过半数的债权人和股东出现在新的资产负债表里,而把某些债权人抛在后面,或者如果新股权的多数来自旧的资本结构,就可以假定交易根本不是出售,而是重整。[②]

债务人可就不同财产开展重整出售和清算出售,不同财产的处置需要进行协调衔接。清算出售属于部分资产处置方案,如果在重整计划之前出售,可以按照《企业破产法》第 25 条、第 69 条及相关司法解释规定,报债权人会议表决通过后实施。如果在重整计划批准之后出售,可将其直接纳入重整计划草案进行表决,更加有助于保障相关人的权益。在债务人执行重整计划期间,管理人可同步开展剩余资产的出售处置工作,该部分财产处置变现完毕应是重整计划终结的条件之一。由此也对我国《企业破产法》提出新的挑战,作为重整、清算和和解共用总则部分,在重整计划或和解方案之外的清算出售,由于并无相应的宣告破产程序,因此未来可将第 69 条相关条款修订为"通过债务人财产或破产财产的管理、变价、分配方案",方能真正为重整中的清算出售提供法律依据。

(四)破产重整出售资产的其他问题

1. 管理人的职责

管理人应负责重整计划之外的资产处置。在破产程序中设立管理人,系需要由中立且专业的第三方中介机构接管债务人财产和营业,处置资产、进行债务清偿或招募投资、保全企业或营运事业。无论是采用清算规则出售资产,还是重整规则出售资产,都应由管理人主导、推进并实施。仅在法律有明确规定的情况下,比如债务人自行管理、债务人负责执行重整计划,才能将相应职责交由其他主体承担。重整计划的执行因有法律明确规定,实施主体并无疑问;而采用清算出售的资产处置,则应当按照我国《企业破产法》的相关规定由管理人负责并实施。

法院批准重整计划后,债务人对本企业情况熟悉,重整成功对债务人利益

---

① 参见王欣新:《绝境再生:破产法市场化法治化实施之路》,法律出版社 2022 年版,第 21 页。

② 参见[美]Mark J. Roe、David K. Skeet:《克莱斯勒破产案评论》,王佐发译,载李曙光、郑志斌主编:《公司重整法律评论》第 1 卷,法律出版社 2011 年版,第 263—311 页。

关系重大，由债务人担任重整计划的执行人，发挥其积极性，比委任其他人担任执行人执行重整计划更为有利。[①] 此处的债务人是相对于债权人、管理人及其他第三方中介机构而言，由于重整计划对债务人出资人权益的调整，债务人在重整计划执行期间其权力结构、治理机构将发生根本变化，原有出资人及选任的管理人员几无可能再来执行重整计划，因此在法院批准重整计划到投资人或债权人实际取得新主体的股权前，均是由投资人、相关利益人、部分管理人员组成过渡组织，负责企业经营、治理及执行重整计划，并由管理人负责监督。

在此种重整当中，执行重整计划既需要旧主体作为债务人去执行，也需要设立后的新主体参与联合执行，新主体亦可以解释入"债务人"的范畴，属于新加入的债务人。此时亦是由过渡组织来负责清偿、转股、资产过户等执行事宜。基于重整计划的执行，旧主体和新主体都是执行主体；但是对于旧主体在重整计划之外的处置变现，无论是先期出售还是后续出售，仍是重整程序中管理人的职责，即便交由旧主体的工作人员具体实施，但是处置的责任、相关人员的工作报酬应当由管理人承担。

重整计划能否变更法定的财产处置主体。即便管理人将剩余财产处置方案纳入重整计划草案一并表决，剩余财产交由债务人处置也不当然具有正当性。剩余财产处置的法律依据和逻辑是基于《企业破产法》的清算出售规定，通过网络公开拍卖实现变现和分配，此时出售职责的承担主体、程序均有明确法律依据，在未向债权人充分披露的前提下，用"一揽子"重整计划草案改变法定主体职责，违背了相关法律规定的初衷，也不利于债权人权益的保障。

进言之，如果在处置剩余资产过程中，遇到《企业破产法》第69条相关事项需要决策时，谁组织债权人会议、谁提议会议决议事项等都将会出现僵局和争议，不利于后续程序的合法有序推进。当管理人负责剩余资产的处置变现和分配时，管理人承担着双重职能，对于出售营业事业的重整计划的执行是监督角色，而对于剩余资产的处置仍是责任主体和实施主体，管理人应做好相关工作的区分和衔接。

2. 重整计划不能执行或不执行的后果

依据《企业破产法》第93条（重整计划不能执行或者不执行的，债务人宣告破

---

① 参见安建主编：《中华人民共和国企业破产法释义》，法律出版社2006年版，第128页。

产）的规定，债务人是否执行完成重整计划是宣告破产的关键。在方正案、中信国安案重整计划中对“重整计划的执行与监督”分为两种主要情形：一是投资人违约，管理人有权采取修改重整计划、重新引入战略投资者等措施，并追究投资人各类违约责任；二是非投资人过错导致的重整计划无法执行，且无法通过修改重整计划等方式实现继续执行的，则请求法院终止重整程序，宣告重整主体破产。管理人在 1 个月内退还投资者投款本息，已使用部分则按照共益债务优先受偿。

通常出售核心资产重整计划执行完毕的标准包括：债的现金清偿、债转股登记完成、留债确认、投资款的支付、资产交割过户、投资人股权登记完成、新主体设立、待处置资产处置完毕、出资人权益调整。前述标准，主要包括“债的清偿与变更 + 权利主体变更”两项内容，而其中的关键事项就是投资款的支付与资产交割，这两项事项的联结环节就是新主体的设立。当债务人资产过户给新主体后，资产的所有权人发生了变更，如果重整计划不能执行或不执行，按照《企业破产法》第 93 条的规定，“债务人”能否包括新主体？按照《企业破产法》第 92 条（重整计划对债务人和全体债权人均有约束力），在分析重整计划的执行主体时，已经将新主体纳入广义的“债务人”范畴，加之重整仍是程序的固有属性，因此该法第 93 条的“债务人”应当包括出资购买债务人核心资产的新主体。否则如果因为债务人（旧主体）的核心资产过户给了新主体，新主体又不执行重整计划，债权人只能在合同项下主张损害赔偿的话，追索时长和结果都不具备确定性，会对债权人造成新的不公。因此，如果出售式重整的重整计划不能执行或者不执行时，亦应按照法律规定宣告新主体破产。如果此时新主体同时拥有投资人另行注入的其他资产，则应当区分旧主体转入的资产和投资人另行注入的资产，只能将旧主体的资产纳入后续处置范围。而执行期内尚未过户的资产，可再行招募投资人整体出售资产，通过变更重整计划方式，制定新的重整计划，重新分组表决；如果未过户资产无法再行整体出售，只能零散出售，则无法实现债务人既有营运的存续，则应当终止重整程序，宣告债务人破产。

（案例编写：王玲芳）

07. 实质合并重整中的债权人权利保护路径

——某安装工程公司、某轮机公司合并破产重整案

案例要旨：本文系两公司适用实质合并重整程序对债权人利益保护路径的探索和完善总结。通过在程序的适用与否上充分论证债权人利益不受损害的理由，并考虑分别重整对债权人公平清偿造成的影响，此系对债权人权利保护考量之一。在案件受理后，通过法院对管理人的监督和指引，对债权人在破产进程中的知情权予以具体的保护举措。同时通过对债权人会议表决组别的设置，探索明确谈判对象，集中精力协调意见，增加草案通过的可能性。

一、据以研究的案例

申请人：某安装工程公司、某轮机公司。

被申请人：某安装工程公司、某轮机公司。

某安装工程公司、某轮机公司系中管企业中某公司的下属国有企业，其中某安装工程公司是某轮机公司的全资子公司。2019 年，两家公司均以不能清偿到期债务，并且资不抵债为由向北京一中院提出重整申请。2019 年 12 月，北京一中院决定两家公司进入预重整，并通过竞争方式选任北京市某律师事务所担任两家公司的临时管理人。在法庭指导下，在预重整阶段，临时管理人全面调查了公司资产负债情况，征集重整投资人、债权人及相关主体的意见，拟订了预重整方案，认为某轮机公司、某安装工程公司具有重整价值及重整可行性，建议法院受理重整申请。北京一中院以两公司虽然已经资不抵债，但其具有重整价

值及重整可行性，且出资人及主要债权人已经同意预重整方案为由，裁定受理某轮机公司、某安装工程公司的重整申请。

北京一中院裁定受理某安装工程公司、某轮机公司破产重整后，管理人以两家公司人格高度混同、区分各关联企业成员财产的成本过高，实质合并重整将有利于推进两家公司重整为由，申请进行实质合并重整。北京一中院在全国企业破产重整案件信息网发布公告，通知已知债权人等利害关系人发表异议。异议期满后，无利害关系人提出异议。

2020 年 4 月，北京一中院充分调查了两公司在人员、经营、财务等方面的混同情况后，作出民事裁定书，裁定对某安装工程公司、某轮机公司适用实质合并重整方式进行审理。而后，为减少债权人参会成本，北京一中院通过全国企业破产重整案件信息网组织召开第一次债权人会议，就重整计划草案等重要事项进行审核和表决。此后，北京一中院作出民事裁定书，裁定批准两公司重整计划并终止重整程序。

本案审理过程中，涉及实质合并重整程序的运用，该程序的适用与否，判断标准与债权人的利益相关。债权人在案件审理过程中具有查阅债务人相关材料的现实需求，而重整主体也有其商业秘密保护的需要。法律规范对债权人利益的保护规定相对零散，对债权人知情权的边界界定相对模糊，缺乏可在实践中具体操作的规则指引。对管理人在重整过程中的债务人重大资产处置行为的监督，以及在对债权人会议表决组别的设置上，如何明确谈判对象，集中精力协调各方意见，使草案获得最大公约数，增加草案通过的可能性，是本案在破产案件中落实债权人利益保护的几个方面。

二、涉及法律问题

本案处理过程中，涉及以下问题需要进一步明确：

一是实质合并重整条件中对债权人利益影响的认定。实践中，关联企业相互之间经常存在资金调剂、业务合作、债务担保等情形，容易产生资产、债权归属混乱等问题，给财产清理、债权审核和案件审理带来困难。当关联企业进入破产程序后，单一企业破产的处理模式无法妥善解决上述问题。而关联企业破产问题在我国尚处立法空白，实践中通常以对关联企业进行实质合并审理的方式解决，即关联企业均进入破产程序时，将各关联企业的资产和债务在破产程序中进行合并,关联企业的资产由管理人统一处置,关联企业之间的互负债务直接核销、互相担保债务一笔计算,各债权人按各自的清偿顺序和清偿比例,以合并后的财产统一进行分配。《全国法院破产审判工作会议纪要》第 32 条对该规则作出了原则性规定:当关联企业成员之间存在法人人格高度混同、区分各关联企业成员财产的成本过高、严重损害债权人公平清偿利益时,可例外适用关联企业实质合并破产方式进行审理。人民法院在审查实质合并申请过程中,可以综合考虑关联企业之间资产的混同程度及其持续时间、各企业之间的利益关系、债权人整体清偿利益、增加企业重整的可能性等因素,在收到申请之日起 30 日内作出是否实质合并审理的裁定。综合上述规定,在审查关联企业是否符合实质合并重整的标准时,需要考虑分别重整可能对债权人公平清偿利益造成严重损害这一情形。

二是实质合并重整中的债权人知情权保障标准界定。企业进入破产程序后,基于剩余索取权理论,股东对企业的控制权减弱,破产企业的各项事务决策权转由债权人会议控制。我国《企业破产法》规定了债权人会议的职权范围,明确了包括资产处置等各类重大事项需要经由债权人会议同意的规定。目前我国由债务人自行管理破产事务的重整案件较少,更多由摇号选定的管理人进行各项破产中所需要的工作,然而破产管理人并不具有独立的债务人重大事项决定权,其需要形成方案提交债权人会议审议。但由于在破产状态下的企业债权人需要承担较大风险,其通过债权人会议作出的决策,需要有充分的信息披露制度匹配,以保障债权人在充分依据下进行表决。管理人和债权人拥有天然的信息不对等情形,管理人接管债务人企业后,拥有更多的信息优势,且往往由其对接潜在投资人,把握重整投资协议和重整计划的草拟、程序的推进。故在重整计划表决过程中,具有天然的信息不对称性,如何确保债权人在重整中获取信息的真实性和完整性,使其充分知晓与企业经营、债务人财产的相关信息,作出真实意思表示。现有的破产法将债权人知情权分散规定,体现在《企业破产法》第 15 条、第 68 条、第 69 条、第 84 条以及最高人民法院《关于适用〈中华人民共和国企业破产法〉若干问题的规定(三)》[①]第 10 条,但综合来看,其概括性较强,并未对实质合并重整进行精细的可操作的规定,对其中切实可能影响债

① 本文所涉案件适用的是 2019 年的司法解释规定。

权人利益的信息,未作列明,债权人行使知情权的边界尚不清晰。对债权人知情权所涉及的查询对象,除管理人及债务人外,是否还有其他主体?如何平衡债权人知情权与债务人的商业秘密和重整经营保护?当债权人的知情权受到侵犯时具体的救济路径,具体的侵权行为发生所应承担的责任的认定标准?法院在实质合并重整过程中可以采取哪些具体的操作以保障债权人的知情权?

三是实质合并重整中重大财产处分的债权人同意制度。《企业破产法》第69条规定了涉及土地、房屋、担保权处分等可能影响债权人利益的资产处置行为,管理人应当及时报告债权人委员会。最高人民法院《关于适用〈中华人民共和国企业破产法〉若干问题的规定(三)》细化了管理人处置资产的报告要求,要求管理人处分《企业破产法》第69条规定的债务人重大财产的,应当事先制作财产管理或者变价方案并提交债权人会议进行表决,债权人会议表决未通过的,管理人不得处分。管理人实施处分前,应当根据《企业破产法》第69条的规定,提前10日书面报告债权人委员会或者人民法院。债权人委员会可以依照《企业破产法》第68条第2款的规定,要求管理人对处分行为作出相应说明或者提供有关文件依据。债权人委员会认为管理人实施的处分行为不符合债权人会议通过的财产管理或变价方案的,有权要求管理人纠正。管理人拒绝纠正的,债权人委员会可以请求人民法院作出决定。人民法院认为管理人实施的处分行为不符合债权人会议通过的财产管理或变价方案的,应当责令管理人停止处分行为。管理人应当予以纠正,或者提交债权人会议重新表决通过后实施。至此重大资产处置需经债权人会议通过成为明确的破产程序要求。在实质合并重整中,各主体法人人格混同,管理人对实质合并重整的各公司统筹接管,考虑资产关联性,进行一体化处置安排,其对资产的处置行为包含在重整计划的制定中和执行中,如何确保债权人同意制度的具体有效落实?债权人会议对重大财产处分的同意是否仅在变化方案中体现,是否涉及执行阶段对管理人处分行为的监督?尽管涵盖资产处置方案在内的重整计划由债权人会议表决通过,资产的具体处置过程中,债权人会议召开成本高、效率低的情况下,如何确保对管理人资产处置行为的监督?

四是实质合并表决规则需区分债权人权益是否受影响。重整计划草案的表决是框定各方实体权利的环节,而草案表决通过的条件之一是各个表决组出席会议的人中同意的人数过半。如果权益未受影响的债权人参与表决,有可能产生未受影响债权人决定受影响债权人利益的情形，导致重整计划草案的制定及表决存在障碍。最高人民法院《关于适用〈中华人民共和国企业破产法〉若干问题的规定（三）》第 11 条第 2 款规定，根据《企业破产法》第 82 条的规定，对重整计划草案进行分组表决时，权益因重整计划草案受到调整或者影响的债权人或者股东，有权参加表决；权益未受到调整或者影响的债权人或者股东，参照《企业破产法》第 83 条的规定，不参加重整计划草案的表决。在实质合并重整中，需要对权益不因重整计划草案受调整或影响的概念进行界定，同时在表决组的设置上，关注什么样的表决组设置是最有利于全体债权人的利益保护的？区分债权人利益是否受影响以避免重整效率低下或权益未受影响的债权人侵害其他债权人利益的情形发生。

三、案例分析

（一）实质合并重整不得损害债权人的公平清偿

1. 实质合并重整的制度起点

依据 1947 年 Adolph Berle 教授创立的企业主体论，即在法律上独立的公司，如果其互相之间经济关系足够密切可视之为一个整体处理，而后，美国破产法院作出系列裁定逐步创设实质合并原则，成为破产法上不同于公司法中“揭开公司面纱”的新规则。[①] 实质合并重整是指将两个或两个以上的成员资产、负债作为单一破产财产的组成部分，免去高度混同主体之间资产负债划分成本过高、难度过大的困境，以及关联主体之间债权清理对其他债权人的损害，提高效率的同时对整体债权人具有确保公平清偿的作用。其与公司法中的法人人格否认具有一定的关联性，却也存在明显的差异。公司法人人格独立是公司法中的基本原则，其旨在建立市场中的法人与股东之间的风险区隔制度，提升投资市场的活跃度。公司法中的法人人格否认制度，是在个案中以债权人利益受损害情形为基础从而揭开公司面纱，追究出资人或其他主体责任以保护债权人利益，而在破产法中的实质合并，则是从严重损害整体债权人公平清偿的角度，统一消灭关联公司的独立人格，以确保全体债权人的利益不致受损的逻辑。二者均以债权人利益受损为要件，但制度的逻辑与落脚点却有所不同。

---

① See Berle, *The Theory of Enterprise Entity*, 47 Colum. L. Rev., 1947, p. 343.

实质合并重整的要求规定于《全国法院破产审判工作会议纪要》之中，要求审慎适用实质合并，其中第 32 条对适用实质合并破产的标准表述为："关联企业成员之间存在法人人格高度混同、区分各关联企业成员财产的成本过高、严重损害债权人公平清偿利益。"第 33 条则进一步细化规定了"人民法院在审查实质合并申请过程中，可以综合考虑关联企业之间资产的混同程度及其持续时间、各企业之间的利益关系、债权人整体清偿利益、增加企业重整的可能性等因素。"从上述规定可看出，在人格高度混同、区分成本过高和债权人清偿利益受损的三个因素上，人格高度混同是重点审查要素，甚至在已有的裁定实质合并重整的民事裁定书检索中，有的裁定受理实质合并重整申请的文书中，仅仅证成企业的高度人格混同，进而认定符合实质合并标准裁定实质合并申请。其对是否影响整体债权人利益的论述存在缺失。

2. 债权人利益保护作为审核要素的原因

以人格混同为单一标准对充分利用实质合并法律手段解决关联企业实质合并破产问题而言还是有所不足的。当我们跨入破产法领域探讨实质合并破产的标准时，除了考虑公司法上的法人人格混同理论外，必然还会有从破产法解决关联企业实质合并破产问题的立法目的和价值角度的特殊考量，权衡破产费用成本、债权人收益、企业重整挽救成功等因素，才可能适应破产法上制度建设的特殊需要，更好地发挥实质合并的效用，解决实际问题。单一的人格混同标准忽视了实体合并制度中兼顾各方债权人利益与破产效率的制度价值。[①] 然而，"关联企业在法律上的合法性却未必如其在经济上的合理性那样来得简单和自然"[②]，本案中，法院在裁定受理实质合并重整的文书中进行了与债权人利益保护相关的充分论述，主要体现在严重损害债权人公平清偿和增加重整可能以提高整体清偿率的两点上：一是分别重整可能对债权人公平清偿利益造成严重损害。某安装工程公司资产价值较低，固定资产变现能力较差，但两公司大部分经营性债务集中于某安装工程公司。在两公司存在业务上的协同关系，且采取整体管理、整体运营模式的情况下，若简单区分两公司财产，分别制定重整

---

① 参见王欣新：《破产法》，中国人民大学出版社 2019 年版，第 382—384 页。

② 蒋大兴：《公司集团内部责任构造之传统模型研究——以欧盟公司法文本为中心讨论》，载《经济法论丛》2001 年第 1 期。

计划，将导致两公司债权人受偿率存在较大差异，严重损害债权人的公平清偿利益。二是实质合并重整有利于增加重整的可能性。两公司之间存在无偿使用资金、相互负担债务等情形，若分别单独重整需对各自的资产、负债等进行独立调查、核实和审计，增加重整成本，影响重整效率。实质合并重整可避免上述不利因素，有利于从整体上安排财产调查、债权申报、审计评估等工作，最大限度地缩短重整周期，降低重整成本，并且，两公司内部关联债权金额较大，实质合并重整后两公司之间的债权债务归于消灭，将减少负债总额，提高整体清偿率。同时，两公司在产业链条上存在上下游关系，在经营业务上存在互补关系，实质合并重整有利于从整体上推动两公司业务转型和资产重组，发挥整体资产的运营价值，制定切实可行的重整计划草案，增加重整的可能性。

(二)债权人知情权在实质合并中应受重视

1. 实质合并重整债权人知情权的权利依据来源

在破产程序中，债权人的知情权是其行使其他权利的基础，尤其是在适用实质合并重整程序的案件中，实质合并往往涉及重大资产处分、营业保留以及未来如何更有序经营等重要事项，上述事项的走向均与债权人的利益相关联，除了能够得到全额清偿的职工债权、税款债权等，其他债权人对上述事项的判断关涉破产财产的价值变动以及其未来债权获偿的具体情形。如选择了债转股清偿方式的债权人，其债权的最终损失填补完成度，与重整主体的继续产生营业收入、提升股权价值息息相关。债权人需要根据其对重整主体的了解作出判断，包括但不限于对重整计划中的财产处置方案、财产管理方案、未来经营方案、债权清偿方案等内容的表决。

我国破产法并非对债权人知情权毫无规定。然而，当前我国对破产程序中债权人的知情权规定较为零散，最高人民法院《关于适用〈中华人民共和国企业破产法〉若干问题的规定(三)》第10条规定，单个债权人有权查阅债务人财产状况报告、债权人会议决议、债权人委员会决议、管理人监督报告等参与破产程序所必需的债务人财务和经营信息资料，但其仍均属债权人会议上应当向参会债权人提供的材料或者可以询问的范围。[①] 此外，对实质合并重整中的信息披

---

① 参见杨忠孝：《信息披露与重整程序信任机制建设》，载《山西大学学报(哲学社会科学版)》2021年第3期。

露,不应仅限于上述信息,还应就重整可行性以及投资人招募情况向债权人做如实披露。此外,我国台湾地区的“公司法”赋予法院指定专业人员调查重整可行性的权力,明确法院可以指定会计师事务所、律师事务所等专业人员对实质合并重整的必要性进行调查,并将相关信息披露给债权人。① 适用实质合并重整的案件,债权人人数普遍多于单独主体进行重整程序,在管理人和债权人之间的信息差更应得到缩减。

2. 实质合并重整中的知情权的具体路径

进入实质合并重整的企业往往有各自的个案情况,对债务人的各项报告的查阅与复制,实际上也存在与商业秘密有一定冲突的情况。虽法律规定第一次债权人会议债务人的法定代表人有接受债权人提问的义务,但并未明确破产程序中的信息披露义务主体的范围。同时,对债权人行使其知情权的具体范围和正当性审核上,缺乏统一的操作规程。

在本案中,由管理人保管包括管理人履职工作报告、债务人财产情况调查报告、债务人财务资料、债权申报材料等资料,某有限责任公司作为本案债务人公司的债权人,向管理人提出查阅上述资料的申请。鉴于其中相当一部分资料为纸质保存且有一定保密需要,需要进行现场实地查阅。管理人对债权人如何行使知情权,所涉保密需求如何把握边界,如何实际进行查阅提出询问。2020 年 4 月,在北京破产法庭协调下,债权人在北京破产法庭管理人工作室查阅了相关资料,为该债权人日后决策提供了信息参考,避免了法律规定的破产债权人知情权出现沦为形式被信息优势方所架空的情形发生。

根据目前我国法律的规定,债权人会议对债权申报表、重整计划、和解协议、债务人财产的变价方案等享有知情权。此外,单个债权人亦对债务人的财产状况报告、债权人会议决议、债权人委员会决议、管理人监督报告等参与破产程序所必需的债务人财务和经营信息资料享有知情权,针对其中涉及商业秘密的资料,债权人还应履行相应的保密义务。在适用法律时,亦有“人民法院认为应当由债权人会议行使的其他职权”和“参与破产程序所必需的债务人财务和经营信息资料”等兜底性条款,然而该类兜底性条款并不是债权人知情权得以

---

① 参见王毓莹:《论我国上市公司重整中的“府院失衡现象”及其协调》,载《法学评论》2022 年第 2 期。

无边界行使的突破口。本案中债权人查阅的具体操作,体现了债权人知情权并非绝无边界。其具体体现为,债权人希望查阅的资料,相当一部分资料为纸质保存,且债务人企业资料涉及航空行业,有一定保密需要。出于该考量,北京破产法庭在收到管理人关于债权人查阅相关资料的事项后,及时协调,由管理人携带资料,让债权人在法院进行现场实地查阅。既保证了债权人知情权的行使,亦避免了债务人企业资料的涉密信息泄露。因为任何权利的行使都不应损害其他主体的利益,同时权利不得滥用是宪法所规定的原则。当债权人提出查阅相应文件请求时,法院对其查阅内容的保障和把控,应该严格限于法律规定的内容行使知情权。因破产程序中债权人与债务人之间利害关系较为复杂,在行使范围方面不得就兜底条款进行随意的扩大解释。

(三)重大资产处置需落实债权人同意制度

1. 债权人会议对重大资产处置具有决定权

债权人会议行使对债务人重大财产处分行为的决定权是债权人意思自治原则的重要体现,是保障债权人清偿利益、监督管理人勤勉尽责的重要途径。追溯其合法理性,则是剩余财产所有权及控制权归属的理论,公司进入资不抵债状态时,股东的权益清零,企业剩余财产归债权人所有,从而企业此时的控制权也归债权人行使。破产法对表决权规则的设计采取了双重的标准,在各债权人的债权额存在金额差异的情况下,设计了人数和金额双过半的表决通过要求,是在实现债权人会议决议更大限度符合全体利益的同时,保障金额较小的债权人的利益。① 债务人重大财产处分涉及全体债权人清偿利益的实现方式及实现程度,影响破产程序进程,理应由债权人参与和决定,并由管理人执行债权人会议决议,进一步细化处置方案,实施重大财产处分行为。

债权人会议行使对债务人重大财产处分行为的决定权也是世界银行营商环境评估关注的重要内容。最高人民法院《关于适用〈中华人民共和国企业破产法〉若干问题的规定(三)》第15条规定,管理人处分债务人重大财产前,相关财产处置方案应当事先经债权人会议表决通过。同时,还规定了管理人不当处分行为的纠正,细化了管理人处分行为的报告义务及债权人委员会、法院行使监督权的范围和方式,充分保障了债权人的表决权,提升了债权人对破产程序

① 参见许德风:《破产法论:解释与功能比较的视角》,北京大学出版社2015年版,第204—205页。

的参与度,为破产程序公正高效运行奠定基础。

2. 法院监督财产处置以填补债权人委员会缺位

债权人对财产处分的决定权的保障,不仅体现在单次债权人会议表决通过财产管理方案、财产变价方案、财产分配方案以及重整计划,对债权人的财产处分决定权的落实,还涉及财产具体处分时,监督管理人是否严格按照债权人会议的表决结果完成财产的处置,以及管理人面临突发的财产价值变动时,如何最大化维护债务人财产,以确保不损害整体债权人的利益。

破产管理人由法院指定,在对破产企业负责的同时,向法院报告工作并接受法院的监督。与此同时,管理人接受债权人会议的监督,其体现在管理人需要列席债权人会议并回答询问,对财产管理方案、变价方案、分配方案,须先由债权人会议表决通过方可执行,债权人会议在一定情况下还可以申请更换管理人。债权人委员会对管理人的监督则体现在,债权人委员会执行职务可以要求管理人作出说明或提供文件,以及当管理人实施对债权人利益有重大影响的财产处分行为时向债权人委员会报告。[①] 出于个案的情形差异,并非所有案件均设有债权人委员会,但为了避免管理人履职监督的缺位,通过要求管理人向人民法院报告的方式,以确保债权人利益不在此出现受损的可能。

本案中,某轮机公司拥有某科技公司 40% 的股权,但是该公司已经资不抵债。管理人制定的财产处置方案未申请该公司破产,该方案经债权人会议表决通过。而经过破产清算程序,某轮机公司该笔对外投资的股权价值将降为零。管理人考虑到上述情况,向法院提交报告,拟于 10 日后申请破产,既充分保障了债权人在债务人财产处置中的决定权,又有效发挥了法院对财产处分行为的监督作用。

由于本案中未设立债权人委员会,为避免出现管理人的处分行为缺乏监督的情况,人民法院要求管理人在实施处分前应依法向法院报告。通过以上程序,债权人在债务人财产处分上的决定权得以充分保障。

(四)表决组设置应符合法定要求且不损害债权人利益

当债权人成为企业的剩余所有权人及控制权人时,在表决组的设置问题上,其实质是债权人集体意见的表达,以及债权人集体行动的实现,现实中债权

① 参见许德风:《破产法论:解释与功能比较的视角》,北京大学出版社 2015 年版,第 284 页。

人会议承担了这样的责任。最高人民法院《关于适用〈中华人民共和国企业破产法〉若干问题的规定(三)》细化了重整表决的主体的范围,明确权益未受到调整或者影响的债权人,参照《企业破产法》第83条的规定,不参加重整计划草案的表决。该规则设置有利于提高重整效率、避免权益未受影响主体进行非理性判断损害其他债权人利益的情况发生,同时,当权益未受影响的债权人不参加表决,则表决人数减少,在制定草案的环节,破产管理人和债务人将明确谈判对象,集中精力协调各方意见,使草案获得最大公约数,草案通过的可能性就大大增加。实现表决程序的高效与结果的合理,保障债权人权益不受损害的同时提升程序效率。

本案中,法院指导管理人,严格落实司法解释规定,按照债权类别设置了普通债权组和出资人组对重整计划草案进行表决,因职工工资、税款得到了全额现金清偿,相关债权人权益未受到任何影响,故职工债权人和税款债权人未参与草案表决。根据表决结果,普通债权人组中,同意重整计划草案的债权人人数占该组出席会议的债权人人数的84.95%,超过该组出席会议债权人的半数,其所代表债权额占该组债权总额的94.95%,超过该组债权总额的2/3。出资人组中,同意重整计划草案的股东持股份额占参会股东持股总额的94.78%,超过参与表决股东所持表决权的2/3。据此,全部表决组均通过重整计划草案。

四、结论

针对本案审理过程中的突出问题,我们提出以下行权指引:

1.适用实质合并重整需充分论证有利于债权人的利益。对实质合并重整的判断不应只建立在发生人格高度混同的唯一标准上。目前《全国破产审判工作会议纪要》关联企业实质合并破产确定的三个标准,法人人格高度混同、区分成本过高、严重损害债权人公平清偿利益相互关联,后两个标准可以作为判断第一个标准程度的考量因素,亦有观点认为人格高度混同在一定程度上可以涵盖后两个标准。本案中,法院在裁定受理实质合并重整的文书中进行了与债权人利益保护相关的充分论述,主要体现在未进行实质合并将严重损害债权人公平清偿和增加重整可能性以提高整体清偿率的两点上,在有利于债权人利益保护的同时,通过实质合并重整发挥整体资产的运营价值,制定切实可行的重整计划草案,增加重整的可能性。

2. 明确实质合并重整债权人知情权行使方式与边界。本案中,由管理人保管包括管理人履职工作报告、债务人财产情况调查报告、债务人财务资料、债权申报材料等资料,债权人向管理人提出查阅上述资料的申请。为了充分保障债权人知情权,确保债权人在充分的信息披露情况下作出决策,同时,鉴于本案上述资料中相当一部分资料为纸质保存且有一定保密需要,需要进行现场实地查阅。在北京破产法庭协调下,债权人在北京破产法庭管理人工作室查阅了相关资料,为该债权人日后决策提供了信息参考。

3. 根据个案情形建立重大财产处分提前报告机制。本案中,人民法院充分保障债权人在重大财产处分中的表决权,提升债权人的程序参与度和获得感,同时发挥对管理人财产处分行为的监督作用。在确保程序公正高效运行的基础上,实现企业资产处置最优效果。首先,由管理人制作财产变价方案,并提交债权人会议表决。其次,管理人依照债权人会议决议通过的财产变价方案进一步细化处置规则。最后,由于本案中未设立债权人委员会,为避免出现管理人的处分行为缺乏监督的情况,人民法院要求管理人在实施处分前应依法向其报告。通过以上程序,债权人在债务人财产处分上的决定权得以充分保障。

4. 以权益是否受损为标准划分债权人会议表决组。本案中,在法院指导下,管理人严格落实司法解释规定,按照债权类别设置了普通债权组和出资人组对重整计划草案进行表决,因职工工资、税款得到了全额清偿,相关债权人权益未受到任何影响,故职工债权人和税款债权人未参与草案表决。根据表决结果,普通债权人组中,同意重整计划草案的债权人人数占该组出席会议的债权人人数的84.95%,超过该组出席会议债权人的半数,其所代表债权额占该组债权总额的94.95%,超过该组债权总额的2/3。出资人组中,同意重整计划草案的股东持股份额占参会股东持股总额的94.78%,超过参与表决股东所持表决权的2/3。据此,全部表决组均通过重整计划草案。所以,当权益未受影响的债权人不参加表决,则表决人数减少,在制定草案的环节,破产管理人和债务人将明确谈判对象,集中精力协调各方意见,使草案获得最大公约数,草案通过的可能性就大大增加。

(案例编写:周楚舒)

08. 重整资产处置中营业保留和优先购买权的利益平衡

——某文化公司破产重整案

案例要旨:本文系上市公司破产重整案中进行资产处置时涉营业保留与优先购买权利益平衡的探索总结。在上市公司破产资产处置中,对其具体交易模式的选择,需匹配债务人实际资产情况且不损害其他主体利益。同时,对长期股权投资类资产打包处理,需平衡重整主体的利益、债权人利益以及持股公司其他股东的优先购买权利益。故对同等条件的认定上,不得拆分考虑单一的优先购买权人的支付对价。在具体操作上,为保障长期股权投资公司其他股东的利益,需合理设置信息披露时间,及时完成通知程序。

一、据以研究的案例

申请人:某文化公司。

某文化公司系上市公司,登记机关为北京市工商行政管理局海淀分局(现北京市海淀区市场监督管理局)。某文化公司主要资产为长期股权投资、其他应收款、预付账款,占总资产的比例高于90%。前述其他应收款、预付账款主要为母公司对子公司发生的相关款项,而目前上市公司纳入合并范围内的子公司共13家,其中有6家净资产为负,预计以上子公司均不具备高比例清偿普通债权的能力,母公司高比例收回对子公司往来及投资的能力有限。

2023年1月31日,该文化公司债权人之一以债权人身份向法院申请对某文化公司进行重整并申请启动预重整程序。

同日，法院向某文化公司送达债权人公司的申请书及证据材料，某文化公司于当日向法院提交无异议函，同意债权人公司的重整及预重整申请，并承诺在预重整期间履行相关义务。

2023 年 7 月 20 日，法院收到某文化公司临时管理人提交的预重整报告，法院于同日作出受理裁定、指定管理人决定书并发布受理案件、确定债权申报期、第一次债权人会议召开时间的公告。

2023 年 9 月 8 日，某文化公司重整案第一次债权人会议及出资人组会议分别召开，由债权人分组对重整计划草案进行表决，由出资人对重整计划草案中涉及的出资人权益调整事项进行表决。管理人向法院提交了书面意见，认为重整计划草案的制作主体、提交时间及表决程序合法，内容不损害各组中反对者的清偿利益，且经营方案具有可行性，经核查、统计，表决组的设置符合法律规定，各表决组的表决结果均符合法定通过标准。

2023 年 9 月 13 日，法院裁定批准某文化公司重整计划；终止某文化公司重整程序。

本案审理过程中，涉及对重整资产处置和交易模式的选择，需要考虑与债务人实际资产情况相匹配的同时，不损害其他主体利益。同时，对长投资产的打包处理，如何平衡重整主体的利益、重整主体债权人利益以及长期股权投资公司（以下简称长投公司）其他股东的优先购买权利益。对同等条件的认定上标准模糊，具体操作上，为保障长投公司其他股东的利益，如何设置信息披露时间，及时完成通知程序。

二、涉及法律问题

本案处理过程中，涉及以下问题需要进一步明确：

一是重整资产处置与交易模式的设计合法标准模糊。基于商事自由的原则和营商环境的不断优化，除保留企业主体继续存续这一路径，实务中逐渐出现多样化的重整模式。在上市公司及其关联企业的多主体重整中，投资人关注的是上市公司及其长投板块的整体价值。故通过资本公积金转增股票的方式成为上市公司新股东的同时，为保有上市公司对长投公司的控制权，投资人也要成为上市公司关联企业的重整投资人，同步完成对关联企业营运价值的维系。本案中，由于某文化公司不属于纳入政府淘汰、疏解的产能、产业，通过引入外部投资实施重整，有希望保全上市公司主体资格，更好地维护债权人、广大投资者和企业就业者的合法权益，维持国有资产价值，具有一定的重整价值和可能。某文化公司的资产组成中包含大量长期股权类资产，出于同时化解上市公司及其关联公司的债务，以保证上市公司经营资产及收益结构的稳定性的目的，作出的长投资产控制权统一完成变更，涉及该交易模式的合法性论证。

二是资产处置中存在优先购买权与营业价值最大化的冲突。上市公司和其长投公司都出现破产情形，上市公司多为控股平台，长投公司经营具体的业务，前者价值体现在上市公司的壳资源，后者的价值为其具体营业的价值，二者结合往往会出现“1 +1 >2”的效果，亦是整体招募投资人打包出售、设计“统一偿债”模式的缘由。换言之，如果分别重整、分别招募投资人，上市公司将丧失对长投公司的控制权，投资人单独购买仅剩壳资源的上市公司。而上市公司的长投公司的投资人，只能单独成为某一营业子公司的股东而失去集团公司的优势，招募投资人的难度将明显加大，获取的投资对价也有所降低。整体引入投资人，以确保重整投资人维持对上市公司具体长投公司的控制不变，从而化解上市公司的整体风险。然而，从非全资长投公司的其他股东视角看，其实际发生合作对象的变动，对于出售给投资人的股权，回归《公司法》对有限公司股权转让的规定，其实际上具有优先购买权。然而，一旦其行使优先购买权，就会造成上市公司重整陷入股权类资产分拆的境地。需平衡这种交易模式下对实际出售股权享有优先购买权的股东、重整主体营业维持、债权人获得清偿等多方利益。如何化解该种冲突，实现重整平稳推进的同时不损害其他利害关系人的权益，是审查过程中的问题之一。

三是资产处置中优先购买权的效力认定条件不明。重整主体的股权类资产较为集中的情况下，出于维持上市公司收益结构的稳定性，可能直接通过重整计划安排整体引入投资人，重整主体的股权类资产与其他资产实际发生打包出售给投资人的效果。该模式下，将债务人企业的股权类资产（如有）及其他资产打包出售，虽然未就股权类资产单独进行交易，但股权类资产的出售实则发生股权对外转让的效果，外观上符合《公司法》当中的股权转让的规定。该情形中需要考虑的是其他股东如意图行使优先购买权，如何判断其同等条件，以及重整计划草案通过后如何行使权利。除非章程作特殊约定，否则在含大量长投资产出售的重整中无法否认优先购买权存在。需要在案件审理过程中对该部分权利主体的合法权益存在与否进行预判和分析。

四是资产处置中优先购买权行使同等条件的标准模糊。在不考虑认可持股公司其他股东的优先购买权将导致重整主体面临资产被拆分,重整价值丧失,进而重整失败的结局的前提下,如股东主张优先购买权,因重整投资人实际上受让的是重整主体持有的所有下属公司股权,按照司法解释关于"同等条件"的界定标准,[①]股东出资金额、受让条件、股权范围等因素的比对参照物是否为投资人的综合受让条件,而在投资人对打包资产整体报价的情况下是否能够拆分出其中部分股权的同等对价?对于投资人接收资产助力重整完整的目标是否也应当纳入同等条件的考量范围中?以上问题在现行法律中均无法找到明确的答案,优先购买权行使中对同等条件的标准仍然存在明显的模糊性。

五是缺乏重整中优先购买权相关信息披露的时间要求。当重整计划未涉及优先购买权事项时,不能简单认定其发生对优先购买权人的除权效果。由于《企业破产法》对重整计划草案内容的规定较概括,并未明确重整计划需就债务人资产处置是否有障碍进行详细写明。如重整计划草案规定了具体重整的模式但未明确规定股权类资产处置时优先购买权人的行权安排。其他股东欲行使权利时,不能简单认为重整计划草案未规定就否定优先购买权存在或优先购买权不能行使。此外优先购买权的行使在公司法上具有时限的规定,如果自重整计划草案通过时即可认定,有优先购买权的其他股东知道行使优先购买权的同等条件,那么,按照最高人民法院《关于适用〈中华人民共和国公司法〉若干问题的规定(四)》的规定,自即日起 1 个月内即为其他股东要求行使优先购买权的合理期间。然而,此处应考虑有优先购买权的其他股东并未作为破产程序的权利人参与破产程序,其对重整程序进程、重整计划内容并非当然知情,以重整计划通过时计算行权期间不够妥当,可能构成对其利益的影响。本案中为完成时间的衔接,在重整计划批准后开始逐一通知长投公司的其他股东,完成询问是否以同等条件行使优先购买权的法定流程。由于重整需要尽可能高效地完成债务剥离、资产处置等工作,是否考虑将可能影响投资人投资股权类资产,其

---

① 参见张其鉴:《我国股权转让限制模式的立法溯源与偏差校正——兼评〈公司法司法解释(四)〉第 16-22 条》,载《现代法学》2018 年第 4 期。

资产上涉及其他利害关系人行使优先购买权的情形提前进行披露，如在进行投资人招募时即进行该类情形的披露。

三、案例分析

（一）上市公司股权类资产整体处置的合法性论证

1. 营运价值最大化的价值倾向

如前文所述，上市公司和关联公司均出现破产情形，上市公司多为控股平台，壳资源为其主要价值；长投公司经营具体业务，具有营业价值。二者结合具有"1 + 1 > 2"的效果，亦是整体招募投资人、通盘承接、设计"统一偿债"模式的缘由。分别重整、招募，投资人单独购买仅剩壳资源的上市公司，将丧失对长投公司的控制权。而关联公司的投资人，只能购买单一营业而失去集团公司优势。招募难度明显加大，获取的投资对价降低。上市公司及其关联企业进行破产重整，除需关注债权人公平获偿外，对企业营运价值的维护，完成营业的"造血重生"亦为重点。通盘承接下，上市公司的壳资源出售对价和长投公司的营业出售对价获得最大化，但其亦有难以拆分的问题，因为其中还涵盖"1 + 1 > 2"的因整体购买产生的溢价部分。

如仅因股权资产所有人的间接变动，就直接否定其存在的合法性，将无法兼顾化解上市公司及其关联公司的债务，难以实现保证上市公司经营资产及收益结构稳定性的目标。重整制度作为挽救危困企业的重要手段，是实现经济高质量发展的重要环节，发挥着提高破产效率，优化要素配置的作用，亦服务于打造市场化、法治化、国际化营商环境。上市公司及其关联企业的营业相对成熟，治理结构相对完善，重整价值通常较高，如简单否定其效力，将严重影响重整进程，甚至导致转入清算清偿率大幅降低的局面出现。出于社会本位的价值考量，通过廓清优先购买权行使的具体条件与效力，将更有利于重整制度功效的实现。

2. 尊重破产重整中的商业判断

非破产情形下，公司可以作出兼并等形式的商业交易安排，对权利受侵害的小股东以其他形式救济而非否认股东会决议的效力。重整情形下亦应当保持同样的价值判断。法律允许非重整模式下，正常经营的公司在章程中对经营事项作特殊约定（如降低或提高有限公司股权对外转让的标准等），当公司进入破产重整，基于剩余索取权理论[①]，破产重整主体此时的控制权由债权人会议所有。破产重整中，为维持债务人企业继续经营，债权人会议就债务人的经营事项作出决策，与企业常态经营下董事、监事、高级管理人员所处的地位及承担的义务类似，[②]不应对债权人会议作出的关于重整主体的商业判断[③]正面加以干涉，亦不轻易提高现有的比例标准增加重整计划通过的难度。同时，将视角转向对权利受损主体的救济上。

商事交易的设计不是司法工作者对其效力判断的依据，监管的情形应限于营业是否对公共秩序产生危害，[④]在整体处置的交易模式设计是否有效上，应回到是否尽到充分的信息披露义务和提示义务的审核上。如已经充分披露，明确指明存在公司偿债资产可能不仅用于单一主体的债权人清偿的情形，以及针对任一单体公司，如一定期间内有其他投资人支付较高对价，则当前投资人因整体性安排无法实现而放弃整体投资，其他重整主体的债权人因此需承担重整失败的后果。在完成充分的信息披露[⑤]和可能性告知后，如依然能够依法多数通过重整计划，应当尊重该重整中的商事判断结果。

3. 多主体的意思表示一致有效

重整计划草案的性质存在一定争议，如采普遍的重整计划是破产法上的合同的观点，认定其是团体性、强制性、内容复杂、经过司法确认的合同，[⑥]那么债权人会议对重整计划的表决近似合同成立阶段，法院对重整计划的批准近似合同生效阶段，代表着国家对当事人可能涉及社会利益的民事处分行为审查，从而保证重整计划的公正、合理、高效。破产情形下，债权人会议的全部比例或高比例通过的含“统一偿债”模式的清偿方案的重整计划草案，不能仅以突破独立

---

① 参见刘俊海：《股东中心主义的再认识》，载《政法论坛》2021 年第 5 期。

② 参见武诗敏：《破产管理人待履行合同选择权行使的限制》，载《法商研究》2023 年第 3 期。

③ 商业判断原则并非破产法中的原则，而是公司法中的原则，即从形式上去判断公司董事、监事、高级管理人员是否履行了公司法所规定的义务。后来发展成避免法院事后判断认定董事、监事、高级管理人员责任，是保护董事基于诚信而为商业判断的一种制度。参见常健、张强：《商业判断规则：发展趋势、适用限制及完善——以有限责任公司股利分配为视角》，载《法商研究》2013 年第 3 期。

④ 参见陈景善：《商事自由中的行政监管与司法判断界分》，载《行政法学研究》2021 年第 4 期。

⑤ 如《深圳证券交易所上市公司自律监管指引第 14 号——破产重整等事项》《上海证券交易所上市公司自律监管指引第 13 号——破产重整等事项》，均对上市公司或管理人的信息披露内容、时限进行了明确的规定。

⑥ 参见王欣新：《破产法》，中国人民大学出版社 2019 年版，第 307—308 页。

性原则为由否定其效力。

(1)绝对有效:全体债权人表决通过

当资产处置方案为全体债权人表决通过时(此为极端状况,实践中极难发生),即表示各债权人同意资产处置方式。该资产处置的交易模式效力来源可视同于多方合同中的意思表示一致生效。① 参考美国破产实务中处置财产判例,创设对绝对优先原则的突破,SPM Manufacturing Corp 案件②中为加快程序推进,出现顺位在先的债权人让渡部分受偿权给顺位在后的债权人的情形。裁决中表明"一般来说,债权人可以自由处置其通过破产程序所获财产。包括与其他债权人分享这些财产"③。故在全体债权人一致同意时,自由处置财产的意愿亦为该种"统一偿债"模式的效力提供了合法来源。

(2)有条件生效:多数表决同意④需充分披露

重整计划表决由不同的债权人分组进行,达到法定要求的人数、金额和组别同意比例时通过。交易模式在债权人会议表决未获得全体同意但经全体表决组通过时,亦不宜直接认为资产处置模式设计无效。《企业破产法》关于强裁审查标准之一的"清算价值标准"⑤,法律将模拟清算下的实际清偿率作为判断重整计划草案是否具有可行性的重要标准之一。母公司的壳资源价值和长投公司的营业价值作为整体。如果能够充分证明本案清偿率大于单独破产清算、单独破产重整,实际也与"清算价值标准"的精神相符。

此外,结合《民法典》中对无效法律行为规定的情形⑥,作出无效的法律认定,往往是出现了虚假的意思表示、恶意串通或者严重违反法律强制性规定的情形,由此亦可以看出立法者在对法律行为的无效认定持相对保守态度。不轻

① 参见崔建远:《意思表示的解释规则论》,载《法学家》2016 年第 5 期。

② 984 F. 2d 1305 (1 st Cir. 1993).

③ 许德风:《破产法论:解释与功能比较的视角》,北京大学出版社 2015 年版,第 489 页。

④ 此处的"多数表决同意"指的是符合《企业破产法》规定的全体表决组,每组的通过符合参与人数过半、债权金额过 2/3 要求。

⑤ 指按照重整计划草案,普通债权所获得的清偿比例,不低于其在重整计划草案被提请批准时依照破产清算程序所能获得的清偿比例。

⑥ 《民法典》第 146 条第 1 款规定,行为人与相对人以虚假的意思表示实施的民事法律行为无效。第 153 条规定,违反法律、行政法规的强制性规定的民事法律行为无效。但是,该强制性规定不导致该民事法律行为无效的除外。违背公序良俗的民事法律行为无效。第 154 条规定,行为人与相对人恶意串通,损害他人合法权益的民事法律行为无效。

易对真实意思表示下的商事行为作无效的判定,亦是营商环境优化的体现。

(二)资产整体处置中的优先购买权的存在论证

在不讨论新股发行时的优先购买权的前提下,股东优先购买权是指“当一位股东出售其股份时,其他股东有以相同的价格和条件优先购买的权利”[①]。其权利内容为出于股东身份即享有的,以同等条件受让其他股东对外转让股份的权利。根据《公司法》第71条的规定,除章程对于股权有特殊规定从其规定外,优先购买权在行使上的顺序往往为:首先,转让股东通知其他股东转让事宜,征求其意见。[②] 其次,如获得半数以上同意或表决,可对外转让;同时期限满后未答复视为同意。最后,已同意的转让股权部分,同等条件下其他股东对其享有优先购买权。[③]

本案中,上市公司及其关联公司整体引入投资人,该模式下尽管投资人不以单独财产类型成立买卖合同,但不影响每一个标的物在买受人和出卖人之间真实的买卖意图成立。在不存在其他法律规定的无效条款的情况下,重整企业和投资人间成立股权类资产买卖法律关系。由于股权类资产具有其特殊性,其出售与公司经营、其他股东优先购买权均具有关联,因此对于重整中涉及的股权类资产交易,除符合《民法典》合同编中关于买卖法律关系成立的要件外,《公司法》也对股权对外转让的方式予以认定和规制。

1. 过半数以上其他股东同意

根据《公司法》第71条的规定,有限责任公司股东对外转让股权的规则设计上,首先在程序上作了限定。股权的对外转让事项需要征得过半数股东的同意。通过设置程序性的同意权利,先给予其他股东对转让股权一事的投票权。无特殊约定时,只有过半数的股东对拟对外转让股权这一事项给出同意的意见,股权对外转让才可继续往前推进,此时优先购买权的实体权利才有发挥具体作用的空间。在本案中,对于股权类资产的整体易主,从程序上看,无法基于重整程序跨越过其他股东同意转让这一基本的程序要件。

---

① 朱锦清:《公司法学》,清华大学出版社2019年版,第94页。

② 参见郑显芳、陈云霞、倪弘:《中国公司法律制度研究》,西南财经大学出版社2008年版,第134页。

③ 参见葛伟军:《股东优先购买权的新近发展与规则解析:兼议〈公司法司法解释四〉》,载《中国政法大学学报》2018年第4期。

2. 向股东外第三人转让股权

根据《公司法》第 71 条的规定，在其他股东优先购买权的实体要件要求上，最显著的条件为有限公司中的股东向股东以外的人转让股权。本文认为持有人变化、变动指向第三人、符合股权间接转让是本案判断股东优先购买权存在的实体要件。

（1）股权出售引起持有人变化

重整存在多种交易模式，但最后的结果都是重整主体的资产（其中包括股权）出售给投资人，重整计划执行后企业重生。因本案中对长投公司控股比例不变的要求存在，导致股权持有人发生变动，即重整主体更换股东，相关股权类资产实际持有人发生变动。投资人因整体购买行为，实际上成为债务人企业股权类资产的所有人。而从债务人的非全资子公司其他股东角度，重整对其带来的直观影响为合作对象的变动。

（2）股权变动指向公司外部第三人

在股权出售式重整模式下，通过上市公司这一重整主体引入新的战略投资人，转让上市公司股权给重整投资人。尽管该模式不会引起股权类资产所有人变化，出售新公司股权也不等于对重整主体的股权直接转让。但穿透来看，股权实际控制人发生变动，穿透式看，顶层股权变动指向公司外部第三人。存在股权变动指向外部第三人的特征。

（3）符合股权间接转让

在司法案例中，对于股权间接转让也有认可优先购买权存在的判定。因此在该种模式优先购买权存在证明路径的情况下，亦可以通过符合股权间接转让作出优先购买权存在的解释。此外，从维持营业的角度看，资产出售行为和营业转让具有相同的目的，二者具有相似性。当法律对营业或营业转让作出系统规定时，股权的整体变动所有者可能确属营业转让的一种具体操作方式。如果将整个出售安排认定为营业转让，而营业转让中不存在优先购买权，那么从程序上将直接否定出售式重整中股东优先购买权的产生。虽然我国《企业破产法》允许管理人对破产主体的资产进行处分，我国《公司法》中也对重大资产出售作了相应的规定，但实际上并没有明确规定营业转让的定义和转让规则。尽管在《企业破产法》和《反垄断法》中均存在"营业的转让"或"转让营业"的表述，但上述立法均未就其表述中"营业"的含义作出解释。我国其他法律也少见有对“营业”作出专门解释的。虽然营业转让本身与股权转让、资产出售、商业并购等行为存在诸多相似性，但在缺乏明确法律规则的情况下，实务工作者很难直接认定上市公司投资人的变动带来的持股实际归属变动属于营业转让，从而简单认定优先购买权不存在。

本案中，某文化公司即债务人企业将作为有限合伙人，与管理人确定的普通合伙人共同注册成立一家有限合伙企业，合伙企业的成立时间、注册地址、名称由管理人确定。某文化公司将其持有的部分下属子公司股权及某文化公司对该等子公司的应收账款等资产置入有限合伙企业。管理人有权根据资产性质和过户的实际需求采取相应的置入方式，并安排相应的过户文件。资产置入方式包括但不限于司法划转、协议变更等，具体处置方案由管理人确定。

基于对优先购买权主体的保护，某文化公司重整计划中设计，将在重整计划获得批准之日起 3 个工作日内向非全资子公司的其他股东发出行使优先购买权的通知，其他股东自接到书面通知之日起满 30 日未答复的，视为同意转让；部分下属子公司的其他股东对拟置入合伙企业的股权主张行使优先购买权的，则某文化公司选择向其他股东按照同等条件转让股权，转让所得将归属于有限合伙企业。通过预先考虑优先购买权人权益保障，将其纳入重整计划的方式，避免与重整有关的利害关系人的冲突发生，预先完成风险化解工作。

（三）资产整体处置中的优先购买权与资产价值最大化的利益平衡

上市公司及其关联企业选用破产重整程序，除需要实现债权人公平获偿的目的外，还要维护企业营运价值，实现营业“造血重生”的重要目标。《全国法院破产审判工作会议纪要》中亦明确了重整重点应为维持企业的营运价值。

出现上市公司打包处置长投类资产，且人为无法将投资对价按各资产的具体营运价值加以拆分时，应借助审计、评估手段，充分论证打包出售的价值最大化，证明其处置模式存在的必要性。如其他股东的优先购买权行使将导致营业被拆分出售，可以考虑将重整价值的最大化、继续营业的必要性、债务人财产价值最大化、有利于整体债权人受偿等因素纳入优先购买权行使的同等条件。因为从营运价值的角度看，债权人、优先购买权人的利益可以通过其他路径补偿，但企业的重整与清算的后果截然不同，尤其是上市公司及其关联企业破产重整案件重整失败时可能带来的市场震荡损失还有无法预测的风险。故在审查重整必要性时，首先应回到关注维持企业的营运价值上。

许德风教授曾指出,“尊重非破产法规范的原则对于理解与适用破产法有重要的意义,它意味着在适用或制定破产法规则之前,必须首先澄清非破产法规则下的法律关系。除非基于特殊的政策考量,原则上不应对非破产法规范进行变动,当然,在需要保护特定破产参加人利益的情况下,法律需要对非破产规范进行修正”。同等条件实际上类型复杂多样,在实践中属于较难操控的问题。[①] 同等条件作为优先购买权中的重要问题,学术界对同等条件进行了进一步研究。首先,在同等条件的理解上,可以将同等条件作出绝对和相对的细分,前者指优先购买权人以(同外部第三人)绝对相同和完全一致的条件与转让股东成立股权转让合同,后者则更倾向于同等二字的一般文义理解,即与外部第三人提出的受让条件大致相同,或以某种标准判断为等值的情况,多适用于外部第三人与转让人之间存在特殊约定的情况。[②] 其次,在价格相关的判定标准上,同等条件被细分为同等价格条件和价格因素外的其他条件,前者包含了诸如具体的金额、支付时间、支付方式等,后者则更为灵活,包括但不限于职工安置、债务承担等对价。[③] 价格作为同等条件相关的论述中,有学者认为,在转让价格以外,支付方式及时间、高管聘用及职工安置均属于同等条件范畴,但价格是最重要的因素。[④] 最后,在某些特殊情况下,同等条件可以被框定为只作绝对同等条件理解,即受让人受让股权可以引进投资人或核心技术,转变公司经营困境而将公司从生死存亡边缘拉回。

进言之,在同等条件下,由于优先购买权的行使可能影响重整成功或影响债权人的清偿率,所以就重整中股东优先购买权的同等条件要求,应尽可能与投资者对股权类资产收购有助于挽救企业的目标结合。具体可以设置正面和负面条件,后者为股东行使优先购买权不能与重整计划实现相冲突,即股东行使优先购买权致使部分股权类资产剥离出售时,不得影响投资人对资产的购买和后续对企业的正常运营。毕竟“能否保障员工的工作岗位和劳动条件、能否维持营业的持续性等因素都可以纳入同等条件考量范围内,否则就不如直接进

① 参见单明等:《优先购买权制度研究》,中国法制出版社 2006 年版,第 331 页。

② 参见葛伟军:《股东优先购买权的新近发展与规则解析:兼议〈公司法司法解释四〉》,载《中国政法大学学报》2018 年第 4 期。

③ 参见刘俊海:《论有限责任公司股权转让合同的效力》,载《法学家》2007 年第 6 期。

④ 参见蒋大兴:《股东优先购买权行使中被忽略的价格形成机制》,载《法学》2012 年第 6 期。

行资产整体拍卖,而不是选任投资人"①。前者则为股东行使优先购买权需保持可转为价格条件因素的以相对同等条件标准衡量,不能转为价格条件因素的以绝对同等条件标准衡量。本案中,通过提前与投资人进行长投资产的谈判与沟通,对长投公司的股权类资产不属于投资人重点关注和购买的对象,仅需要考虑在剥离处置时能够实现其价值的最大化,以尽可能地保证债权人的清偿率提高。将可能行使优先购买权的范围界分出来,为确保行使优先购买权不会影响打包处置资产的整体价值进而影响债权人的受偿,本案设置同等条件,在重整计划中写明由于部分对外投资股权拟与本案债务人某文化公司对其子公司的应收账款共同置入有限合伙企业,在此情况中,其他股东按照清算状态下评估价值一并收购对外投资股权以及应收账款视为同等条件;对于仅剥离对外投资股权的情形,其他股东按照清算状态下评估价值收购对外投资股权视为同等条件。

四、结论

针对本案审理过程中的突出问题,我们提出以下行权指引:

1. 涉股权类资产处置时妥善考虑优先购买权人权益。第一,如果存在限制股权间接转让相关的条款,通过公司章程或其他相关法律文件明确作出约定,用以确保其他股东的优先购买权,可直接参照该等约定进行判断。应监督和提示管理人完成章程特殊约定的梳理工作。第二,股东在公司章程或其他相关法律文件中并未就股权间接转让作出特别约定,且拟转的持股平台的存在目的仅为持有下属公司股权的,考虑是否存在规避其他股东优先购买权的主观恶意,但是否因此必然侵害了其他股东的优先购买权,需结合整体股权结构和实际交易方案进一步分析。第三,如果股东在公司章程或其他相关法律文件中并未就股权间接转让作出特别约定,且拟转让的持股平台除下属公司外,亦持有其他公司股权或从事其他业务,则认定在转让持股平台股权时已综合考虑该持股平台的整体利益,并非单纯为了规避其他股东的优先购买权。因此,在无其他特别约定的前提下,该等股权间接转让行为原则上不能直接认定其侵害其他股东的优先购买权。

---

① 池伟宏:《困境企业拯救的破产重整路径效率优化》,载《中国政法大学学报》2021 年第 4 期。

2. 涉股权类资产处置时充分论证“同等条件”要求。在同等条件的确定上，“重整中对于资产的打包出售或股权的整体转让是为了重整的实现”[①]。此时，同等条件设置不能忽略有利重整这一目的，至少不能成为影响重整成功的原因。采取出售式重整模式，并非“为重整而重整”，而是对重整主体的实际情形具体分析后采用的交易模式，[②]因而首先在重整成功这一利益判断上，优先购买权人和重整主体的立场应该是一致的，毕竟重整失败导致的清算对优先购买权人的最终利益实现也是毫无益处的。此外，应当结合重整的目的并尊重当事人的意思自治。优先购买权的行使未造成资产打包出售被分割或其他影响重整进程结果的，应当依照《公司法》规定，尊重当事人的优先购买权。如可能造成资产打包出售被分割、评估价格出现变动等情形，应当先考虑当事人意思自治的原则，征求投资人的意见，此时利益的天平则应倾向于对重整进程的整体保障和重整目的的实现上，当投资人对优先购买权行使可能造成的资产分割结果不予以接受时，应当否认优先购买权人行使权利的空间。解释路径即为上述论证中对同等条件的解释，即尊重非价格条件采绝对同等条件标准，并且主要在于尊重转让股东的个人意愿。当非价格条件与价格条件同时出现于转让条件时，如出现争议致使非价格条件无法实现绝对同等标准，如外部第三人以现金加提供核心技术支持的条件而优先购买权股东主张更高额现金时，应当以非价格因素先于价格因素的顺位考量，有助于重整的实现、挽救企业重生这一点作为非价格条件，应当先于其他因素的顺位考量。

3. 涉股权类资产处置时合理安排“信息披露时间点”。在未满足合理期限要求上，优先购买权制度下一个月以及最长一年除斥期间的规定，可以与重整计划草案具有一定公开范围时点衔接，避免重整计划草案通过之日起一年内，由于其他股东可能行使优先购买权致使交易始终处于不确定状态。在可能影响重整成功的情形下，如长投类资产的资产包为投资人所重点承接，考虑前置优先购买权行使的信息披露工作，在投资人招募阶段提前完成权利行使的同等条件披露，以提高重整效率，避免不确定事件发生。在没有特殊信息披露的规

① 王欣新：《重整制度理论与实务新论》，载《法律适用》2012 年第 11 期。

② 参见徐阳光、叶希希：《论建筑业企业破产重整的特性与模式选择——兼评“分离式处置”模式》，载《法律适用》2016 年第 3 期。

定下，自重整计划通过之日起一个月内为行权期间，同时增加该项为管理人尽职履责的要求，明确向利害关系人披露资产处置信息为管理人的工作内容。

规则设置在总体上需要与重整程序的目的相适配，避免出现过度保护优先购买权人权利致使重整目的无法实现的情形。不同于普通股权转让下的优先购买权，关注股权对外转让的时点以及告知时点即可基本确定是否考量和尊重其他股东优先购买权，重整中优先购买权的行使与管理人或自行管理的债务人如何处置资产有关，也与法律中对重整程序中不同期限的明确要求有关。对于重整而言，当管理人或自行管理的债务人通过重整计划草案对股权处置作出安排前，通常会存在一段时间的准备期，对待处置的股权做摸排甚至尽职调查，调查公司章程中关于优先购买权的相关规定，甚至调查预判其他股东行使优先购买权的可能性。

因此，在优先购买权行使中，参与主体就不再仅限于对外转让股权的股东、受让人，以及其他股东，而是扩大到包括管理人及其持股公司接受摸排的其他股东。需要保护和平衡的利益主体较之前有所扩大。① 优先购买权的行使期限也与重整期限相结合，在重整计划草案投票通过及法院裁决后重整计划生效，优先购买权行使为了不影响重整计划的顺利执行需要在先做好安排。

（案例编写：周楚舒）

① 参见杨忠孝：《破产法上的利益平衡问题研究》，北京大学出版社 2008 年版，第 11 页。

09. “债转股”重整方案中采用转股价格和数量与公司业绩相挂钩的浮动机制安排

——北京汇源食品饮料有限公司破产重整案

案例要旨：重整计划中设置转股价格与净利润相挂钩、股权补偿与转股价格相挂钩的浮动对赌机制。若未完成业绩目标，分配相应股权对债权人进行补偿。设置上市承诺兜底回购安排，如无法上市，由投资人对债权人的股权进行兜底回购。上述安排确保了重整计划顺利通过，汇源公司实现脱困再生。

一、据以研究的案例

申请人：某物流公司。

被申请人：北京汇源食品饮料有限公司（以下简称汇源公司）。

汇源果汁是家喻户晓的饮料品牌。2020 年，汇源公司陷入经营困境，并引发债务危机。2020 年 12 月 29 日，北京一中院决定对汇源公司启动预重整，并经摇号指定了预重整期间的临时管理人。2021 年 7 月 15 日，临时管理人提交预重整工作报告和预重整框架方案，认为汇源公司不能清偿到期债务，且资产不足以清偿全部债务，但是该公司产业链完整、产能充足，具有品牌价值，已有多家企业表达投资意愿，公司具有重整价值和重整可行性。

2021 年 7 月 16 日，法院裁定受理对汇源公司的重整申请。2022 年 1 月 13

日,汇源公司管理人向法院提出申请,因引进战略投资人出现问题,重整投资人未能依约签署重整投资协议,请求延期3个月提交重整计划草案。法院裁定准许请求延期提交重整计划草案。

2022年4月13日,管理人向法院及债权人会议提交重整计划草案。重整计划草案包括重整企业的基本情况(包括资产、负债、偿债能力分析),债权分类,债权清偿方案,出资人权益调整方案,经营方案,重整计划草案的表决与批准,重整计划的执行,重整计划执行的监督等内容,通过"存续式"重整使企业迅速恢复持续经营能力,在经营方案中还对投资人的引入、公司增资及持股架构、后续业绩承诺及补偿等方面进行了具体安排。

在重整过程中,汇源公司债权人申报债权的类别包括税款债权、职工债权、有财产担保债权和普通债权。按照重整计划草案的安排,税款债权、职工债权拟一次性全额现金清偿,因权益未受重整计划草案调整或影响,税款债权人、职工债权人未参加重整计划草案的表决。故汇源公司破产重整案第二次债权人会议设立有财产担保债权组及普通债权组,对重整计划草案进行表决。因重整计划草案涉及出资人权益调整方案,故设立出资人组,对该事项进行表决。第二次债权人会议表决期限届满后,经统计,各表决组均通过重整计划草案,管理人向法院申请裁定批准重整计划。

法院生效裁判认为,《企业破产法》第79条第1款规定,债务人或者管理人应当自人民法院裁定债务人重整之日起6个月内,同时向人民法院和债权人会议提交重整计划草案。第2款规定,前款规定的期限届满,经债务人或者管理人请求,有正当理由的,人民法院可以裁定延期3个月。法院于2021年7月16日裁定对汇源公司重整,其间裁定重整计划草案提交期限延长至2022年4月15日。汇源公司管理人于2022年4月13日向法院及债权人会议提交重整计划草案,符合上述关于重整计划草案提交期限的法律规定。

《企业破产法》第85条第2款规定,重整计划草案涉及出资人权益调整事项的,应当设出资人组,对该事项进行表决。最高人民法院《关于适用〈中华人民共和国企业破产法〉若干问题的规定(三)》第11条规定,债权人会议的决议除现场表决外,可以由管理人事先将相关决议事项告知债权人,采取通信、网络投票等非现场方式进行表决。采取非现场方式进行表决的,管理人应当在债权人会议召开后的3日内,以信函、电子邮件、公告等方式将表决结果告知参与表决的债权人。根据《企业破产法》第82条的规定,对重整计划草案进行分组表决时,权益因重整计划草案受到调整或者影响的债权人或者股东,有权参加表决;权益未受到调整或者影响的债权人或者股东,参照《企业破产法》第83条的规定,不参加重整计划草案的表决。本案中债权人申报债权类别包括税款债权、职工债权、有财产担保债权和普通债权,因重整计划草案拟对税款债权、职工债权一次性全额现金清偿,职工债权人、税款债权人权益未受重整计划草案调整或影响,故职工债权人、税款债权人不参加重整计划草案的表决,仅设立有财产担保债权组、普通债权组对重整计划草案进行表决;因重整计划草案涉及出资人权益调整方案,故设立出资人组对该方案进行表决。本案表决组设立符合上述相关法律规定。

《企业破产法》第84条规定,人民法院应当自收到重整计划草案之日起30日内召开债权人会议,对重整计划草案进行表决。出席会议的同一表决组的债权人过半数同意重整计划草案,并且其所代表的债权额占该组债权总额的2/3以上的,即为该组通过重整计划草案。债务人或者管理人应当向债权人会议就重整计划草案作出说明,并回答询问。该法第86条第1款规定,各表决组均通过重整计划草案时,重整计划即为通过。汇源公司管理人提交的重整计划草案经第二次债权人会议表决,有财产担保债权组同意重整计划草案的债权人人数占该组出席会议的债权人人数的100%,超过该组出席会议债权人的半数,其所代表债权额占该组债权总额的100%,超过该组债权总额的2/3;普通债权组同意重整计划草案的债权人人数占该组出席会议的债权人人数的95.9%,超过该组出席会议债权人的半数,其所代表的债权额占该组债权总额的69%,超过该组债权总额的2/3;在出资人组中,同意出资人权益调整方案的股东持股份额占全部股东持股总额的100%,超过股东所持表决权的2/3。据此,各表决组均通过重整计划草案,重整计划即为通过。

经审查,汇源公司管理人提请批准的重整计划内容完备,不违反法律、行政法规强制性规定,公平公正对待了债权人及出资人,未损害各表决组中反对者的清偿利益,是当前状况下化解汇源公司债务危机的优选方案。同时,通过"存续式"重整使企业迅速恢复持续经营能力,对持续打造品牌优势,增加营销投入,改善营销方式,优化调整产品结构,提升公司治理水平等方面的安排也具有可行性。此外,重整计划草案的提交程序、债权人会议的召开程序、表决组的设置及表决程序均符合相关法律规定。

法院于2022年6月24日作出(2021)京01破129号之四号民事裁定书,裁定:(1)批准汇源公司重整计划;(2)终止汇源公司重整程序。

二、争议法律问题

本案中,因各方利益冲突较大,最大的难点在于如何让债权人通过重整计划草案,并顺利完成重整。从最终的结果来看,同意重整计划草案的债权人人数占该组出席会议的债权人人数的95.9%,其所代表的债权额占该组债权总额的69%,达到了《企业破产法》规定的2/3以上债权数额的要求。由此可见,本案中重整计划同意的债权金额刚刚达到“及格线”,重整计划达成难度较大。

本案中,重整计划有两大亮点:一是设置了转股价格与净利润相挂钩、股权补偿与转股价格相挂钩的浮动对赌机制,这与传统固定金额的“债转股”模式有所不同。二是设置了投资人上市承诺兜底回购安排,即新汇源公司承诺在重整投资人的经营下,有计划地实现上市,如新汇源公司未来无法成功上市,则由重整投资人对债权人持有的股权进行兜底回购,保障转股债权人后续能够得到现金补偿,并顺利退出企业。

三、案例分析

汇源公司成立于1994年,多年来汇源果汁销量及市场份额持续领跑中高浓度果汁市场,先后获得中国驰名商标、中国品牌产品等荣誉称号,成为中国果汁行业的龙头品牌。2007年2月,汇源果汁在香港交易所成功挂牌上市,是当年香港交易所规模最大的IPO项目。但从2020年开始,受到疫情和经营战略影响,汇源公司陷入债务危机。经债权人申请,法院决定对汇源公司启动预重整,后裁定受理重整。经过各方不懈努力,各表决组均通过重整计划草案,汇源公司实现“破而后立”,重获新生。

(一)准许继续经营,维护企业营运价值

破产重整中,是否准许继续经营需要企业在进入破产程序后,由法院依据企业的具体情况而判定。依据《企业破产法》第25条和第26条的规定,在第一次债权人会议召开之前,管理人决定继续或者停止债务人的营业需要经过人民法院的许可。如果企业具备生产经营能力和生产价值,继续经营有利于保障债

权人债权、有助于企业重整、有助于最大化债务人财产价值,应当准许企业继续经营。

需要注意的是,即使企业进入了破产清算程序,也并不要求企业停止经营。由于受理破产清算申请到宣告破产之间还有一段过程,在宣告破产之前,如果企业有营运价值,有重生的可能性,可以通过转入和解或重整制度实现企业继续存续。对于清算企业尚且如此,那么进入重整程序的企业继续经营的需要就更为迫切。企业一旦不能继续经营,停业会造成资产价值急剧下降,也会造成资源的进一步浪费,企业员工会因丢失工作而失去工作来源,造成社会、家庭的不稳定。

破产企业重整成功,需要通过在破产程序中继续经营,维持一定程度的盈利能力、保持市场竞争力。重整企业的整体负债较多、资产负债率较高,但企业较多的负债可能是扩张过快、杠杆过高、对外担保等多种原因导致,负债较多并不能否认企业在某一市场的竞争力和整体价值。通过重整程序化解企业债务、剥离不良业务,保留核心竞争力,企业可以重新回到良性发展的轨道。

虽然继续经营对企业重整有诸多好处,但也会增加法院和管理人的决策风险,因此,对于是否准许继续经营应当注意以下几方面问题。

一是审慎评估企业继续经营的必要性。企业运转经营过程中不可避免地会遇到各种经营风险,如果遇到市场环境低迷、原材料成本急速上涨等,继续经营可能会造成亏损进一步增加,负债进一步增多,企业可供分配的财产进一步减少,那么此时继续经营可能不是一个好的选择。因此,法院在准许继续经营前,应充分了解所需要的员工人数、花费资金情况、企业财产状况等,全面评估继续经营可能会造成的后果。

二是对继续经营所产生的相关费用应准确定性并归入正确的清偿序列中。比如因继续经营而聘用相关员工产生的相关费用,应当按照《企业破产法》第42条第4项的规定,列为债务人继续营业而应支付的劳动报酬和社会保险费用以及由此产生的其他债务,作为共益债务清偿。

本案中,2020年年底汇源公司陷入债务危机。根据会计师事务所出具的汇源公司破产重整专项审计报告,截至评估基准日2021年7月16日,汇源公司母公司资产总额为10.9亿元,负债总额为124.7亿元,资产负债率高达1140.99%,资不抵债金额约为113.8亿元,汇源公司资不抵债,持续经营能力遭到严峻挑战。汇源公司进入破产重整程序时，正值在疫情时期，企业面临的问题进一步凸显。

进入破产重整程序后，考虑到汇源公司生产线仍然可正常运行，部分员工的工作仍能正常开展，线上和线下销售活动也能够同步进行，一旦因为重整而进入停工和歇业状态，企业的整体价值将贬损。为防止汇源公司的基本面因破产重整程序而恶化，法院深入了解汇源公司的基本情况，先后采取许可继续经营、中止强制执行程序等举措，维持企业正常运转，稳住了公司的基本面，为后续重整成功打下了坚实基础。

在破产重整期间，汇源公司的业务开展未受到较大影响。2021 年年度实现销售收入同比 2020 年增长 49.7%，毛利率同比增长 39.5%。2022 年 1—4 月，汇源品牌业务销售线上产品收入增长更是达到 200% 以上。公司的基本面得到了保持和改善，公司销售收入、盈利能力、企业资产价值均得到提高。汇源公司向好的趋势也进一步提振了投资人、债权人、债务人等各方的信心，提高了重整的成功率，也印证了法院准许继续经营的正确性。

(二)提高债权清偿率，保障上下游产业链稳定

破产案件中的债权清偿率受多种因素的影响。受制于企业经营情况、资产负债情况、行业等差异，不同企业的清偿率会有所不同。重整是以拯救困境企业、提高债权人的清偿率为目标。一般而言，债权重整的基础为重整后的清偿率要高于在清算状态下的清偿率。

债权清偿的方式一般有以下四种：现金清偿、应收账款清偿、留债清偿、债转股清偿，重整案件中常常采用多种清偿方式相结合的方式对债权人进行清偿。

现金清偿是最普遍的清偿方式，现金来源一般为重整投资人提供、变卖债务人企业资产、借款所得。要想获得较多的现金清偿，需要投资人投入较多的资金或是企业本身的财务状况还相对健康。现金清偿的数额越高，对于企业营运资金的挤占越为严重，企业后续经营所能够使用的资金越少。

应收账款清偿，尤其是非关联方的应收账款，是企业重要的偿债资源之一。部分重整案件中，管理人将应收账款的收益权进行打包，向债权人分配一定比例的应收账款收益权。采用应收账款进行清偿，可降低企业催收应收款(尤其是坏账率较高的情况下)的压力，剥离不良资产，优化资产负债结构，提高资产

周转率。

留债清偿,即将企业债务向后予以展期,缓解企业的短期还款压力,为企业赢得喘息时间。留债可缓解企业短期偿债的压力,但是从长期看仍然需要还款,只是获得了一段时间的生存空间,债务并非实质性化解。而且由于债权人实质上仍然未获得有效清偿,债权并未实质性实现。

债转股清偿,是指将部分或全部债务转换为重整后企业的股权,企业将不再承担还款义务,债权人转为企业股东后,需承担相应的股东义务。债权人亦可等到具备一定条件后,将股权予以变现,进而获得现金清偿。企业需要根据企业和债权人的情况,采用核实的方案对债权人进行清偿。债转股后,由于债权人亦有一定比例的股权,故投资人的控制地位可能会受到影响。

债权清偿方式的确定,需要结合债务人公司的基本情况、重整投资人出资情况、债权人对重整的预期等综合确定。

本案中,汇源公司的债权人大多为上下游的供应商和销售商,债权人多为中小企业或自然人,抗风险能力较弱,亟须获得偿债资金维系日常经营运转。

根据评估公司出具的汇源公司重整项目偿债能力分析报告,截至评估基准日 2021 年 7 月 16 日,如果对汇源公司实施破产清算,假定其财产均能够按照评估清算价值变现,按照《企业破产法》规定的清偿顺序,剩余可供向普通债权人进行分配的无担保财产总额为 8.9 亿元。假定按照普通债权总额为 147 亿元进行分配,汇源公司在模拟清算状态下普通债权的清偿率为 6.1%。同时,汇源公司能够实现前述普通债权清偿率的前提为:资产处置时能够按照评估清算价值变现,且破产费用能够控制在管理人和评估机构预测的范围内,若债务人主要资产被迫快速变现,其价值将会大打折扣。此外,因破产清算程序耗时较长,将会进一步带来远超预期的各项费用,例如在资产处置过程中仍需继续支付管理维护费用、承担必要的职工工资等。基于以上因素,汇源公司在破产清算状态下普通债权实际受偿率可能远低于预计的 6.1% 的清偿率。若汇源公司进入破产清算程序,债权人的清偿利益将受到严重损害。

为解决债权清偿率低的问题,此次重整程序中,法院始终坚持"同债同权"的清偿原则,指导管理人采取有效举措保障转股债权人的清偿利益。通过公开遴选程序招募优质投资人。经过多轮竞争,重整投资人愿意出资 16 亿元认购新汇源公司的部分股权,对其余部分的股权则全部进行"债转股",对债权人进行清偿。

按照重整计划草案的安排,税款债权、职工债权均可获得一次性全额现金清偿,普通债权金额在100万元以下的101位中小债权人亦能获得全额现金清偿。债权在100万元以上的部分则进行债转股清偿。相较于在模拟清算状态下普通债权人仅能获得不足6.1%的清偿,重整中的普通债权通过"现金清偿+债转股"方式大大提高了债权的清偿率。

(三)实施债转股价格浮动对赌,激发重整后企业经营活力

"债转股",即将债务转为股权或股份,以出资人权益抵偿债权,是在近年来破产重整案件中常见的一种债务处理方式。在引入外部投资不畅的情况下,将债务转化为破产企业的股权,进而避免企业被破产清算。债转股能否得到债权人的支持取决于各方当事人的自由意志,而用于债转股的股权有的来自新股分配,有的则是由原出资人转让所得。

对于"债转股"的法律性质,目前主要有三种观点,即"债权出资抵销说""代物清偿说"以及"财产分配说"。"债权出资抵销说"认为债转股是借助"债权出资"和"抵销"的实体法制度实现企业资产的重组,从而降低破产企业的负债率。[①] "代物清偿说"否认债转股的投资属性,认为与其说是通过债权转股权实现的一种投资,毋宁说是债务人在违约后实施的一种代物清偿。[②] "财产分配说"认为,债转股是债权人与管理人协商,公平分配债务人财产,也就是分配破产企业出资人的权益,债权人团体接受分配后债权相应消灭的制度。[③] 本文认为,债权人债转股的目的仍然为实现债权,在无法获得现金的情况下,采用股权的形式替代原给付,以股权消灭债权,债换股的主要功能仍为分配与清偿,出资和投资功能则较弱,是一种综合性的、"一揽子"解决企业债务的一种方式。

债转股中,股权价格的确定、债权转股权的数量是整个债转股程序中的核心部分。债转股中的股权价格是由债权人和债务人在遵循市场价值的基础上协商确定,具体价格则受到市场行情、公司财务情况、发展前景等因素影响,价格的确定可能会因具体情况的不同而变化。债转股谈判时,债务人企业希望转

① 参见王欣新:《企业重整中的商业银行债转股》,载《中国人民大学学报》2017年第2期。

② 参见韩长印:《破产法视角下的商业银行债转股问题——兼与王欣新教授商榷》,载《法学》2017年第11期。

③ 参见邹海林:《透视重整程序中的债转股》,载《法律适用》2018年第19期。

股价格较高，从而能够以较小的代价化解更多的债务，而债权人则希望转股价格较低，进而能够获得更多的股权，在债务人企业发展步入正轨后，可以通过股权转让提高债权清偿率。综上，正是因为债权人和债务人在债转股谈判中天然矛盾的地位，债转股谈判过程中容易陷入僵局，债权人、债务人、投资人因为转股价格和转股数量的差异无法达成一致，导致重整谈判陷入困境。

债转股实际上是将当下的贷款信用风险转换为更长期的股权投资风险，当债权人的债权转换为企业的股权后，债权人承担的风险水平逐渐提高。[①] 债转股后，债权人虽成为企业新的股东，但为了实现债权，债权人仍需要将股份出售变现。债转股的破产重整中，债权人不仅丧失了债转股之前享有的还本付息的请求权，还需承担公司经营过程的各种风险，如市场风险、管理人"道德风险"、持续经营风险、流动性风险、退出风险等。[②]

传统债转股模式中，通常采用债权数额转为固定数量股权的方式来达成重整计划草案。受到市场经济环境、经营能力等因素影响，相较于转股的时点，债转股后股权的价值仍会存在一定波动。相较于获得现金清偿，债转股后债权人能够获得的清偿金额存在不确定性。而重整程序在债转股后股权的公允价值降低是债权人较为担心的问题，也是阻碍债权人同意重整计划的重要因素之一。如果不能打消债权人对股权价值下降的担忧和焦虑，重整计划通过的难度会大大增加。这也是传统固定债权数额转为固定数量股权的债转股模式中面临的棘手问题。

为解决传统债转股模式中的问题，获得债权人对重整工作的支持，打消债权人顾虑，汇源公司重整计划中未按照传统重整案件中固定的债转股价格对债权人分配股权。而是设置了转股价格与净利润相挂钩、股权补偿与转股价格相挂钩的浮动对赌机制。如果重整投资人不能完成承诺的公司净利润的业绩目标，那么转股价格会相应下调，债权人可以获得更多的股权，利益将更有保障。

为了能有足够数量的股权对债权人进行分配，重整计划草案中设置了股权

① 参见樊志刚、金昱：《实施债转股的原则与条件》，载《中国金融》2016 年第 8 期。

② 参见董新义：《强制批准规则在债转股重整中的控制性适用》，载《中国政法大学学报》2020 年第 5 期。

池,将重整企业的部分股权予以预留,并采用设置有限合伙企业的形式持有该部分预留的股权。如果重整投资人能够顺利完成承诺的净利润的业绩目标,股权的价值不会因业绩下滑而贬损,转股债权人的利益会更有保障,在此情况下,由重整投资人获得预留股权池中相应比例的股权。如果重整投资人未完成承诺的业绩目标,股权价值贬损,则从预留股权池中分配相应比例的股权至债权人处,对债权人进行补偿,保障债权人利益不因公司业绩下滑的问题受到侵害。

债转股的债权人持有重整后的汇源公司约30%的股权。通过上述安排,债转股的价格、转股数量更为公平合理。同时,债权人获得受偿的股权价值不会因股权公允价值的降低而产生较大幅度亏损。另外,通过上述一系列激励浮动对赌机制安排,有助于鼓励重整投资人积极提升重整后企业的整体价值,激发新汇源公司的经营活力,提升企业价值,实现公司良性、可持续发展。

另外,为保证预留股权的流动性,重整计划中还列明,预留股权池有限合伙所持有的新汇源公司的股权不可质押、转让或以任何其他方式处置或设立权利负担。这能够保证在新投资人未能完成业绩目标时,预留的股权能够及时对债权人进行分配和清偿。

(四)提供债转股有序退出通道,提高受偿股权流动性

债转股后,债权人不能再享有债权的固定收益,债权人转为企业股东,具有了股东资格,获得了分红等权利。债转股是被动性的弥补措施,如果重整后的公司在短期内经营无法达到目标,债权人将进一步陷入困境。鉴于上述考虑,债权人选择债转股的目的为企业重整成功后,尽快通过变卖股权的方式实现债权,而非成为股东持续管理和经营企业。相比于现金和股票清偿,债转股后,受偿股权的流动性较低,且股权变现亦需要一定时间和成本,一定程度上会降低重整计划草案通过的可能性。

通常来讲,债权人股权变现有三种渠道包括对外转让、股权回购、公司减资、挂牌和上市。但是,有限责任公司受到《公司法》第71条规定的限制,债转股后债权人对外转让股权存在一定的障碍。对于股权回购,只有符合《公司法》第74条规定的条件,股东才能请求公司回购。对于公司减资,程序则更加复杂,不仅需要编制资产负债表、财产清单等,还要进行公告,提前偿还债权人债务或者提供担保等,公司减资需要至少2/3股东同意,周期也比较漫长,不利于债权人尽快尽早实现债权。此外,上市、挂牌转让也是实现债权的一种方案,但

无论是上市还是挂牌,都对企业的经营能力和资本运作能力提出了较高要求,上市长周期和不确定性,也导致债权人变现可能需要等待很长时间。

因此,为顺利推进重整进行,不仅要在前段开拓资金来源、尽可能快速地为企业注入更多资金,同时,也要重视后端工作,明确债转股的退出通道,完善债权人退出机制安排。对于债权人而言,如果重整后的投资人或控股股东能够作出回购中小债权人股权的承诺,对债权人和重整案件而言,无疑是注入了一针强心剂。而且控股股东回购股权,可以保证企业股权结构的稳定,有利于企业后续发展。因此,可通过协议来约定债权人可以将股权转让给控股股东或者与新投资人签订未来的回购协议。另外,债转股股权的退出方式应当为开放式,包括但不限于采用股权转让、股权回购、并购、减资等。

本案中,为解决债转股流动性低的问题,重整计划中设置了投资人上市承诺兜底回购安排,即新汇源公司承诺在重整投资人的经营下,有计划地实现上市,如新汇源公司未来无法成功上市,则由重整投资人对债权人持有的股权进行兜底回购,保障转股债权人后续能够将股权变现,得到相应的现金补偿,并顺利退出企业。

(五)采取存续式重整方案,保留债务人企业壳资源

从司法实践来看,当前企业重整采用存续式重整、出售式重整和清算式重整三种模式。

存续式重整模式,也称为“整体重整”,即在原企业公司壳之下,完成企业债务的重组、豁免等,重整完成后,仍以原债务人企业为经营主体。破产企业的主体资格得以继续存续,企业的壳资源仍予以保留。存续式重整有助于保留债务人企业特有的某项行业资质,如医疗资质、建筑工程资质等。在出售式重整中,由于需要进行大量资产的处置和变更登记,会产生相应的税费成本,因此,相较于出售式重整,存续式重整的税务成本相对较低。

出售式重整模式,即设立一个全新的公司承接原破产企业中具有重整价值的优质营业资源,包括企业人员、客户资源、资产、技术等。该部分优质资源能够在新的企业中得到存续,继续为企业创造价值。而对于原企业的不良资产和非重整所必需的资源,则继续保留在原企业的壳之中。最终,采用清算的方式将保留在原企业的资产予以处置和变现,所得用来偿还债权人。待上述事项完成后,原企业予以注销,消灭主体资格。由于原公司已被完成注销工作,新设立

的公司无须对原债务人企业的债务承担清偿责任,原债务人企业的或有债务和历史遗留问题被有效隔离,重整后的企业的相关债务风险被大大降低。

清算式重整模式,即在重整程序中制定优于破产清算的清算、变现、分配方案,债权人在重整中获得的清偿数额将高于在清算程序中获得的清偿。与出售式重整不同,清算式重整在保留企业优质资源的同时,仍保留原企业法人资格。清算式重整适合具备一些不能通过转让获得行业资质的企业。

不同的重整方案和模式各有利弊。为保障汇源公司原有主体能够持续性经营,汇源公司采取了存续式的重整方案,保留了汇源公司的壳资源、"汇源果汁"商标品牌和企业原职工团队,在化解企业债务、恢复企业持续经营能力的同时,回归健康可持续发展轨道,有助于继续发挥汇源品牌优势,实现轻装上阵,脱困重生。

四、结论

在采取"债务转为股份""债务转为股票"的模式进行清偿的重整计划中,当谈判陷入僵局时,针对重整计划的内容制定,我们建议可以从汇源公司重整计划草案中进行借鉴:

1. 采用转股价格与公司业绩相挂钩、股权补偿与转股价格相挂钩的浮动机制。通常而言,如重整后的公司业绩下滑,业绩不及预期,股权价格会相应降低。此时,应当给予债权人更多的股份予以补偿,进而保证债权人能够获得足够的清偿,得到债权人对重整计划草案的支持。

2. 设置新投资人兜底回购安排。"债转股"后股权的流动性差是债权人担心的主要问题之一。为打消债权人的顾虑,建议新投资人可进行回购承诺,如股权无法转让或变现,可将股权回售至投资人处,保证转股后债权人后续能够得到现金补偿,顺利退出企业。

(案例编写:张宏宇)

10. “假马竞标”模式在重整投资人引入中的应用

——北京某创新投资管理集团有限公司、北京某为民置业有限责任公司实质合并重整案

案例要旨:重整投资人的引进对重整成功至关重要。为了实现债务人财产价值最大化,提高债权人清偿率,借鉴美国破产法中的“假马竞价”规则,法院可以指导管理人通过引入“假马”竞标人,给出保底价格,以吸引其他潜在意向投资人加入公开竞标程序,最终获得更优的重整计划草案。对于“假马”竞标人,应当建立优先购买权、分手费等交易保护机制。

一、据以研究的案例

(一)公司基本情况

北京某创新投资管理集团有限公司(以下简称某创新公司),股东为杨某1(持股70%)、陶某某(持股20%)、杨某2(持股10%)。北京某为民置业有限责任公司(以下简称某为民公司),股东为某创新公司(持股90%),北京某房有限公司(持股10%)。

(二)公司资产负债情况

公司重要资产有两块:

一是“某保障房”项目。某创新公司子公司某为民公司主要开展“某保障

房”项目的开发建设工作，项目建成主要供给北京市保障房市场，系北京市重要的民生工程。因某为民公司股权出质、对外负债较重等历史原因，上述历次政策并未实施完成，并且，某保障房项目因资金短缺于2021年停工。

二是江西锂业项目。江西某锂业有限公司（以下简称江西锂业公司）主要经营业务为利用当地锂云母矿石制备锂电池正极原材料。根据股权代持协议，现股东林某中代某创新公司（尚未办理股权变更登记）通过天津某投资有限公司（以下简称天津某公司）间接持有江西锂业公司49%股权；另一名股东郑某通过天津某公司间接持有江西锂业公司51%股权。目前江西锂业公司的碳酸锂生产工艺处于持续研发阶段，现有的产品生产工艺及技术尚未成型，公司产品尚未达到量产，还需较长的研发过程，且因资金链已断裂等原因，无法正常经营。

经管理人委托，中某资产评估集团有限公司于2023年2月17日出具某创新公司、某为民公司合并破产重整所涉及的资产市场价值评估项目资产评估报告，显示截至2022年5月25日，某创新公司净资产账面价值为－138564.10万元，某为民公司的账面净资产价值为－64683.44万元，评估值为－64653.95万元，明显资不抵债，出资人权益调整方案将某为民公司出资人权益调整为0。中某资产评估集团有限公司出具的某创新公司、某为民公司合并破产重整假设清算前提下偿债能力分析项目评估咨询报告显示，某创新公司、某为民公司在实质合并清算状态下，普通债权清偿率为17.1%。

经管理人调查，某创新公司、某为民公司职工债权总额为9939490.66元，北京一中院，裁定确认的有财产担保债权及建设工程价款优先权总额为1210908429.76元，普通债权总额为1075470866.75元，劣后债权总额共计115995596.44元。

（三）破产程序相应时间节点

2021年8月17日，北京一中院根据北京某投资管理有限公司的申请，裁定受理某创新公司破产清算一案，并指定某律师事务所担任某创新公司管理人。2022年1月27日，北京一中院根据杨某1的申请裁定某创新公司重整。2022年5月25日，北京一中院根据某创新公司管理人的申请，裁定对某创新公司、某为民公司实质合并重整，并指定某创新公司管理人担任某创新公司、某为民公司实质合并重整管理人。2022年11月23日，北京一中院根据管理人的申请,裁定重整计划草案提交期限延长至2023年2月24日。2023年2月24日,管理人提交重整计划草案。2023年3月21日,本案召开了某创新公司、某为民公司实质合并第二次债权人会议。2023年6月16日,北京一中院裁定批准重整计划草案。

(四)投资人招募相关情况

2022年6月2日,管理人在全国企业破产重整案件信息网上发布《关于公开招募和遴选重整投资人的公告》(以下简称《招募公告》),就债务人企业的基本情况进行介绍,按照某保障房项目特征明确重整投资人的招募要求,启动招募程序,并就其他重要事项作出特别说明。公开招募和遴选重整投资人报名时间截止前,管理人共收到4家意向重整投资人的报名材料,分别是北京某房地产开发有限公司(以下简称某开发公司)、华侨某投资发展有限公司、北京某世纪资产管理有限公司、上海某投资控股发展有限公司北京分公司。管理人通过初步审查、商业谈判、审查投资方案等程序对意向重整投资人资格及方案进行了审查,最终仅某开发公司在规定时间节点向管理人足额缴纳了保证金并提交重整投资方案,符合公告对适格投资人的相关要求。按照《招募公告》要求,2022年7月13日,管理人在全国企业破产重整案件信息网发布《关于公开招募重整投资人进展的公告》,确定某开发公司为本案适格重整投资人,对重整投资人的招募进展情况进行公告。

在现场尽调工作结束后,某开发公司提交了重整投资方案,在扣除各项成本与费用后,给出的可供偿债金额4.63亿元,甚至不足以覆盖有财产担保债权。考虑到后续能够顺利推进债权人通过重整计划草案,北京一中院指导管理人,参照"假马竞价"机制,启动第二次招募重整投资人程序。2022年12月2日,管理人在全国企业破产重整案件信息网上发布《关于继续公开招募和遴选重整投资人的公告》(以下简称《继续招募公告》),继续招募重整投资人。在第二次招募重整投资人中,管理人在《继续招募公告》中明确:"本次中选重整投资人将与之前适格重整投资人进行竞价,适格重整投资人在同等投资条件下,仍享有被优先确定为重整投资人的资格,即本次中选重整投资人的重整投资方案应较目前适格重整投资人所提交方案具备显著优势。"在此次招募中,陆续有3家意向重整投资人向管理人提交报名材料,分别是:深圳某文旅发展有限公司、某投资管理有限公司、某时代(北京)企业管理有限公司(以下简称某时代公司)。3家意向重整投资人均已向管理人提交重整投资方案,并足额缴纳诚意金。基于上述报名情况,为最大化保障债权人利益,2023年2月21日,北京一中院组织召开重整投资方案沟通及初步比选会,由本次招募的3家意向重整投资人及某开发公司依次介绍其重整投资方案,并由4家意向重整投资人代表分别发表相关意见,阐述重整投资方案优点。

会后,为进一步征求全体债权人对各家重整投资方案的意见,北京一中院指导管理人对4家投资方案进行梳理,形成对比表,供全体债权人参阅。同时,为了实现投资人选任的科学性,北京一中院指导管理人创新引入“博尔达”计数法的评分机制,将4家意向重整投资人的“专业实力”、“偿债金额”及“偿债进度”设为评分纬度进行打分,该评分机制更能有效综合展现债权人对重整投资人多维度的偏好,更易形成有效决议。管理人收集、整理全体债权人的评分表后,经统计,某时代公司以总分第一名取得本案中选重整投资人资质,并确定某开发公司、深圳某文旅发展有限公司及某投资管理有限公司3家为备选重整投资人。备选重整投资人可在备选期间,向管理人书面申请退出重整投资。之后,依据全体债权人的评选结果,管理人确定某时代公司为本案重整投资人,并与其签订重整投资协议,以该重整投资协议为基础,起草重整计划草案,于法定期间提交法院审议,并提请债权人会议表决。经过债权人会议两次表决,最终法院批准重整计划草案。

二、涉及法律问题

本案办理过程中,涉及以下几个争议问题:

一是关于“假马竞标”的保底价确定。“假马竞标”模式是指在选定初始竞标方(“假马竞标”人)后,确定竞标底价及竞标程序规则,并以此作为债务人出售式或存续式重整程序中投资人招募的基准,以吸引其他出价更高的竞购方加入。[①] 可以说,之所以采用“假马竞标”选任投资人的模式,最主要的作用在于以“假马”来抬高企业价值,促进企业重整价值的最大化。通常来讲,最直观的

① 参见蔡嘉炜:《破产中假马竞标模式的理论构造与制度构建》,载《中国法律评论》2023年第3期。转引自Janis Sarra,*Financing Insolvency Restructurings in the Wake of the Financial Crisis/ Stalking Horses*,*Rogue White Knights and Circling Vultures*,Penn State International Law Review,Vol. 29,p. 593 – 595(2011)。

价值衡量标准就是投资人的投资金额。实践中，一种操作方式为，直接以明确某一投资金额为起拍价作为“假马”的形式吸引其他投资人，以现金报价更高者为最终的成功中标者。[①] 另一种操作方式为，招募时并未明确提及“假马”的底价，虽然标明“假马”的投资金额，但是不仅比较投资金额，而且以该“假马”存在的投资方案为蓝本进行招募。如本案中的招募正式投资人的公告中，仅提到了“假马”的存在。

二是关于开展公开竞标的时间节点。在实践中，何时通过“假马竞标”方式确定最终投资人存在不同做法，区分是在重整计划草案批准之前还是之后。重整计划草案批准之后的“假马竞标”，是指由“假马”投资人制定重整计划草案，提交债权人会议表决，在债权人会议通过、法院批准重整计划后，再进行公开竞价，选定最终的投资人。[②] 重整计划草案批准之前的“假马竞标”，是指在重整计划草案批准之前通过“假马竞标”选定最终投资人，再拟定重整计划草案提交债权人会议表决。虽然公开竞标的时间节点并无法律规定，债权人会议或者管理人应根据具体案情开展，但是对于重整计划草案批准之后的“假马竞标”，存在清偿方式、清偿时间、执行期限等内容能不能调整、怎么调整等问题。

三是关于“分手费”问题。在破产语境下，“分手费”指当“假马”竞价人的预期交易因投资协议中规定的各种原因（包括债务人接受其他竞标者的出价）而未能完成时，由债务人支付给“假马”竞价人用以补偿其损失的费用。[③] 作为“假马”投资人，确实面临其投资协议因为各种原因未能最终转化为重整计划得以执行的风险，导致其参与案件耗费了时间和金钱成本，最后竹篮打水一场空，在一定情况下影响充当“假马”投资人的积极性。所以，是否有投资人愿意当“假马”去承担风险，决定了“假马竞标”模式能否实施，能否吸引更优质的投资人。在域内域外的实践中，会由债务人支付给“假马”一定的费用，用以补偿其损失，也即“分手费”，以此吸引“假马”的出现。合理的“分手费”是多少，目前

---

① 如上海市第三中级人民法院（2023）沪03破217号鳄鱼制漆（上海）有限公司破产重整案。

② 如山东省青岛市黄岛区人民法院（2022）鲁0211破4号中诚国际海洋工程勘察设计有限公司破产重整案。

③ 参见张尧等：《“假马竞价”在破产重整投资人引入中的应用分析|破产池语》，载天同律师事务所网，http://www.tiantonglaw.com/Content/2022/09-17/0224561417.html。转引自 Monica E. White, *Give Me a Break-Up Fee: Inre Reliant Energy Channelview LP and the Third Circuit's Improper Rejection ofa Bankruptcy Bid Protection Provision*, 48 Hous. L. REV. 668 (2011)。

并没有一般性的规定和要求。在美国司法实践中,是否支付"分手费"、支付多少"分手费"仍存在争议。[①] 在不同案件中,"分手费"的金额有所不同。在法院没有设定上限的情况下,"分手费"通常是中标价格的2%到5%。[②] 在因"分手费"引发的诉讼案件中,法院通常会裁决支持不超过债务人资产出售总对价3%的"分手费"。[③] 但是给不给"分手费","分手费"给多少仍有一定的讨论空间。目前,一些案件中并没有规定"分手费"。一些规定"分手费"的案件其"分手费"的设定目前也未找到具体标准。[④]

三、案例分析

重整投资人是重整计划草案内容的直接起草者,关系债权人债权的受偿情况以及重整能否最终成功,引入资源丰富、实力强劲的重整投资人,对企业重整成功至关重要。但是,非公开招募方式或者单一的公开招募方式很难实现上述效果。通过充分运用市场化竞争机制,设定一定的程序规则,实现制度性的保障,产生能够提供更多偿债资源的投资人,以最大限度均衡各方诉求并充分实现债务人财产价值最大化,于是"假马竞标"模式应运而生。本案例在首次选定的投资人的偿债方案未能充分满足各方诉求的情况下,结合美国"假马"竞价制度及当前国内选任重整投资人现状,引入"假马竞标"模式,选定最终投资人,使投资人的偿债资金是"假马"资金的近4倍,普通债权清偿率提高到52.79%。同时本文就"假马"保底价、竞选节点、"分手费"等方面展开分析与探讨,期望

---

① 参见张尧等:《"假马竞价"在破产重整投资人引入中的应用分析|破产池语》,载天同律师事务所网,http://www.tiantonglaw.com/Content/2022/09-17/0224561417.html。转引自 Rhett Frimet, *The Birth of Bankruptcy in the United States*, 96 COM. L. J. 160 (1991)。

② 参见张尧等:《"假马竞价"在破产重整投资人引入中的应用分析|破产池语》,载天同律师事务所网,http://www.tiantonglaw.com/Content/2022/09-17/0224561417.html。转引自 Larry Schnapf, 363 *Sales Continue to Play ImportantRole in Corporate Transaction*, Environmental, Energy and Natural Resources Committee Spring Meeting. 4 (2010)。

③ 参见张尧等:《"假马竞价"在破产重整投资人引入中的应用分析|破产池语》,载天同律师事务所网,http://www.tiantonglaw.com/Content/2022/09-17/0224561417.html。转引自 Frank B. Reilly Jr. & David N. Crapo, *Distressed M & A: Bankruptcy Code Section* 363 *Sales*, 5 PRATT's J. BANKR. L. 275 (2009)。

④ 如山东省青岛市黄岛区人民法院(2022)鲁0211破4号中诚国际海洋工程勘察设计有限公司破产重整案招募投资人公告显示,分手费是最后一次拍卖加价的50%,最高不超过12.5万元。河南省郑州市二七区人民法院(2023)豫0103破1号河南信心药业有限公司破产重整案招募投资人公告显示,分手费为中标价和"假马"报价的差价5%。同时,此案中并未和"假马"约定分手费。

对我国重整案件中的投资人招募提供借鉴和参考。

（一）“假马竞标”方式招募投资人的必要性

在重整企业引入优质投资人，提高重整债权人的债权清偿率、制定各方期待的偿债方案显得尤为迫切。现有的投资人招募方式为公开招募和非公开招募。其中，公开招募是指通过多种平台向社会或者向定向群体发布招募公告招募投资人；非公开招募是指管理人或者债务人通过私下联系、定向询问等非公开方式招募投资人。在公开招募过程中，由于债务人债权债务信息披露不充分，运营价值存疑等因素，潜在的投资人无法精确判断债务人的市场价值，导致竞价积极性不高，进而获得的重整溢价不足；而非公开招募在程序公开透明方面存在明显缺陷，在未有充分竞争的情况下，债务人价值容易被进一步压低。现有的两种招募方式均不能实现程序和实体价值的最大化。

1. 提升信息获取的高效

对于意向投资人而言，信息披露是否全面是其判断企业价值，进而决定是否参与投资企业及如何设计投资方案的关键。在招募投资人的过程中，常见的是意向投资人通过聘请专业人员进行尽职调查，掌握债务人的完整信息。但是由于调查时间有限、债权人谈判预期不明朗等因素，通过短暂的尽职调查所获得的信息具有局限性。与公开招募方式相比，“假马竞标”模式有充足时间对债务人基本情况进行全面调查。在第一步选定“假马”时，意向投资人已经对债务人进行了初步调查，进而判断给出适当价格担任“假马”。在第二步选定最终投资人之前的阶段，“假马”可以提前与管理人和债权人接触，充分调查债务人重整投资可行性，并就债权人的谈判态度进行摸底，进一步完善其投资协议，进而设定交易底价。同时，通过“假马”长时间的尽职调查和摸底工作，在选定最终投资人的公开招募环节，借助“假马”完善后的投资方案设计的交易底价、偿债方案以及债务人相关数据的公开，使债务人信息得以全面共享，则为其他意向投资人提供了“搭便车”的机会，增强了意向投资人参与竞价的信心与决心。

2. 提高重整效率

一方面，与普通的公开招募方式相比，“假马”的出现既缩短了企业意向投资人获取债务人全面信息的时间，使意向投资人可以根据相对精准的估值判断尽快作出行为决策，使其可以集中精力在优化偿债方案上，也缩短了和债权人沟通谈判确定偿债内容的拉扯时间，使潜在的意向投资人可以根据实际情况尽快作出行为决策。同时，对债权人而言，避免了债务人相关资产持续流拍降价的风险，使债权人产生了对于债务人价值以及自己受偿情况的最低心理预期，亦通过意向投资人的竞争行为换取了债权人对重整成功的信心与推进重整程序的信心。另一方面，即便因为各种原因，其他意向投资人没有达到“假马”所设定的保底价格及投资方案，确定“假马”为最终重整投资人，“假马”也已经就重整计划草案的起草做了大量工作，并充分体现了债务人的市场价值，能够降低债权人对交易公平性提出异议的可能性以及债权人对偿债资源不切实际的幻想，有利于重整计划草案的表决通过。

3. 增加债务人重整投资价值

在“假马竞标”模式下，已经确定的“假马”提出的报价能够起到为其他潜在投资人释放信息的积极作用，即最起码证明债务人是有收购价值的以及价值至少是多少，这些已经足以吸引到一些投资人。其他意向投资人可以根据“假马”出具的初步报价，在初步了解债务人状况的基础上，正确评估债务人的重整价值，给出其可以给出的更具有吸引力的价值评估报价，进行充分竞争，通过市场化方式实现债务人的重整投资价值的最大化，避免债务人的资产被贱卖。

4. 降低意向投资人成本

在普通投资人招募程序下，意向投资人除投资金额外，还需额外支付不菲的尽职调查费用，以及对项目关注的时间精力，且存在重复尽职调查，重复增加不必要成本的情况。在已经有“假马”开价后，其他意向投资人可以参考“假马”竞价人所做的尽职调查结果，在尽职调查时可以缩短时间，集中其关心的关键问题，在资金筹备方面也可以提前考虑谋划。对于无法提供“假马”出价的潜在投资人，可以对本项目不再考虑。

（二）美国“假马竞标”规则介绍①

“假马竞标”模式源自《美国破产法典》第 363 条出售式重整条款。根据第 363 条(b)项的规定，管理人在经过“通知和听证”程序之后，有权在惯常的商业行为的范畴之外，利用、出租或者出售破产财产。② 因我国立法对“假马竞标”

---

① 参见蔡嘉炜：《破产中假马竞标模式的理论构造与制度构建》，载《中国法律评论》2023 年第 3 期。

② 参见姜心荷：《美国破产法“363 条款”破产财产处置制度研究——以克莱斯勒破产重整案为例》，上海交通大学 2015 年硕士学位论文，第 78 页。转引自 11 U. S. C. § 363(b)。

模式确定重整投资人没有具体规定，司法实践中对该类模式应用不多，亦没有形成一定规则指引，故需要借鉴美国关于“假马竞标”的相关规定。

在具体操作上，“假马竞标”模式的开展分为两个阶段：“假马遴选”和“公开竞标”。

在第一阶段“假马遴选”程序中，管理人通过私下或者公开方式遴选招募“假马”投资人，通过选出出价最高且方案最优的竞标方案确定“假马”。在确定“假马”后，债务人将与“假马”签署包括交易底价、竞选程序、权利保护等内容的投资协议，提交法院审查批准。在法院批准后，才开始第二阶段“公开竞标”的环节。

在第二阶段“公开竞标”程序中，由管理人发布第二次招募投资人信息，其中披露相应“假马”投资人存在情况和规则内容，并按照一定规则评选出竞标胜出一方。如果无人出价，则流拍，“假马”成为最终投资人，如果其他意向投资人的投资方案比“假马”方案更优，则由方案最优的投资人作为本案最终投资人。管理人与之签订投资协议，并提交法院审查与批准。

（三）“假马竞标”方式保底价的确定

价高者得的方式，的确是实现企业价值最大化途径之一。但在重整程序中，单纯的价格并不能完全代表投资方案，投资方案本身包含了偿债方式（如现金清偿、以股抵债、留债的比例和时间），经营方案（对企业未来运营的规划策略），重整计划执行期间，投资人自身能力（如偿债资源的确保）等，是综合的、系统的、整体性的内容。所以无法通过简单的偿债资金的对比高低而得出孰优孰劣，而是上述各要素的通盘考量的结果。本文认为，在“假马竞标”方式保底价的确定方面，关于清偿金额、清偿方式、清偿时间等内容均需要予以公示，其中，上述要素仅作为意向投资人制定自己投资方案的参考，意向投资人只要认为自己的方案比“假马”更优，均可以申请投标，并应当通过科学合理的评审方法评选出最终投资人。如本案中，北京一中院指导管理人创新引入“博尔达”计数法①的评分机制，以 4 家意向重整投资人的“专业实力”、“偿债金额”及“偿债进度”设为评分纬度，由全体债权人进行打分，既充分尊重债权人意愿，又通过科

① “博尔达”计数是指按投票者的偏好顺序，给数个方案中的每一个打分，分值从 1 到 M，分数最高为 M，最少为 1，然后把每一个方案的所有得分加总，最高得分的方案通过。载识典百科，https://www.baike.com/wikiid/6090688348829938 12？view_id = 1zoghsm6c64g00，最后访问时间：2023 年 10 月 2 日。

学合理的评分方法为评价出综合实力强、投资方案优的投资人提供了指引,达到了良好效果。

(四)“假马竞标”方式招募最终投资人的时间阶段

关于启动公开竞标的时间点问题。在重整计划草案批准之后启动公开竞标。目前实践中,均是通过以投资金额为起拍价,价高者得的方式进行。重整计划草案中可以规定由债权人会议自行选择不公开指定方式还是公开竞价方式确定投资人,相关决议可以作为重整计划草案的附件。若采取公开竞价方式确定投资人,由于最终投资人的不确定性,重整计划草案中关于投资人信息与经营方案的内容同样可以根据最终投资人的信息与方案以附件的形式确定。①

但是除了投资金额之外,重整计划方案还涉及清偿方式、清偿时间、分段方式等多种因素。在上述重整计划草案批准之后启动公开竞标程序,如果清偿方式、清偿时间等全部要素均比“假马”投资人拟定的重整计划草案中的条件更优,那么不再通过债权人会议表决在法律逻辑上更合理。否则,如果选中的重整投资人制定的重整计划草案只是总的投资金额比“假马”投资人更多,但是对部分涉及清偿的条件的调整减损了债权人权益,不再次召开债权人会议对上述方案进行批准,则规避了破产法规定的重整计划草案批准程序,亦规避了债权人会议的审查。如果就该重整计划草案再次进行债权人会议表决,则违反破产法规定的重整计划草案批准程序。故本文认为,“假马竞标”模式中“公开竞标”,如果在重整计划草案批准之前进行,则符合法律规定的范围。如果是在重整计划草案批准之后进行,则除非能够吸引清偿要素全面优化的投资人拟定新的重整计划,否则,应当以“假马”提供的重整计划为准进行执行。

(五)“假马”投资人的保护

1. 优先购买权

优先购买权指“假马”竞价人在同等条件下,有优先中标的权利,即其他潜在竞标人只能提供比“假马”竞价人更高的报价才有中标的可能性。② 河南省郑州市二七区人民法院(2023)豫0103破1号河南信心药业有限公司破产重整

① 参见范丰盛:《简析“假马竞价”模式在破产重整中的应用》,载微信公众号上海市破产管理人协会网2021年5月14日,https://mp.weixin.qq.com/s/B/se2rggip.-RcHodkseVg。

② 参见池伟宏:《破产重整投资人的选任和保护》,载微信公众号“天同诉讼圈”2018年11月8日,https://mp.weixin.qq.com/S/1iua-APy87TjFuMhjqJqzw。

案招募投资人公告载明,在同等条件下,“假马”投资人有权在同等条件优先被确定为重整投资人。但是,公告中并没有明确何为“同等条件”。因为不同于价高者得的财产买卖,虽然投资人投资债务人企业是一种出售式重整的方式,形式上也是一种“买卖企业股权”的方式,但是正如上文所述,重整计划草案除了投资金额之外,清偿方式、清偿期限等均影响债权人对重整计划草案的同意与否。根据“假马竞标”引入投资人是为了使重整价值最大化,本文认为,此处的“同等条件”除了投资金额以外,在清偿方案部分亦应当一致,如此“假马”投资人才能优先成为最终投资人。

2. 分手费

分手费的设置对激发潜在投资人报名“假马”,提高公开竞争的市场化程度具有一定作用,但是如果不加区分地设置分手费,也不甚合理。在美国破产实践中,是否支付分手费、支付多少分手费仍存在争议。① 本文认为,对投资项目开展尽职调查以决定是否投标,是市场竞争机制中必不可少的部分,根据上述公开招募投资人时间节点的划分,如果是重整计划批准之前招募的最终投资人,“假马”并未与债权人等主体进行深入谈判,以拟定更为详细、可行的重整计划草案,其因参与竞标所投入的成本和信赖利益并不高,此时不应当设定分手费,应认为其为了抓取机遇而进行的合理之处。但是,如果是在重整计划草案批准之后公开招募投资人,“假马”意向投资人并没有最终中标时,应当给其分手费,因为在拟定重整计划草案过程中,相比普通的并购谈判,其所作的沟通、协调、调整工作更为烦琐、详尽,且又有债权人会议批准重整计划给“假马”投资人心理上的期待。

四、结论

针对本案办理过程中发现的一些问题,本文提出以下建议:

1. 采用“假马竞标”模式招募投资人。第一步,选定“假马”。通过私下或者公开方式选定“假马”,并与“假马”明确:(1)其在清偿方案相同的情况下具

① 参见张尧等:《“假马竞价”在破产重整投资人引入中的应用分析 | 破产池语》,载天同律师事务所网,http://www.tiantonglaw.com/Content/2022/09-17/0224561417.html。转引自 Rhett Frimet, *The Birth of Bankruptcy in theUnited States*,96 COM. L. J. 160 (1991)。

有优先购买权。(2)如果采用重整计划草案批准之后选定最终投资人的方式,则为其设定合理比例的分手费。在与“假马”签订相关协议后,将“假马”投资情况向债权人会议报告,征求债权人会议关于清偿方案以及公开招募最终投资人的时点。第二步,公开招募投资人。如果是在重整计划草案批准之前招募,以“假马”的投资方案为模板,并给出“假马”投资金额作参考,在明确“假马”存在情况和“假马”相关权利的情况下发布招募公告,遴选最终投资人。在投资人选定后,尽快启动沟通、谈判环节,进一步修改投资方案形成重整计划草案,提交债权人会议表决。如果是在重整计划草案批准之后招募,以该重整计划为模板作为参考,发布招募公告,遴选最终投资人。如果其他投资人的方案优于重整计划,则其他投资人作为最终投资人,严格按照其方案执行重整计划。如果流拍,则继续执行已经批准通过的重整计划。

2. 采用“假马竞标”模式中管理人应当履行的程序性事项。对于投资人招募方式,管理人应当提前征求债权人意见,特别是相关优先购买权、分手费等问题,应当经过债权人会议审议表决通过。对于是在重整计划草案批准之前招募最终投资人还是在重整计划草案批准之后招募,均需要与债权人、法院沟通,在充分披露优劣后,由债权人会议就招募投资人的相关时间节点进行选择。

3. 意向投资人的注意事项。有意参选“假马”的意向投资人,应提前与管理人沟通“假马”招募具体内容,对于其中的优先购买权、分手费等条款先行与管理人进行明确约定,以便保护自己的权利。参与第二阶段公开招募程序的意向投资人,在参加投标之前,要详细了解“假马”投资人的投资方案内容以及是否具有优先购买权等,在充分考虑债务人企业重整价值、“假马”投资人方案内容、自身实力的基础上,决定是否报名参加投资人的招募。

(案例编写:孙立尧)

11. 重整期间申请恢复行使担保权的司法判断

——某控股公司等6家公司实质合并重整案

案例要旨：本案主要围绕重整期间恢复行使担保权的相关问题展开。准确理解《企业破产法》第75条和《全国法院民商事审判工作会议纪要》第112条，是判断恢复行使担保权申请合法性的重要前提。暂停行使担保权是一种暂时性措施，目的是维护企业重整价值的物质基础，避免担保财产被执行影响企业生产经营和重整自救，不是为了阻止担保债权人在重整程序中行使权利。担保权暂停行使只是对权利行使的时间予以限制，只限于担保物的变现权，不影响担保债权人享有优先受偿权。可从两个方面判断担保财产是否为重整所必需：一是担保财产对企业生产经营的影响，或者说企业重整对担保财产的依赖程度；二是重整企业对担保财产的占有、使用是否损害担保权利，影响债权人的优先受偿权。

一、据以研究的案例

2022年8月9日，北京一中院依法作出裁定受理某控股有限公司（以下简称控股公司）、某矿业有限公司重整两案，并于2022年9月7日指定某律师事务所为管理人，具体负责开展各项重整工作。2022年9月29日，债务人向法院申请在重整期间自行管理财产和营业事务的情况下与管理人进行分工管理，管理人同日向法院提交了《管理人与债务人分工管理的报告》，法院于2022年10

月 12 日准许管理人监督下的分工管理方案。

2023 年 4 月 14 日，北京一中院依法作出裁定对控股公司、某矿业有限公司、某融资租赁有限公司、某镍铬复合材料有限公司、某资源开发投资有限公司、某贸易有限公司 6 家公司实质合并重整，并于 2023 年 4 月 17 日指定控股公司的管理人担任实质合并重整的 6 家公司管理人，具体负责实质合并重整期间的各项工作。

重整期间北京一中院收到债权人恢复行使担保权的申请，内容如下：

申请一：申请对变价款恢复行使优先受偿权。2022 年 10 月 21 日，管理人收到债权人长沙分行向北京一中院邮寄并抄送管理人的《恢复行使担保权申请书》，请求北京一中院准许对长沙市中级人民法院（以下简称长沙中院）执行案款专户中的某技术股份有限公司（该公司为上市公司，以下简称技术公司）股票所剩余变价款恢复行使优先受偿权。

申请二：申请恢复行使担保权。2023 年 3 月 20、23 日，债权人向北京一中院提出申请，请求准许申请人恢复行使对控股公司质押给申请人的某文化旅游发展股份有限公司（该公司为上市公司，以下简称文旅公司）股票的质押权。由管理人或控股公司对质押股票进行拍卖或者变卖，拍卖或变卖质押股票所得价款在支付拍卖、变卖费用后优先清偿申请人的债权。

二、相关法律问题

本案主要涉及重整期间恢复行使担保权的相关问题，需要准确理解《企业破产法》第 75 条和《全国法院民商事审判工作会议纪要》第 112 条。对此，实践中存在不同观点。

（一）针对变价款现阶段能否直接清偿长沙分行

一种观点认为不可以，主要理由为：第一，长沙分行的债权应当通过重整程序在执行阶段进行统一清偿，且其债权及担保权利已被法院判决确认，重整执行阶段亦将对其进行优先清偿，不会损害其合法权益。

第二，技术公司股票变现剩余的款项属于“重整所必需的财产”，原因在于长沙分行的该笔债权属于有财产担保债权，若后续被法院裁定批准的控股公司重整计划规定有财产担保债权将进行分期清偿，则前述剩余变现款将作为偿债资源分期清偿给长沙分行；若现阶段即把该等变现款全部提前清偿给长沙分行,亦无法清偿全部款项,则将来分期清偿时即需要处置变现债务人其他资产方可进行清偿。

第三,如现阶段对长沙分行进行直接清偿,可能引发其他类似情况的债权人效仿,造成大额金融债权人提前获得清偿的情况,将可能导致其他债权人、特别是人数较多的自然人债权人误解和反对,进而激化公司与其他债权人之间的矛盾,不利于重整程序的顺利推进。

另一种观点认为可以,具体理由为:第一,债权人的债权及担保权利已被长沙中院的生效判决予以确认,其对技术公司股票变现剩余的款项享有优先受偿的权利。

第二,债权人该笔债权对应质押的股票已在控股公司重整受理日之前被执行法院依法处置变现,所得价款已存在执行法院专户,也即债权人已在重整受理日之前实际行使担保权,变现程序已经完成,目前该笔变现款处于被特定化的状态。

第三,技术公司股票变现剩余的款项不属于"重整所必需的财产",原因在于根据立法本意,"重整所必需的财产"原则上应当属于有利于引进重整投资人、促进重整计划草案表决通过或者维持重整期间生产经营稳定所需要的财产,如生产经营所需的厂房设备、能够吸引投资人的对外投资股权、重要不动产及矿业权以及可用于重整期间经营及工资发放的资金等。技术公司股票变现剩余的款项属于债权人享有优先受偿权的资金,且目前存放于法院执行专户,即使管理人归集后也只能专项用于清偿给质押权人,不能挪作他用,因此,该等质押股票变现款不属于某控股有限公司重整程序中的"重整所必需的财产"。

第四,根据《企业破产法》《全国法院民商事审判工作会议纪要》的相关规定,不属于重整所必需的担保物财产,可以由担保权人提前优先受偿,不必等到重整程序执行阶段。

(二)关于债权人能否恢复行使担保权

一种观点不同意债权人恢复行使担保权。对此,有两种意见,其一认为:第一,《企业破产法》明确规定,重整期间对债务人的特定财产享有的担保权暂停行使。根据《企业破产法》第 19 条、第 75 条,《全国法院民商事审判工作会议纪要》第 109 条的规定,公司在重整期间,相关执行程序应当中止,对公司的特定财产享有的担保权应暂停行使。

第二，文旅公司股票是控股公司核心资产，系控股公司直接控股的主营企业，属于本次实质合并重整所必需的重要资产。若法院同意恢复行使担保权，启动对该部分股票的拍卖、变卖程序，将伤及控股公司根本，导致控股公司失去主营业务及重要偿债资源，不利于重整工作的有序推进；同时，上市公司的实控人将会变更，公司持续稳定经营亦将受到严重影响。另外，现阶段若同意恢复行使担保物权，容易引发其他有担保的债权人效仿，通过恢复执行等手段在重整期间集中处置公司核心资产。

第三，文旅公司正在积极准备司法重整的前期工作，其股价仍有较大回升潜力。文旅公司的基本面向好，文旅公司正在为改善经营状况、优化资产负债结构、维护上市地位全力开展自救措施，包括接洽引进战略投资人、提升文旅运营服务、推动房地产和物业去化等。文旅公司拟向法院申请重整及预重整，目前正积极准备各项前期工作，取得了多数债权人的支持，同时也有多家投资人表达了投资意向，重整成功的可能性较大。

第四，如果对文旅公司股票拍卖、变卖，文旅公司将失去控股股东、实际控制人，筹划重整准备工作难以继续推进，文旅公司将失去通过重整化解退市风险的机会。另外，大量抛售股票，直接导致股价迅速跌破 1 元/股，短期内触发面值退市，损害中小股东的权益。

其二认为，质押股票是否存在价值明显减少的可能目前存在重大不确定性，现阶段恢复行使担保权将对控股公司重整造成重大不利影响，甚至可能导致文旅公司短期内触发“面值退市”，对各方造成不可逆转的不利后果。具体理由为：第一，股价持续波动，导致股票价值是否存在“明显减少的可能”存在重大不确定性。上市公司股票的流通性、风险性属于固有性质，股票价格受市场环境、行业政策、公司基本面、投资者心理等多重因素共同影响波动，难以预测和判断未来变动趋势。2023 年 4 月，文旅公司发布了拟向法院申请重整及预重整的公告，目前正在开展重整申请的筹备工作。参考近年上市公司重整案例，上市公司进入预重整或重整程序后，股价仍有可能发生明显波动。

第二，现阶段处置质押股票可能导致文旅公司陷入无控股股东状态，进而无法完成重整并导致退市。控股公司所持文旅公司股票占其总股本 50% 以上，申请人申请行使担保权的质押股票合计占总股本约 30% 。现阶段处置质押股票，将直接导致文旅公司失去控股股东、实际控制人。控制权稳定应是文旅公司重整工作推进、避免退市发生的必要前提,若变为无实际控制人状态,文旅公司目前正在筹划的重整工作将出现无人统筹主导的局面,后续重整及预重整工作更加难以开展,进而可能导致文旅公司无法实施或完成重整,无法维持上市地位。

第三,现阶段处置质押股票将对控股公司重整产生重大不利影响。文旅公司是控股公司重要的核心资产。控股公司为文旅公司提供担保50多亿元,该等担保债务在控股公司整体债务规模中占比超过10%,大部分同时也由文旅公司提供了财产抵质押担保。按照当前控股公司的重整方案初步设想,以文旅公司财产设立抵质押担保的债务由文旅公司在其重整程序中自行清偿,可以大幅减少控股公司实际承担的担保责任,减少对控股公司偿债资源的占用。如果现阶段处置质押股票,导致文旅公司不能顺利实施重整,不能妥善处理自身债务,控股公司需承担高额担保责任,这将直接影响控股公司全体债权人的清偿效果。

第四,现阶段处置质押股票很可能导致文旅公司短期内触发"面值退市",造成退市的不利后果。最近一个月内文旅公司股票的每日成交量平均约为4000万股,最低仅为约每日735万股,市场需求短时间内无法承载过多的卖出数量,一旦法院裁定准许恢复行使担保权,上市公司需发布公告,市场得知如此大量的质押股票将被低价拍卖、变卖后,将出现持续性的市场恐慌和"踩踏效应",中小股东立即争相抛售股票,股价必将持续大幅下跌,甚至触发"面值退市"。根据《深圳证券交易所股票上市规则》的规定,若股价连续20个交易日收盘价低于1元/股,则上市公司将被直接强制退市。

另一种观点同意恢复行使担保物权。具体理由为:第一,文旅公司的股票存在价值明显减少的可能,足以危害担保权人的权利。文旅公司的净利润已连续亏损两年,根据上市公司发布的2022年业绩预告,预计2022年公司继续发生巨额亏损。根据担保债权人了解的情况,2022年净资产可能转负,公司面临退市预警。一旦文旅公司2023年被退市预警,甚至2024年直接退市,将对担保债权的担保品价值造成毁灭性打击,质押股票这一重要还款来源将被白白断送。

目前,文旅公司的经营情况短期内并没有好转迹象,公司基本面根本无法支撑股价上扬。假设按照目前的市场价处置质押股票,担保债权人的债权本金尚能勉强收回，若股价继续下跌甚至公司退市，担保债权受偿情况将极度恶化，造成国有资产的严重流失。不仅如此，担保债权人无法从质押股票中受偿的债权将全部转为普通债权计算，这将大大摊薄其他普通债权人的受偿率，损害全体债权人的利益。

第二，文旅公司股票并不是重整所必须的财产。根据了解，重整投资人第一次遴选工作已于 3 月中旬结束，收购方案及重整方案框架已基本成型，目前所有意向重整投资人拟收购的资产并未包括控股公司持有的文旅公司的股票。既然文旅公司的股票不是重整所必需的财产，那么管理人以及控股公司就更应该及时处置股票并优先清偿担保物权人的债权。

第三，如果管理人或者控股公司认为文旅公司的股票是重整所必需而不能处置，则管理人以及控股公司应提供相应担保或补偿以应对股票价值的减损。

三、案例分析

（一）担保财产变价款的性质

分析本案背后法律问题的基础，应先明确担保财产变价款的性质，法院受理重整申请后，对债务人特定财产享有的担保权暂停行使，但之前担保债权可能正在诉讼、仲裁或执行中，担保财产或是尚未进入执行程序，或是正在执行程序中等待变现，或是在执行程序中已完成变现，变价款存放于法院执行账户中，或是已经被执行完毕变价款已优先清偿给债权人。不同案件中担保债权和担保财产的状态不同，《企业破产法》第 75 条规定的担保权暂停行使是否适用于担保财产的变价款，变价款是否可为重整所必需财产，重整期间关于担保财产变价款的性质有必要进一步辨析。

首先，应正确理解暂行行使担保权的目的。《企业破产法》第 75 条规定的暂停行使担保权是一种暂时性措施，目的是维护企业重整价值的物质基础，避免担保财产被执行影响企业生产经营和重整自救，不是为了阻止担保债权人在重整程序中行使权利。重整期间对债务人的特定财产享有的担保权暂停行使后，如有下列情形之一，担保债权人可以请求法院恢复行使担保权：一是重整程序启动后担保物有损坏或价值明显减少的可能，足以危害担保权人权利的；二是设定有担保物权的债务人财产不是重整所必需的财产；三是虽为重整所必需财产，但重整计划草案未在法定期限内获得批准。

其次,担保权暂停行使的具体权利。担保债权的实现依赖于担保物的变现权和优先受偿权,这两类权利可以同时行使,也可以分别行使。优先受偿权不同于破产费用、共益债务可以从债务人无担保财产中随时优先清偿,也不同于基于社会政策而可获得优先清偿的债权,如职工债权、税款债权。担保债权的优先受偿权针对特定担保财产行使的,从理论上看优先受偿权不受破产清算和和解程序的限制,重整程序中也只是限制其变现权,不影响担保债权人享有的物权担保与优先受偿权。

最后,重整期间担保财产变价款的性质。担保财产的变价款是担保债权优先受偿权的保障,但变价款有时会与优先受偿之间发生背离。根据变价款是否被特定化,是否能从债务人财产中区分出,担保债权行使可分为两种情况:一种是变价款没有被特定化,与债务人财产无法区分,担保债权的优先受偿基础灭失,依据普通债权性质清偿。如重整程序启动前,担保财产被债务人变卖,变价款存放于债务人账户中,进入重整后发现变价款与其他款项无法区分,此时担保债权的优先受偿权消灭,只能作为普通破产债权受偿。另一种是变价款被特定化,能与债务人财产区分,担保债权人对变价款享有优先受偿权。虽然重整程序启动前,担保财产被变卖,但变价款尚未交付债务人,或者能从债务人财产中明确区分,担保债权人对该价款继续享有优先受偿权。

(二)重整所必需财产的判断标准

《民法典》规定担保分为信用担保与财产担保,财产担保又包括抵押、质押、留置和定金四种形式,其中物权担保性质的只有抵押、质押与留置三种。实践中,对《全国法院民商事审判工作会议纪要》第112条规定的"重整申请受理后,管理人或者自行管理的债务人应当及时确定设定有担保物权的债务人财产是否为重整所必需"存在不同的理解。有的观点认为,第112条规定包括转移占有的质押(动产或权利凭证)和留置财产,实际上担保财产被转移占有,说明企业生产经营不需要或不依赖于该财产。如果确为重整所必需财产,可以依据《企业破产法》第37条的规定,通过清偿债务或者提供为债权人接受的担保,取回质物、留置物。还有观点认为,担保财产的变价款是重整所必需,可作为破产费用、共益费用、企业周转资金等使用,能够使企业摆脱困境,恢复偿付能力。这涉及重整所必需财产的判断问题。

担保财产是否为重整所必需,主要考虑两方面的因素:一方面是担保财产对企业生产经营的影响，或者说企业重整对担保财产的依赖程度。担保财产对企业重整的价值仅限于财产的原始形态，不包括担保物的变价款。另一方面是重整企业对担保财产的占有、使用是否损害担保权利，影响债权人的优先受偿权。如果担保财产为重整所必需，但该财产有损坏或价值明显减少的可能，应提供与减少价值相应担保或者补偿，否则应及时对担保财产变价，优先清偿担保债权。

（三）本案分析

关于变价款现阶段能否直接清偿长沙分行，案件中法院同意了管理人的意见，但并没有根据《企业破产法》第 75 条作出批准行使担保物权的裁定。变价款清偿长沙分行的理由为：第一，变价款不属于债务人的特定财产，不适用第 75 条的规定。特定财产是指可以从债务人全部财产中明确区分出来的财产，不包括对债务人特定财产拍卖、变卖后的变价款。第二，担保债权暂停行使的权利只限于变现权，不包括对变价款的优先受偿权，已经变现后的款项不受第 75 条的限制。因此，对于申请一中的变价款，申请人向法院申请行使优先受偿权，管理人审查后发现符合相关规定并向法院提交分析意见，法院同意后管理人及时清偿给担保债权人。

关于申请二中债权人能否恢复行使担保权，法院审查后不予批准。根据《企业破产法》第 75 条的规定，在重整期间，对债务人的特定财产享有的担保权暂停行使。但是，担保物有损坏或者价值明显减少的可能，足以危害担保权人权利的，担保权人可以向人民法院请求恢复行使担保权。根据上述法律规定，重整期间暂停行使担保物权，在能够认定担保物并非重整所必需，或者足以认定担保物权受到危害的情况下，恢复行使担保物权，处置担保物以满足担保权。具体分析如下：首先，文旅公司股票为重整所必需财产，理由为：控股公司等 6 家公司实质合并重整对文旅公司股票的高度依赖。资产负债表显示，截至 2022 年 9 月 30 日，文旅公司资产占控股公司合并资产总额的 40.41%，负债占比 47.46%。文旅公司是控股公司的重要子公司和重要组成部分，质押股权是控股公司的重要资产。控股公司的主要资产是其所持包括质押股票在内的各类股权，该公司如经过重整程序维持继续经营条件，亦需要保留部分此类资产。同时，文旅公司股票是控股公司偿债所需的必要资源。控股公司所持文旅公司股票占上市公司总股本 50% 以上，本案申请人申请行使担保权的质押股票合计占总股本约 30%。根据控股公司的债权申报与审查情况,控股公司持有的设立质押担保的文旅公司股票,占其所持股票的 97%,债权人享有担保权的质押股票占总股本比例约 30%,现阶段出售上述股票将极可能导致股票价格短期内迅速下降,甚至触发《深圳证券交易所股票上市规则》规定的强制退市情形,导致控股公司丧失重整偿债所需的必要资源。

上市公司股票的流通性是其区别于非上市公司股权的显著特点,其流通性决定了其价格将根据客观情况变化和投资者主观预期而在短期内剧烈波动。债权人申请恢复行使担保权时法院已决定对文旅公司实施预重整,并已许可控股公司在管理人的监督下和一定条件下实施增持文旅公司股票的行为,在上述情况下,并不足以认定申请人提出的“若文旅公司被退市警示或退市,控股公司与关联企业实质合并重整,则质押股票价值将继续大幅下降,严重危害申请人的质押权”的事实。控股公司与关联企业实质合并重整与质押股票价格下降并无必然联系。

综上所述,目前情况下,申请人的申请缺乏事实依据,法院依照《企业破产法》第 75 条第 1 款之规定,裁定不予批准债权人对控股公司向其提供质押的文旅公司的股票恢复行使担保物权的申请。但不予准许后并不排除申请人在文旅公司自身或其他客观情况发生显著变化时再次申请对质押股票恢复行使担保物权的权利。

四、结论

因《企业破产法》及相关司法解释、会议纪要等规范文件对重整期间暂停行使担保权的时间未作明确规定,使许多破产案件在重整计划中对担保物及其他债务人财产一起变价,并对变价款统一分配。有观点认为,这种做法是一种通行的做法。实际上,关于重整期间担保权的行使路径有三种:一是管理人或自行管理的债务人确定担保物不是重整所必需财产,主动对担保物进行拍卖或变卖,所得价款在支付拍卖、变卖费用后优先清偿担保债权人的债权。

二是债权人向法院申请恢复行使担保物权,经审查,申请符合《企业破产法》第 75 条规定,且该财产不是重整所必需;或者虽符合第 75 条,该财产是重整所必需,但管理人或自行管理人的债务人不能提供与减少价值相应的担保或补偿。法院裁定批准行使担保物权的,管理人或自行管理的债务人自收到裁定书之日起 15 日内启动对担保物的拍卖或者变卖,所得价款在支付拍卖、变卖费用后优先清偿担保债权人的债权。

三是基于破产财产价值最大化与事务管理的需要,统一在重整计划中行使担保权,因为单独行使担保权可能会影响财产整体价值,与债务人其他财产一起处置更有利于财产价值最大化。人民法院裁定不予批准恢复行使担保物权。担保物权人不服该裁定的,可以自收到裁定书之日起 10 日内,向作出裁定的人民法院申请复议。

(案例编写:刘冰)

12. 破产程序中破产原因的认定标准

——赵某与北京某强投资管理有限公司申请破产清算案

案例要旨：不同于破产申请审查程序，在破产程序中，法院应适用实质性审查标准审慎判断债务人是否具备破产原因。其中，债务人资产应为经管理人调查后无争议的财产。当第三方机构评估范围内的财产有争议时，评估结论不可作为判断依据。债务人负债应为法院裁定确认的无异议债权，而非管理人提交的债权表记载的债权，因为只有经法院裁定确认才产生破产法上确定债务人负债数额的效力。

一、据以研究的案例

（一）案情简介

2017年6月27日，北京市东城区人民法院（以下简称东城法院）以北京某强投资管理有限公司（以下简称某强公司）经法院强制执行仍不能清偿生效法律文书确定的债务为由，裁定受理赵某对某强公司的破产清算申请。

自2017年11月第一次债权人会议至2021年6月第三次债权人会议前，某强公司管理人提交的多次报告指出，某强公司名下20余套房屋和车位全部有人租住，部分房屋有明确的入住协议签署方、入住协议签署时间及入住协议签署方联系电话，有付款记录，但没有办理房屋权属登记，是否有权占有房屋待确认。

在2021年6月第三次债权人会议中，某强公司管理人报告称，经其实地走访，发现某强公司名下13套房屋和15个车位存在被第三方违法占用情形，某强公司管理人多次粘贴告示要求腾退房屋，但相关占用人未予执行。

北京某信资产评估有限公司于2021年6月17日出具某强公司管理人拟资产处置涉及的北京市东城区×××部分房地产市场价值资产评估报告，评估范围为房屋和地下车位，截至2021年2月28日，评估值总计为7554.73万元。房屋部分包括13套房屋，均系上述某强公司管理人报告中房产。委托人未能提供房产证及土地使用权证，本次评估以委托人提供的不动产登记信息查询结果告知单确定产权信息。评估范围内的部分房产于评估基准日对外出租，委托人无法提供租赁合同；部分房产因未取得钥匙，无法进入室内进行现场勘查，无法确认目前使用状况。本次评估均未考虑室内装修、租赁情况、查封及行政限制对评估结果的影响。

结合上述报告，某强公司管理人向东城法院提交关于驳回赵某对某强公司破产申请的报告称，管理人已接收和核查发现的某强公司资产价值为76942234.06元，某强公司负债包括社保债权64013.47元，管理人已确认和处于诉讼/仲裁程序中的债权金额合计为47856140.84元，破产费用和共益债务合计近50万元，管理人报酬待法院确认，管理人认为某强公司名下资产显著大于负债，明显不具备破产原因，申请驳回赵某对某强公司的破产申请。

东城法院认为，人民法院受理破产申请后至破产宣告前，发现债务人不具备破产原因的，可以裁定驳回申请。该院受理申请人赵某对被申请人某强公司的破产清算申请后，在清算过程中，经查，债务人的资产大于其负债，债务人不具备《企业破产法》第2条规定的破产原因，且该院尚未宣告某强公司破产，管理人向该院提出驳回破产申请的主张，于法有据。根据《企业破产法》第12条第2款之规定，东城法院裁定驳回赵某对某强公司的破产清算申请。

赵某不服该裁定，向北京一中院提起上诉，其上诉请求为：撤销东城法院(2017)京0101破6号民事裁定，将本案发回重审或改判支持其一审申请事项，对某强公司进行破产清算。

在北京一中院审查期间，赵某称，北京某信资产评估有限公司出具的资产评估报告中的13套房屋均已网签，部分房屋已经有人实际占有并使用，部分房屋已经支付购房款。赵某为证明其主张，向北京一中院提交了北京市东城区市场监督管理局行政处罚决定书，中国执行信息公开网截图，破产财产管理方案，东城法院(2021)京0101民初18654、18655、18658、18659号诉讼费交款通知书,诉讼服务告知书材料收据,4 份北京市商品房预售合同及对应材料,1 份北京市商品房现房买卖合同,东城法院作出的 6 份涉及占用案涉房屋的当事人与某强公司诉讼纠纷的法律文书,案涉房屋占用人王某某个人账户对账单,案涉房屋占用人欧某个人账户对账单加以证明。某强公司对上述证据不持异议,同时表示其业已收到东城法院送达的王某某诉某强公司一般取回权纠纷案的相关起诉材料。

管理人就本案无异议债权,至今未向一审法院提请确认。

(二)二审法院观点

北京一中院认为,本案双方争议的焦点问题在于某强公司管理人在向一审法院提交关于驳回赵某对某强公司破产申请的报告时,某强公司是否还具有破产法规定的破产原因。对此,北京一中院具体分析如下:

《企业破产法》第 2 条规定,企业法人不能清偿到期债务,并且资产不足以清偿全部债务或者明显缺乏清偿能力的,依照本法规定清理债务。企业法人有前款规定情形,或者有明显丧失清偿能力可能的,可以依照本法规定进行重整。《企业破产法》第 12 条第 2 款规定,人民法院受理破产申请后至破产宣告前,经审查发现债务人不符合本法第 2 条规定情形的,可以裁定驳回申请。

依上述法律规定,法院在判断债务人是否具有破产原因时有两个标准:一是债务人不能清偿到期债务并且资产不足以清偿全部债务;二是债务人不能清偿到期债务并且明显缺乏清偿能力。如果作出债务人不具备破产原因的判断,需要债务人既不满足第一个标准,同时亦不满足第二个标准,即债务人并非“资不抵债”,以及如果债务人账面资产大于负债的情况下并非“明显缺乏清偿能力”。不同于破产申请审查阶段,法院在受理破产清算申请后,应当在查清全部事实的基础上,严格审查判断债务人是否具备破产原因。其核心在于查清债务人的资产和负债情况,以进行完整、客观、正确的评价。

就某强公司资产情况,《企业破产法》第 30 条规定,破产申请受理时属于债务人的全部财产,以及破产申请受理后至破产程序终结前债务人取得的财产,为债务人财产。不动产物权登记所产生的公示公信效力,仅是一种推定效力。本案中,根据某强公司管理人向一审法院提交的管理人工作报告、资产状况报告、资产核查专项报告,以及破产财产管理方案,并结合北京一中院在二审审查期间赵某所提交的相关证据材料,现足以认定案涉 13 套房屋在物权的权属认定上存在争议，且某强公司管理人至今无法对上述房屋行使占有、使用、收益、处分的权利。在此情况下，某强公司管理人即以该部分财产无争议，进而聘请评估机构对该部分财产进行评估，并以评估值为依据认定某强公司的资产情况显属错误。

就某强公司负债情况，《企业破产法》第 58 条规定，依照本法第 57 条规定编制的债权表，应当提交第一次债权人会议核查。债务人、债权人对债权表记载的债权无异议的，由人民法院裁定确认。债务人、债权人对债权表记载的债权有异议的，可以向受理破产申请的人民法院提起诉讼。破产债权是因破产程序启动前原因成立的，经依法申报确认，并得由破产财产中获得清偿的可强制执行的财产请求权。取得了破产债权人的资格，才能在破产程序当中行使相应的参与、受偿等权利。上述法律规定表明，管理人在债权确认程序中对破产债权仅享有审查的权力，而对破产债权予以确认的权力在于人民法院。本案中，根据查明的事实，某强公司管理人在就无异议债权至今未向一审法院提交申请予以裁定确认的情况下，即以其自行审查以及债权人会议核查的债权数额作为认定某强公司的负债情况属于错误。一审法院在未严格进行审查监督的情况下，即以某强公司管理人提交的错误的资债比关系而形成的报告为依据，裁定驳回赵某对某强公司的破产清算申请欠妥，对此，北京一中院予以纠正。

北京一中院裁定：撤销东城法院(2017)京 0101 破 6 号民事裁定；某强公司破产程序继续进行。

二、涉及法律问题

本案办理过程中，涉及以下几个争议问题。

一是破产申请受理审查阶段与破产程序审理阶段关于破产原因的审查强度。在两个阶段中，法院是进行实质审查还是形式审查？形式审查时，有审计报告或资产负债表中记载的所有者权益为负、终结本次执行裁定等材料即可认定债务人具备破产原因，同时，还以举证责任分配的形式，如果债务人无法举证其资产大于负债，则认定其具备破产原因。实质审查时，债务人资产和负债情况需要进行逐一核实，只有经过调查确有其事，才能根据实际情况予以认定。实践中，在破产申请受理审查阶段，法院适用形式审查标准就破产原因进行审查，只要符合上述形式上的要求，即可受理破产申请。而在破产程序审理阶段，是进行形式审查还是实质审查,不同法院有不同意见。但是既然债务人已经进入破产程序,其是否具备破产原因,需要通过管理人的调查来确定,且该调查必须真实、无瑕疵,才能根据该调查情况予以认定,以对债务人资产、负债情况进行完整、客观、正确的评价,进而得出债务人是否具备破产原因的结论。

二是破产程序中债务人财产的认定。在破产程序中,由管理人负责归集债务人财产。财产方面,根据《民法典》物权编的规定,动产以占有为原则、个别以登记进行认定,不动产以有权机关的登记为准。上述外观主义的认定确实对于推动交易安全起到积极作用,但是同时实践中大量存在的确权纠纷也表明,物权的归属仅凭外观主义认定远远不够。在考虑到破产程序对效率的要求的情况下,对于债务人的资产情况,应以权属无争议的财产进行认定,即外观主义上财产具有物权归属,债务人亦能实际控制。

三是破产程序中债务人负债的认定。破产程序中债务人的负债情况,毋庸置疑与债权人债权情况对等。但是,债权人债权在破产程序中有几种形态:向管理人申报的债权;债权人会议审核认可的债权;法院无异议债权确认裁定书中载明的债权。债务人负债的认定的争议主要是后两者。一种观点认为,债权人会议已经审核认可的债权,即可认定为债务人负债,法院裁定认可债权的基础是债权人会议审核认可的,且法院对申报的债权只是作形式上的审查,债权人会议认可后法院必然会裁定确认。另一种观点认为,即便债权人会议已经通过对管理人提交的相关债权表中记载债权的确认,也有可能因为笔误、错漏等在法院出具无异议债权确认裁定书前进行修改和调整,故应以法院最终出具的无异议债权确认裁定书作为债务人负债的最终认定结果。从《企业破产法》规定的法院确认无异议债权裁定效果上看,只有法院裁定确认的债权,才能够参与后续的财产分配;从实操层面上看,债权人会议对债权的审查的细致深入程度有待提高,笔误、错漏等情形并不鲜见,法院在发现相关错误后,仍需要管理人予以调整重新提交债权人会议表决,故应以法院出具的无异议债权确认裁定书来认定债务人负债情况。

三、案例分析

破产原因是指债务人丧失清偿债务能力的客观状况。《企业破产法》第 2 条规定了破产原因:不能清偿到期债务,并且资产不足以清偿全部债务或者明显缺乏清偿能力。最高人民法院《关于适用〈中华人民共和国企业破产法〉若干问题的规定(一)》第3条和第4条对资不抵债和明显缺乏清偿能力进行了细化。破产案件具有特殊性,在审判实践中,法院对债务人破产原因的审查存在受理时和宣告破产时两次审查,均需要依据上述条文作出判断。但是法院这两次审查的强度不同,实践中部分法院没有注意到这点,错误地用同一审查强度进行了审查。本文将结合本案案情,从以下几个方面对该问题进行梳理。

(一)破产申请审查阶段与破产程序中破产原因异同

我国破产法没有严格地将这两种不同阶段下所适用的"破产原因"通过不同的文字表述和条文列举加以区分,而均使用"破产原因"一词来指代债务人的状态。但是,因为破产原因是一个渐变过程,且受理审查阶段和进入审理程序后解决不同的问题,所以判断破产原因的因素不同。

一是判断目的。在破产申请审查阶段,法院通过判断债务人是否符合破产原因,一方面,保障债权人的破产申请权,防止债务人已经达到破产状态却故意损害债权人利益。另一方面,防止当事人对破产申请权的滥用,保障债务人正常的经营秩序。在破产申请审查阶段,法院更倾向于认定具备破产申请原因。当法院受理破产申请,进入破产程序后,法院通过判断债务人是否具备破产原因,进而判断该企业是否应当继续存续。王欣新教授指出,因为外观行为表现与客观状况之间可能存在一定的差异,所以,法院在审查应否受理破产申请阶段对破产原因存在这一事实的认定,都是通过破产申请原因存在这一事实而推定得出的。只有在破产申请受理以后,经过对案件的继续审理以及对债务人财产的收集、变价等工作,才能逐步验证债务人存在破产原因这一根据实然状态所做的推定。① 如果符合,则法院宣告债务人破产,债务人将变卖资产偿还债务,并且最终将企业注销。如果不符合,则法院驳回破产申请,企业正常存续。

二是证明主体与举证责任。在破产申请审查阶段,债务人是否具备破产原因仅仅是一种推定状态:当债权人作为申请人时,其仅需要证明与债务人之间有债权债务关系,且债务到期后债务人未清偿,由债务人提供证据证明其不具备破产原因,如果不能提供,则推定债务人具备破产原因。当债务人作为申请

① 参见王欣新:《转换观念完善立法 依法受理破产案件(上)——〈破产法司法解释(一)〉深度解读》,载《人民法院报》2012年2月8日,第7版。

人时,其通过提供资产负债表或者法院出具的执行终本裁定书等即可以达到证明其资不抵债的证明责任,法院对上述证据进行形式审查,初步判断是否具备破产原因。在进入破产程序后,债务人是否具备破产原因的证明主体是管理人。在管理人对债务人资产和负债情况进行调查后,向法院报告债务人的情况。

在本案中,东城法院以管理人提交的资产评估报告中债务人资产数额以及管理人审查确认的债权金额作为判断破产原因的依据,是注意到了破产程序中破产原因与破产受理审查阶段的不同。

(二)破产程序中破产原因的判断

前文已述,破产程序中法院如果判断债务人具备破产原因则会裁定宣告债务人破产。鉴于这一程序的不可逆性,宣告破产后,债务人最终的结果就是注销公司,所以此时应对破产原因进行审慎判断。《企业破产法》第 2 条规定的破产原因,核心在于审查债务人资产和负债关系,所以应当围绕破产程序中查明的债务人资产和负债情况进行审慎判断。

1. 债务人财产的确定

《企业破产法》第 30 条规定,破产申请受理时属于债务人的全部财产,以及破产申请受理后至破产程序终结前债务人取得的财产,为债务人财产。最高人民法院《关于适用〈中华人民共和国企业破产法〉若干问题的规定(二)》第 1 条规定,除债务人所有的货币、实物外,债务人依法享有的可以用货币估价并可以依法转让的债权、股权、知识产权、用益物权等财产和财产权益,人民法院均应认定为债务人财产。第 2 条规定下列财产不应认定为债务人财产:(1)债务人基于仓储、保管、承揽、代销、借用、寄存、租赁等合同或者其他法律关系占有、使用的他人财产;(2)债务人在所有权保留买卖中尚未取得所有权的财产;(3)所有权专属于国家且不得转让的财产;(4)其他依照法律、行政法规不属于债务人的财产。上述规定构成了认定债务人财产的判断依据。在实践中,动产、债权、股权、知识产权等权属较容易判断,权属经常有争议的是不动产所有权。由于不动产物权登记所产生的公示公信效力,仅是一种推定效力,故法院在对该部分财产进行审查时,对于有争议的不动产,即便登记在债务人名下,亦不能当然认定为债务人财产,需要根据生效法律文书等证据综合判断。破产的债务人企业往往经营管理混乱、对内对外关系复杂,管理人作为后续接收债务人的工作人员，对于债务人财产在其接手前的流转情况、支付情况并不知晓，况且在债务人自身资料不完善的情况下，很多事实需要管理人通过走访、询问等各种途径了解。特别是在债务人尚没有有效占有、实际控制的情况下，如果管理人在介入后迟迟无法实际接管，说明权属存在争议，或者背后另有隐情，应该通过诉讼等途径追收。

本案中，根据管理人提供的材料及上诉人赵某所提证据，也可认定债务人财产中部分财产权属存在争议的情况，管理人将有争议的财产视为债务人财产并以此认定债务人的资产状况的，有误。

2. 债务人负债的确定

债权人债权与债务人负债是一体两面。债务人负债的确定即债权人债权的确定。在债权确认上，《企业破产法》第 58 条规定，依照本法第 57 条规定编制的债权表，应当提交第一次债权人会议核查。债务人、债权人对债权表记载的债权无异议的，由人民法院裁定确认。债务人、债权人对债权表记载的债权有异议的，可以向受理破产申请的人民法院提起诉讼。法院裁定确认的是债权表记载的无异议债权，该债权表由管理人根据债权人会议核查结果编制，但这并不表明法院对债权表可以不加审查、直接确认。如果法院审查发现明显有问题的债权，可以监督管理人再予核查调整。

本案中，根据查明的事实，某强公司管理人据以认定债务人负债，即债权人的债权至今未向一审法院提交申请予以裁定确认，仅以其自行审查以及债权人会议核查的债权数额作为认定某强公司的负债情况并不发生债务人负债确定的效力。

四、结论

针对上述案件办理过程中发现的问题，本文提出以下建议。

1. 管理人在调查债务人财产时应当深入、细致。管理人在收到法院的指定管理人决定书后，应当及时开展对债务人资产、负债的尽职调查工作，对债务人资产部分，逐一梳理清单，确定权属，特别是对不动产，应该实地调查接管，向不动产登记机关查询权属登记情况，对于接管不了的，需要通过催告、诉讼等途径进行腾退。在全部财产接管完毕的基础上，根据需要，管理人可以经法院或者债权人会议准许聘请相关第三方评估机构对债务人财产价值进行评估。

2. 管理人应当严格按照法定程序提请法院裁定确认无异议债权。《企业破产法》对债权确认程序有明确的规定，管理人应当严格遵守，及时推动编制债权表，提请债权人会议审核债权表，提请法院确认无异议债权表等。在此基础上，管理人才能就债务人是否具备破产原因，是否应当提请宣告破产进行判断。

3. 法院在审查管理人提交的提请宣告债务人破产的申请时，不能仅仅依据管理人得出的债务人的负债大于资产的结论和建议宣告债务人破产的意见，而应先行审查管理人据以判断的债务人负债和资产情况，进而实质性判断债务人是否具备破产原因。法院应重点围绕两个方面审查：债务人负债部分，审查管理人提出的债务人负债金额和法院裁定确认的无异议债权金额是否相符；债务人财产部分，审查管理人归集的债务人财产的类型、价值、权属情况。

（案例编写：孙立尧）

13. 商业银行破产制度的完善机制

——包商银行股份有限公司破产清算案

案例要旨：完善商业银行破产法律制度是防范化解重大金融风险、完善金融风险治理体系建设、实现金融业高质量发展的必然要求。我国的法律制度中，《企业破产法》仅在第134条中对金融机构破产作出了相关规定，《商业银行法》等相关法律及部门规章中对商业银行破产制度进行规定。这些规定涉及的诸多破产规则在处置商业银行破产风险时缺乏统一协调，一些规则之间还需进行逻辑重构，尚不足以解决商业银行破产中面临的各项问题。因此，加强商业银行破产的制度供给成为有效防范化解重大系统性风险的重要环节。

一、据以研究的案例

包商银行股份有限公司（以下简称包商银行）破产清算案系我国首例商业银行破产清算案件，也是我国首家由存款保险基金向存款人偿付被保险存款的案例。包商银行成立于1998年，曾用名包头市商业银行股份有限公司，2007年更名为包商银行股份有限公司，2008年至2011年获准在北京、深圳、成都、宁波设立4家区外分行，注册资本为473084.9089万元。包商银行的注册地为内蒙古自治区包头市青山区钢铁大街6号，其主要办事机构所在地位于北京市朝阳区北四环东路115号院8号楼。包商银行共有1422名股东，总股本金额47.31亿元。其中，法人股东80个，总股本金额46.02亿元，持股比例97.28%。根据包商银行2020年10月财务报表以及天职国际会计师事务所（特殊普通合伙）

注册会计师出具的包商银行2020年10月末财务报表说明，截至2020年10月31日，包商银行资产总额44650.11万元，负债总额20596241.558万元，净资产为-20551591.48万元。

2019年5月24日，中国人民银行、原中国银行保险监督管理委员会（以下简称原银保监会）等成立接管组接管包商银行，接管期限一年。2020年5月23日，经原银保监会批准，接管期限延长6个月，至2020年11月23日。接管组成立后，采取新设银行收购承接的方式推进包商银行改革重组，成立了蒙商银行股份有限公司（以下简称蒙商银行），联合徽商银行股份有限公司（以下简称徽商银行）收购承接包商银行相关业务、资产及负债（以下简称收购承接工作），由存款保险基金管理有限责任公司（以下简称存保公司）提供资金支持。

2020年11月17日，接管组代表包商银行向北京一中院申请破产清算。2020年11月23日，北京一中院经审查认为包商银行不能清偿到期债务且资产不足以清偿全部债务，并且原银保监会已经批准同意包商银行进行破产清算，故裁定受理包商银行破产清算申请，并指定包商银行清算组担任管理人。管理人接管包商银行后，北京一中院对管理人的工作进行了监督指导及风险提示，依法对涉及聘用必要财务工作人员、法定代表人在破产清算期间离开住所地等事项进行了审查许可。在行政接管清理阶段，包商银行曾分别与存保公司、蒙商银行和徽商银行签订了债权资产交易和收购承接的有关协议，至破产申请受理之日以上协议正在履行之中。管理人向法院申请行使继续履行上述协议的选择权，北京一中院经审查认为管理人的申请符合法律规定的形式要件，且继续履行合同有利于保护包括储户在内的广大债权人、原职工等各方主体的合法权益，也有利于保障市场交易和金融秩序的稳定，因此作出了许可的批复。另外，北京一中院还依照法律规定为债权尚未确定的债权人行使表决权而临时确定了相应债权额。

2021年1月12日，北京破产法庭在北京一中院召集并主持召开破产案件的第一次债权人会议。会议以现场和网络视频直播形式在线上线下同时召开。747名债权人通过登录全国企业破产重整案件信息网参会。管理人负责人、清算组组长及其他管理人成员依法列席了债权人会议，原接管组组长、副组长和指定代表作为债务人的有关人员依法列席了会议。第一次债权人会议核查了管理人编制的债权表，并以此为依据确定了无异议债权。2021年2月4日，经管理人申请，北京一中院裁定确认 728 家债权人的 729 笔无异议债权，总金额 2013 亿余元；同年 7 月 13 日，裁定确认 13 家债权人对包商银行 4.97 亿元普通债权。2021 年 2 月 7 日，北京一中院根据管理人的申请，经审查，认为包商银行已经明显资不抵债且无实际清偿能力，故依法裁定宣告包商银行破产。2021 年 8 月 19 日，北京一中院审查管理人提交的工作报告以及终结破产清算程序的申请，认为包商银行已无财产可供分配，依照《企业破产法》第 120 条第 1 款之规定，裁定终结包商银行破产清算程序。

二、相关法律问题

(一)关于商业银行破产的申请主体和受理标准

在申请主体上，我国《企业破产法》第 134 条规定了金融监督管理机构有权申请商业银行破产，但债务人和债权人是否可以根据《企业破产法》第 7 条成为商业银行破产的申请主体则并不明晰，对此问题需要在立法中加以明确。

在受理标准上，我国现行《企业破产法》并未对商业银行和其他企业破产受理标准进行区分。但在对商业银行破产适用“不能清偿到期债务”的流动性标准和“资产不足以清偿全部债务”的资产负债标准时，存在以下两方面的问题：一方面，就“不能清偿到期债务”的认定而言，侧重于通过对现金流量的考察来判断商业银行的偿还能力。但商业银行破产不同于一般企业破产，其业务对社会影响范围广、程度深，与国民经济和人民生活关系密切，因此各国对商业银行的破产都持相当谨慎的态度。鉴于商业银行在经济体系中的作用和特殊性，实际上即使商业银行现金流出现问题，也并不一定要通过破产清算来解决，完全可以通过向中央银行再贷款或同业拆借和票据贴现来提高支付能力。[①] 另一方面，就资产负债标准而言，更需格外注意商业银行不同于其他普通企业的特殊之处。负债经营是商业银行重要的经营特点，这种特点使得对商业银行采用资产负债标准作为判断标准时有了一定的不确定性和武断性，虽然可以将其作为金融监管的考量因素，但单纯以此作为商业银行破产标准则不完全符合商业银行的经营特点。

---

① 参见刘仁伍编著：《金融机构破产的法律问题》，社会科学文献出版社 2007 年版，第 248 页。

（二）关于商业银行破产的管理人问题

中国人民银行于2020年10月16日发布的《商业银行法（修改建议稿）》第92条第2款规定：需要使用存款保险基金的，应当由存款保险基金管理机构担任接管组织。第96条规定：存款保险基金管理机构可以成立过桥商业银行，阶段性收购或者承接被接管商业银行的全部或者部分业务、资产和负债。第100条规定：接管组织采取风险处置措施后，被接管商业银行有《企业破产法》第2条规定情形的，经国务院银行业监督管理机构同意，接管组织可以向人民法院提出该商业银行的破产申请。人民法院裁定受理商业银行破产申请的，由接管组织担任该商业银行的管理人。第102条规定：存款保险基金管理机构或者受其委托的商业银行已向存款人偿付被保险存款的，存款保险基金管理机构在偿付金额范围内取得该存款人的债权人地位。存款人未获保险部分的存款，根据本法规定的清偿顺序获得清偿。

上述规定体现了维护金融体系稳定性，保障金融安全的立法初衷，但不可避免地面临利益冲突的问题。当存款保险机构仅是以提供存款保险的身份行事时，其地位应当与普通破产案件中的债权人无异，由此造成存款保险机构在银行破产中扮演了多种角色：作为破产银行的保险人，其主要以公司的身份支付保险金，并取得代位求偿权；作为一般债权人向破产银行申报债权，由此将产生债权人与管理人身份之冲突。

（三）商业银行破产中行政处置与破产程序的衔接

商业银行风险处置通常作为其破产的前置程序。实践中，金融监督管理机构往往要对存在重大经营风险的商业银行进行风险处置，以维护金融安全和金融稳定。但是，风险处置制度与其破产制度如何衔接，在现行法律中缺乏明确规定。行政处置的目的是发现并控制商业银行风险，在整体上维护社会稳定，对债权人的利益保护并非其处置目标，因此不排除在处置过程中会出现不利于债权人利益的行为。而在破产程序中，破产管理人在法院的指导和监督下全面接管破产财产，维护各方利益。破产程序和行政处置程序功能不同，侧重点不同，但两者在程序进程中又存在交叉。例如在两个程序中均涉及债权清查、财产状况调查等工作，行政处置程序中的债权人的申报能否直接转换为破产程序中的债权申报，行政处置阶段的资产清理直接关系到破产程序中利益相关人能否向管理人主张取回权,行政处置阶段的清偿行为是否属于个别清偿等。上述问题都需要在程序中予以明确,否则将可能导致两个程序中的重复性工作,也可能导致行政处置阶段的一些行为的效力受到不利影响,从而增加成本且降低工作效率。

(四)关于商业银行破产的政策支持

如果说商业银行破产的申请与受理标准、管理人资质等问题更多是法律与经济领域的理论探讨,关于商业银行破产是否应当给予更多专项政策支持则属于实用主义的范畴。从当前我国企业破产的实践来看,较为普遍地存在着税收减免、信用修复、变更登记、职工就业等需要政府提供支持和协助的事项。但由于缺乏立法层面的依据,实践中只能通过府院协调等方式对上述事项予以个案解决,取得的结果也不具有普遍性,不利于各方主体形成稳定的预期。上述问题在商业银行破产中同样存在,并且由于银行破产更具复杂性,协调的难度将进一步加大,从而成为可能影响审理效果的"定时炸弹"。

三、案例分析

完善商业银行破产法律制度是防范化解重大金融风险、完善金融风险治理体系建设、实现金融业高质量发展的必然要求。我国的法律制度中,《企业破产法》仅在第134条中对金融机构破产作出了相关规定,《商业银行法》等相关法律及部门规章中对商业银行破产制度进行规定。从审判实践看来,这些规定确立的破产规则在处置商业银行破产风险时缺乏统一协调,一些规则之间还需进行逻辑重构,尚不足以解决商业银行破产中面临的各项问题。因此,加强商业银行破产的制度供给成为有效防范化解重大系统性风险的重要环节。

(一)我国商业银行破产立法体系

1. 概述

我国现行商业银行破产制度主要由《企业破产法》《商业银行法》及相关行政法规、部门规章和司法解释构成。商业银行破产制度采用"一般法与特别法"的立法模式,即以《企业破产法》为一般法,以银行业专门法律法规中涉及破产事项的规定为特别法。法院在审理时,一般也按照"特别法优于一般法"的原则适用法律。从世界主要国家的一般立法而言,金融机构破产制度包括普通破产制度和特殊破产制度。前者指金融机构破产一般地适用公司破产规则的制度，后者则指区别于公司破产的特殊规则构成的金融机构破产制度。按照上述分类方式，我国的商业银行破产的实施方式更类似特殊破产制度，多种特殊破产规则散见于多部法律和规章中，而缺少法律层面统一、具体的规则。

2.《企业破产法》的相关规定

《企业破产法》第134条规定："商业银行、证券公司、保险公司等金融机构有本法第二条规定情形的，国务院金融监督管理机构可以向人民法院提出对该金融机构进行重整或者破产清算的申请。国务院金融监督管理机构依法对出现重大经营风险的金融机构采取接管、托管等措施的，可以向人民法院申请中止以该金融机构为被告或者被执行人的民事诉讼程序或者执行程序。金融机构实施破产的，国务院可以依据本法和其他有关法律的规定制定实施办法。"

(1)破产申请主体和受理标准

依据前述法律规定，商业银行满足《企业破产法》第2条规定的情形，国务院金融监督管理机构可以向法院提出对该商业银行进行重整或者破产清算的申请。比较而言，一般的企业仅能由债务人或债权人提起破产申请，但在债务人为商业银行的情况下，法律特别赋予金融监管机构以申请权。

在受理标准上，《企业破产法》并未对商业银行和其他企业破产受理标准进行区分，同样应适用《企业破产法》第2条中"不能清偿到期债务"的现金流标准和"资产不足以清偿全部债务"的资产负债标准。

(2)采取接管、托管措施时中止相关程序

由于商业银行出现债务风险后易引发挤兑，造成系统性风险，并且债权人众多、债权债务关系复杂，关乎金融安全和社会稳定，因而需要慎重处理。对出现重大经营风险的商业银行，通常先由金融监督管理机构依照有关金融法律的规定实施接管、托管等措施，对不能恢复正常运行的，再进入破产程序。为了防止对商业银行实施接管、托管等措施期间，个案的诉讼和执行引发的系统性风险问题，保障金融监管机构采取的接管、托管等措施有效执行，国务院金融监督管理机构依法对出现重大经营风险的商业银行采取接管、托管等措施的，可以向人民法院申请中止以该商业银行为被告或者被执行人的民事诉讼程序或者执行程序。

(3)金融机构破产特别法立法趋势

由于金融机构与一般企业相比存在特殊性,故《企业破产法》第134条还授权国务院可以就金融机构破产制定实施办法。2014年6月24日,《国务院关于加强金融监管防范金融风险工作情况的报告》提出:“研究制定金融机构破产条例,对严重违法违规、经营不善导致资不抵债的金融机构依法实施市场退出”,但至今相关条例并未发布。

2008年国际金融危机后,建立金融机构特殊破产制度成为各国的立法趋势。原银保监会在2021年3月发布的《2020年法治政府建设年度报告》中提出,原银保监会参与修改《企业破产法》,研究起草金融机构破产立法建议报告。2021年两会期间,多名金融界代表也建议在修订《企业破产法》时增设“金融机构破产”专章,统领金融单行法律法规有关破产规定,并可在专章基础上,研究金融机构破产单行立法的可行性。

3. 商业银行破产的特殊规范

《商业银行法》第71条规定:“商业银行不能支付到期债务,经国务院银行业监督管理机构同意,由人民法院依法宣告其破产①。商业银行被宣告破产的,由人民法院组织国务院银行业监督管理机构等有关部门和有关人员成立清算组,进行清算。商业银行破产清算时,在支付清算费用、所欠职工工资和劳动保险费用后,应当优先支付个人储蓄存款的本金和利息。”

国务院于2015年2月17日发布的《存款保险条例》规定,我国境内的商业银行等吸收存款的银行业金融机构承担投保义务。基金存放在中国人民银行,或用于投资信用等级较高的债券及国务院批准的其他资金运用形式,由专门机构即存款保险公司履行管理职责。存款保险实行限额偿付,最高限额为50万元人民币。在人民法院裁定受理对商业银行的破产申请的情况下,存款人有权要求存款保险基金管理机构在限额内偿付存款人的被保险存款。存款保险基金管理机构在偿付相应存款人的被保险存款后,在偿付金额范围内取得与该存款人对投保机构相同清偿顺序的债权。

(二)我国商业银行接管、托管等行政处置体系

为适应金融业综合经营的发展,更好地发挥金融监督管理机构协调的作

---

① 本条规定中的“宣告破产”,从体系解释的方法来看应理解为《企业破产法》中的“受理破产申请”。

用,维护金融市场稳定和防控系统性金融风险,在研究并参考国际尤其是英国金融监管协调经验的基础上,我国于 2017 年 7 月宣布成立了国务院金融稳定发展委员会,于 2018 年 3 月通过《国务院机构改革方案》,合并了银监会和保监会,成立了中国银行保险监督管理委员会,从而建立了“一委一行两会”的金融行业监管新格局。[①] 在我国商业银行破产实践中,金融监督管理机构是重要的主体,其通过早期介入、接管、托管、撤销与关闭等多种方式在破产程序前介入,并对后续的破产程序产生各种影响。

1. 早期介入

银行业作为受到监管最严的行业之一,大部分后期暴露风险的商业银行实际在风险发生初期监管部门即已经察觉,并积极介入。《银行业监督管理法》第 37 条规定,监管机构在银行业金融机构违反审慎经营规则或者其行为严重损害存款人和其他客户合法权益的,采取下列纠正措施:“责令暂停部分业务、停止批准开办新业务;限制分配红利和其他收入;限制资产转让;责令控股股东转让股权或者限制有关股东的权利;责令调整董事、高级管理人员或者限制其权利;停止批准增设分支机构。”一方面,监管部门可以采取临时性的监管措施,包括现场检查、要求定时汇报、委托第三方开展尽职调查等,必要时可以控制商业银行的会计账簿和章证照等方式实现“贴身”监管。另一方面,中央银行(作为最后贷款人)或监管机构在日常或紧急状态下给予商业银行提供的资金支持,往往是监管部门已经明确商业银行面临困难之后的早期介入手段。

2. 接管与托管

接管是指当金融机构发生法定情形时,国务院金融监督管理机构根据法律授权,组建接管组织,接管其资产、负债和经营管理并采取某些必要措施进行管理和处置,以保护存款人、投保人和证券业客户的利益和维护金融稳定的法律制度。托管是指金融机构违法经营或者出现重大风险等情形时,国务院金融监督管理机构指定其他机构托管该金融机构的业务和资产,是对被托管金融机构的债权债务的承接和清算,保障清算过程的顺利进行。接管小组由金融监管部门直接派员组成,而托管小组则是由金融监管部门依据法定程序选择第三方金

---

① 根据 2023 年 3 月中共中央、国务院印发的《党和国家机构改革方案》,在中国银行保险监督管理委员会基础上组建国家金融监督管理总局,不再保留中国银行保险监督管理委员会。

融机构组成。监管措施将剥夺股东对企业的控制权,接管则同时还要剥夺公司管理层的治理权。相对而言,接管往往消耗更多的监管资源,监管层面交替使用、综合运用这两种措施。

3. 撤销与关闭

早期介入、预接管、托管等手段无法让问题金融机构恢复到正常状况时,关闭并清算金融机构就成为最终选择。根据《商业银行法》第 69 条的规定,除了被动地进入清算程序之外,商业银行经国务院银行业监督管理机构同意也可主动进入清算程序,此时国务院银行业监督管理机构将对清算程序进行监督。为整顿金融秩序,早期国务院曾经专门制定《金融机构撤销条例》。该条例指出,撤销是指中国人民银行对经其批准设立的具有法人资格的金融机构依法采取行政强制措施,终止其经营活动,并予以解散。实践中该行为也被称为关闭。上述撤销与清算程序具有鲜明的行政性特点,金融监管机构主导着整个程序而鲜有司法机关的参与。除了行政清算程序,当金融机构符合破产条件时,经监管机构同意则由法院宣告破产并进行清算。实践中,行政性清算成为主要的手段。[①] 目前,我国金融机构撤销中的突出问题是,通过行政清算强行完成关闭,并没有实际解决债权债务问题,而又没有规范与破产程序相衔接,因此往往留下隐患。

4. 撤销许可与停业整顿

在另一些风险处置情形下,监管机构不直接介入相关金融机构的风险处置,而是较为强硬地以类似于行政处罚的方式直接切断金融机构的经营,包括撤销许可或勒令停业整顿等,且有时后续也不会允许其进入破产程序。在这种做法下,事实上金融机构只能依赖其他非监管的外部力量和自身资源完成自救。

(三)借鉴国际经验完善我国商业银行破产法律制度

包商银行破产清算案作为我国商业银行破产第一案,不仅为商业银行风险处置工作积累了实践经验,也对商业银行破产提出了一些新的课题,亟须研究论证并纳入破产规范体系,及时弥补相关领域制度供给的不足。

1. 完善商业银行破产的申请主体和受理标准

(1)申请主体方面

商业银行的特点决定了其破产申请主体资格的特殊性。英国在 2009 年

---

① 参见苏洁澈:《金融监管机构在金融机构破产中的角色》,载《江汉论坛》2019 年第 5 期。

《银行法》中排除了债权人和银行作为破产发起人的地位，而把这种资格赋予了金融服务局、英格兰银行和财政部。[①] 之所以限制银行债权人和债务人申请银行破产的权利，其主要目的是防止过度诉讼影响银行体系稳定。美国实行的是“双层多头”银行监管体系。在 1991 年之前，银行的监管当局决定银行是否破产以及什么时候启动破产程序。但是鉴于州银行监管当局倾向于拖延州银行破产的时机，国会在 1991 年明确授予联邦存款保险公司（FDIC）关闭其所保险的任何存款机构的权力。[②]

从我国《企业破产法》第 134 条的规定来看，其规定了国务院金融监督机构的申请权，但也并未排除债务人、债权人等主体的申请权。对此，有观点认为，如果排除了债务人、债权人申请破产的权利，将限缩《企业破产法》第 7 条规定的申请主体范围，从而与市场化破产退出机制的目标相悖。诚然，依据破产法的一般原理，在我国能够提出破产申请的主体包括债务人、债权人、清算义务人，但值得注意的是，现代银行体系内往往存在大量同业存款和衍生品交易，尤其是跨境衍生品交易中会设置“出现破产申请即触发到期”等条款，而该等触发机制又会引发交叉违约，最终导致系统性风险爆发。可见，与普通企业破产的申请不同，国家在一定程度上有必要干预和管控商业银行破产的启动。因此，我国在后续的立法中应综合考量，例如参考英国的申请制度，对可以构成商业银行破产申请人主体的范围进行一定的限制，但也不能一概地否定债务人和债权人的申请权，从而有利于在第一时间发现并及时解决问题，同时对类似“出现破产申请即触发到期”等条款的约束力进行规制，合理规范商业银行破产的主体范围。

（2）受理标准方面

从国际银行业监管标准来看，银行破产标准兼采普通法上的流动性标准、资产负债表标准和特别法上的资本充足率标准，也称法律监管标准，并重点依赖后者。8% 的国际公认资产充足率可能成为破产与否的“生死底线”，当银行财务状况低于法定监管标准的时候，监管机构综合研判破产对公众信心的影

① 参见苏洁澈：《英美银行破产法述评——以银行特殊破产制度为中心》，载《环球法律评论》2013 年第 2 期。

② 参见徐光东：《银行破产程序的经济分析》，载《国际金融研究》2007 年第 3 期。

响、对银行流动资金的影响、对有关银行偿债能力的影响和对其他银行的牵连性四个因素后,可以启动破产程序。但我国现行《企业破产法》并未规定监管性标准,不能在商业银行资金充足率虽为正值但严重低于监管性标准的情况下及时启动接管或破产程序。因此,笔者建议在法律修改过程中明确监管性标准,即充分考虑商业银行本身具有的特殊性,在现行的流动性和资产负债这两个标准之外,增加监管性标准作为商业银行破产的特殊标准。例如,在商业银行资本充足率虽为正值但严重低于监管标准时,可判定其符合破产标准,启动破产程序,以防止错过最佳救助时机、避免危机进一步扩大。同时,我国还可以参考借鉴国外的征询制度,即当法院收到破产申请时,应将申请书副本送交相应的政府机关并征询意见。该制度的基础是商业银行经营状况如何,主管机关因平日的监督管理比较熟悉,而监管机关对债务人营业及业务状况较为了解,故法院应征询其意见,作为是否开始破产程序的参考,但法院并不受其意见的拘束。① 一般而言,商业银行破产属于偶发性、非常态性事件,通过征询制度可以使法院能够在统一标准之外进行个案修正。

2. 完善商业银行破产的管理人制度

根据《美国联邦存款保险法》的规定,一旦银行被监管当局宣告破产,联邦存款保险公司将被指定为破产接管人(同时也可以自我任命为问题银行的管理人或监管人②),并履行类似于一般破产法中破产管理人的职责。联邦存款保险公司是法定的银行管理人(Conservator)或接管人(Receiver),负责处理银行的资产处置与债务清偿事宜。③ 联邦存款保险公司拥有较为广泛的权力。值得注意的是,联邦存款保险公司行使接管权力并不受制于法院的监督或者批准,即美国构建了一个以管理人为核心的破产管理制度。联邦存款保险公司作为看护人以及监管人的行为仅受到非常有限的司法审查。《美国联邦存款保险法》进一步规定:非基于联邦存款保险公司理事会主席的请求,法院不能采取任何限制或影响公司作为破产接管人之职责的行动。此规定有利于防止破产接管

---

① 参见杨建华:《商事法要论》,台北,三民书局 1984 年版,第 157 页。

② See G. N. Olson, *Government Intervention*: *The Inadequacy of Bank Insolvency Resolution-Lesson from the American Experience*, in R. M. Lastra & H. N. Schiffman eds., Bank Failures and Bank Insolvency Law in Economies in Transition, Kluwer, 1999, p. 111.

③ 参见徐光东:《银行破产程序的经济分析》,载《国际金融研究》2007 年第 3 期。

人在运作过程中受到来自司法部门的干预,使其可以根据自己的判断来制定针对特定破产银行资产及负债的有效处置方案。由此,联邦存款保险公司担任商业银行破产管理人可以节约围绕破产程序产生的交易成本,使银行的问题迅速得到解决,从而最大限度地减少银行资产价值的损失,有利于提高处置的效率和专业化。但其弊端同样明显,除了上文提及的身份冲突问题之外,在责任认定和承担方面,由于联邦存款保险公司在同一破产程序中拥有多种身份,因此对其进行身份区分极为困难,这导致其容易逃避责任。① 而且,联邦存款保险公司担任管理人也容易出现干预"过界"的问题。正如有学者所言,基于银行破产特殊性引发的机会主义行为将使监管机构忽视他们"应当做什么",而影响了破产程序的公平性,对于联邦存款保险公司而言,其应当仔细思量对破产过程中的所有相关方来说,什么才是公正的,而不是简单考量权力或潜在经济利益的最大化。②

在我国,如前所述,根据中国人民银行发布的《商业银行法(修改建议稿)》的征求意见稿,需要使用存款保险基金的,应当由存款保险基金管理机构担任接管组织,人民法院裁定受理商业银行破产申请的,由接管组织担任该商业银行的管理人。该修改建议稿的内容带有浓重的参考借鉴美国做法的色彩。本文认为,适当参考域外经验是可取的,但也必须对制度的弊端具有充分的认知,尤其在存款保险基金管理机构同时作为债权人和管理人的情况下,如何化解和防范其自身的利益冲突,是我们引进域外经验时所无法绕开的前置问题,需要我国在立法过程中进行充分的论证和研究。另外在我国目前允许具有行政性质的清算组担任管理人的制度下,中国人民银行等行政机关亦可通过派员加入清算组的方式实现对破产程序的参与和监督,存保公司担任管理人的必要性也值得讨论。

3. 完善行政处置与破产程序的衔接

(1)行政处置期间的审计评估报告能否在破产程序中沿用

目前破产实践中,法律并未明确规定破产受理前审计、评估报告的效力,但

---

① See Notes, *Creditors' Remedies Against the FDIC as Receiver of a Failed National Bank*(1986) 64 tex. L. Rev. 440; Howell v. FDIC, 986 F. 2d 569 574 (1st Cir. 1993).

② See Notes, *Creditors' Remedies Against the FDIC as Receiver of a Failed National Bank*(1986) 64 tex. L. Rev. 440; Howell v. FDIC, 986 F. 2d 569 574 (1st Cir. 1993).

北京、上海等地法院均已出台相关规定明确在破产受理前已经进行审计、评估的,为节约工作成本以维护全体债权人之利益,尽快推动破产清算程序之进行,在经债权人会议同意或经法院允许后可在程序中予以沿用。① 在行政处置期间,由清理组依照公开、合法程序确认的第三方中介机构出具的审计报告,在商业银行已经停止经营、相关情况未发生显著变化的前提下,出于破产程序成本和效率的考量应当允许予以沿用。

(2)行政处置阶段接管组、托管组的行为是否具有可诉性

就行政层面而言,接管组、托管组虽由相关行政机关组成或指定,但其采取风险处置措施并非行政管理,在清理期间代为行使商业银行的管理权也并非传统意义上的行政行为,而是通过民事途径调整、清理商业银行的债权债务关系,可以理解为按照一定的行政效力组成的临时组织,在行政决定项下作出的一系列交易行为。此等行为仍需符合民商事法律的规定。

值得注意的是,目前实践中接管组或托管组一般是由各金融监管机构组成的临时性组织,在特定条件成就或清理期限届满后即告解散,清理组织本身并不具备承担法律责任的能力。如通过后续立法明确设立某一具体行政机构(如美国的联邦存款保险公司)负责金融机构的行政处置工作,则由该机构承担相应的法律责任。

(3)行政处置期间的清偿行为是否属于个别清偿

根据《企业破产法》第 32 条之规定,人民法院受理破产申请前 6 个月内,债务人有本法第 2 条第 1 款规定的情形,仍对个别债权人进行清偿的,管理人有权请求人民法院予以撤销。但是,个别清偿使债务人财产受益的除外。

在行政处置期间,由清理组织开展债权债务的清理工作并可能涉及资产、负债的部分或全部转移。本文认为如果将上述行为简单理解为"个别清偿",极易导致破产程序中出现大量的程序倒流,增加程序负担以及时间、金钱成本,应考虑将行政处置与破产程序视为一个整体,有序衔接,加强行政处置阶段的透明性,将商业银行债务处置整体期间内对全体债权人的清偿安排视为一个整

① 《北京破产法庭破产案件管理人工作指引(试行)》第 50 条以及《上海市高级人民法院关于简化程序加快推进破产案件审理的办案指引》第 29 条规定中,均认可满足一定条件的前提下,破产申请受理前已出具的审计报告的效力。

体。这也提示后续立法应当考虑对该问题进一步明确。

(4)在商业银行破产案件中可能大量涉及诉讼执行仲裁主体变更事项,例如包商银行案约涉及逾万件案件,其中很多案件涉及诉讼主体变更。建议研究设置专门程序,根据转让人或者受让人的申请以及转让公告或协议,或者直接根据人民法院基于申请作出的司法文书,统一变更诉讼主体或执行主体,并指导劳动仲裁案件中变更被申请主体。

4. 完善商业银行破产的府院协调联动机制

商业银行往往存在分支机构多、分布地域广、债权人数多、债权金额大、职工人数多等大型破产案件普遍的痛点难点,也有诉讼仲裁数量巨大、经营专业化程度高、引发系统性风险可能大等特点。因此,在商业银行破产程序中,建立法院、金融监管部门、地方政府三方充分、广泛的府院协调联动机制是顺利推进商业银行破产程序的重要保障。

首先,应当在立法层面明确商业银行破产中需建立府院协调联动机制,明确参与主体、职责权限、协调程序等具体事项,将府院协调联动机制纳入法治化轨道。

其次,针对商业银行破产中需要协调解决的突出问题进行重点突破。以税收优惠为例,根据《财政部、国家税务总局关于被撤销金融机构有关税收政策问题的通知》(财税〔2003〕141 号)政策,被撤销金融机构可享受接收债权、清偿债务过程中签订的产权转移书据,免征印花税、清算过程中催收债权时,接收债务方土地使用权、房屋所有权所发生的权属转移免征契税等税收优惠政策。但是,享受税收优惠政策的主体是指经中国人民银行依法决定撤销的金融机构及其分设于各地的分支机构,包括被依法撤销的商业银行、信托投资公司、财务公司、金融租赁公司、城市信用社和农村信用社。而商业银行的破产清算或破产重整却不属于前述文件规定的撤销情形。商业银行破产均需要金融监管机关前置审批,在法理上和最终效果上与撤销商业银行有相同之处。因此,如能就商业银行破产程序适用相关税收优惠政策形成可供后续案件参照适用的意见,商业银行破产可显著节税,一定程度上提升债权人清偿比例并减少重组方成本,提高商业银行破产工作效率和法律效果。

最后,妥善解决商业银行及其分支机构在破产程序中的注销问题,有效打通破产程序的“最后一公里”。在商业银行破产案件中,无论是作为破产财产处置，还是继续履行接管期间合同，均可能存在大量资产交割问题。股权类资产、商标等知识产权资产、房产、车辆等资产的变更登记需要前往各相关部门办理手续。在具体办理变更登记过程中，需要各相关部门在法律框架范围内给予一定的便利，保障资产过户的顺利进行，加快破产清算流程，如能就商业银行破产案件办理与其他部门尤其是市场监督管理部门形成共识，出台规范性文件予以明确，将有利于加快商业银行破产工作顺利开展。

四、结论

（一）注重案件审理的法律效果与社会效果相统一

在商业银行的风险处置过程中，应坚持防范化解系统性金融风险，为此《商业银行法》中强调行政监管在商业银行风险处置中的主导作用。而《企业破产法》第 134 条突出了法治化的破产理念，目的就在于让金融机构回归市场机制，实现有序破产。在银行破产案审理过程中，人民法院应坚持系统思维，注重防范和化解重大金融风险，与监管机构协调配合，形成维护金融稳定合力，并努力推进商业银行破产的市场化和法治化。同时打造权益人全方位保障体系，保障债权人和债务人的合法权益，妥善指导管理人安排资产承接过程中与职工相关的仲裁诉讼事项以维护职工的合法权益。

（二）发挥专业审判优势适用法律填补制度空白

在包商银行破产案中，审理法院立足国内实践，借鉴国际经验，明确商业银行破产审判规则。例如，明确商业银行破产适用的相关标准，包括结合破产法规定的标准综合认定包商银行的破产原因；明确对包商银行破产清算案的管辖权；结合包商银行清算的跨区域特点，指导管理人跨地区平行办公；针对包商银行清算后退市的特点，对大量涉银行的未决案件进行特殊处理，实现案件诉讼主体的集中变更等。

（三）推动行政处置程序与破产程序有序衔接

在商业银行破产案件中不可避免地存在行政监管部门前期参与的情况。审理法院应从确保行政处置行为连续有效、巩固接管工作成果出发，对行政行为予以审核认定。一方面，审理法院对接管期间行政处置行为的法律性质充分论证，批准包商银行继续履行资债承接合同，确保破产清算程序中对于行政接管期间的交易行为效力的确认符合法律规定，促进包商银行资产顺利交割，对储户和职工等各方主体权益统筹安排。另一方面，审理法院对相关单位建议的包商银行清算组成员进行合法性论证并进行调整，保证破产程序依法依规。

（四）推动建立整体发力、精准保障的全局联动机制

审理法院紧紧依靠党委和上级法院，推动建立全局性谋划、整体性推进的工作机制，为案件顺利推进提供强大保障。包括推动建立审理工作专班，打造“一盘棋”工作格局，实现协调联动、统筹推进；采用例行周报、月报与临时性汇报相结合的方式主动报告，保障案件审理和社会面管控最佳效果；注重府院协调配合，充分发挥府院联动合力，推动构建案件跨省跨域联席会商机制，府院协调深度、广度全面提升，实现公正司法、有效市场和有为政府更好结合；充分依靠中国人民银行、地方政府等支持配合，提前预判和化解金融风险；重视建立高效便捷的信息技术保障机制，加大信息化创新力度，利用信息化赋能破产审判，实现发布公告、债权申报、召开债权人会议等环节均通过网络进行，全面降低成本。

（案例编写：马来客、樊星）

14. 整车制造车企破产清算案件相关法律问题研究

——某汽车股份有限公司破产清算案

案例要旨：整车制造车企破产案件与其他类型企业破产案件相比具有极强的特殊性和涉众性，涉及众多汽车消费者且整车制造车企的破产财产具有资产庞杂、种类繁多、位置分散、专业性强、权利状态复杂的特点。本案为全国首例整车制造车企破产清算案，企业规模大、车主数量多、社会关注高。在案件审理过程中，涉及众多疑难复杂法律适用问题，案件的妥善审结为相关类案处置提供了有益参考指引。

一、据以研究的案例

申请人：某汽车股份有限公司（以下简称某汽车公司）。

某汽车公司于2016年成立，企业类型为其他股份有限公司（非上市），注册资本6亿余元，公司经营范围为制造汽车（含轿车）；生产发动机，销售汽车、汽车零部件等，股东为某信息科技有限公司，持股约75%，某汽车公司2，持股约25%。2018年，某汽车公司融资受挫、资金链断裂，生产经营于2021年4月全面停摆。2022年4月8日，某汽车公司召开临时股东大会，审议通过了关于公司申请破产清算的议案，后向北京一中院申请破产清算。

北京一中院查明，某汽车公司提供的相关材料显示，截至2022年3月末，某汽车公司经判决、裁决而未履行的标的额约14亿元（不含欧元及美元金额），已经进入执行程序的案件涉及执行标的额约3.9亿元。北京一中院认为，本案为申请破产清算案件。某汽车公司的住所地位于北京市密云区,登记机关为北京市密云区市场监督管理局。根据《北京市高级人民法院关于调整公司强制清算案件及企业破产案件管辖的通知》,2019 年 11 月 1 日以后,北京市辖区内区级以上(含区级)市场监督管理部门核准登记的公司(企业)的强制清算和破产案件由北京破产法庭集中管辖。故法院对本案具有管辖权。根据《企业破产法》第 2 条第 1 款规定:"企业法人不能清偿到期债务,并且资产不足以清偿全部债务或者明显缺乏清偿能力的,依照本法规定清理债务。"第 7 条第 1 款规定:"债务人有本法第二条规定的情形,可以向人民法院提出重整、和解或者破产清算申请。"最高人民法院《关于适用〈中华人民共和国企业破产法〉若干问题的规定(一)》第 3 条规定:"债务人的资产负债表,或者审计报告、资产评估报告等显示其全部资产不足以偿付全部负债的,人民法院应当认定债务人资产不足以清偿全部债务,但有相反证据足以证明债务人资产能够偿付全部负债的除外。"本案中,某汽车公司不能清偿到期债务,且审计报告显示其资产不足以偿付全部负债,该公司属于破产适格主体,已具备破产原因,故对某汽车公司的破产清算申请,法院应予受理。

另查,某汽车公司整体债务金额近 90 亿元,涉及 600 余家供应商、服务商、经销商等债权人;汽车保有量 15 万辆,存在众多汽车消费者;存在近 3000 名职工以及数以万计以汽车零部件为代表的资产;职工维稳及资产处置复杂。

二、涉及法律问题

1. 关于汽车消费者在破产程序中涉及的法律关系和地位的认定。整车制造车企破产案件中存在大量汽车消费者,是该类案件最主要的特征之一。尤其是在车企进入破产程序时如还存在尚未履行完毕的汽车销售合同,即车辆尚未交付或车辆仍在质保期内,此时如何界定汽车消费者在破产程序中涉及的法律关系和地位是妥善处置整车制造车企破产案件的核心问题之一。

2. 关于整车制造车企破产财产的稳妥处置。企业破产财产的处置是破产清算程序的重要环节之一。整车制造车企破产财产具有资产庞杂、种类繁多、位置分散、专业性强、权利状态复杂等特点,整车、配件及设备等数量高达千余万件,分散于全国各地,处于抵押或非抵押等不同权利状态,破产财产整体处置难度较大。

3. 关于整车制造车企的职工安置。破产企业中尤其对于人员密集型的大型生产制造企业,除优先清偿职工债权外,企业职工安置问题极其重要。本案中,某汽车公司涉及近3000名员工,如何妥善安置职工是推进破产清算程序顺利推进的重中之重。

三、案例分析

(一)车企进入破产程序时汽车消费者涉及的法律关系和地位的认定

整车制造车企破产案件中存在大量汽车消费者,是车企破产类案件最主要的特征之一。尤其是在车企进入破产程序时如还存在尚未履行完毕的汽车销售合同,即车辆尚未交付或车辆仍在质保期内,此时如何界定汽车消费者在破产程序中涉及的法律关系和地位是妥善处置整车制造车企破产案件的核心问题之一。

1. 车企进入破产程序时汽车销售合同的认定

商务部《汽车销售管理办法》第21条第2款规定,供应商(包括汽车生产者等)应当及时向社会公布停产或者停止销售的车型,并保证其后至少10年的配件供应以及相应的售后服务。国家发展和改革委员会《汽车产业发展政策》第37条规定,汽车、摩托车生产企业要加强营销网络的销售管理,规范维修服务;有责任向社会公告停产车型,并采取积极措施保证在合理期限内提供可靠的配件供应用于售后服务和维修。依据上述规定,某汽车公司作为汽车供应商和生产者在停产时应履行向社会公布停产或停止销售车型以及在合理期限内继续提供配件供应及售后服务的义务。

虽然汽车销售合同一般系消费者和汽车销售商签订,汽车供应商和生产者并非合同的一方签订主体,故根据合同相对性原则,承担相关售后服务义务的履行主体应当是销售者。但是根据《民法典》第552条及相应司法解释规定,第三人向债权人提供的承诺文件,具有加入债务或者与债务人共同承担债务等意思表示的,应当认定为债务加入,债权人可以请求第三人在其愿意承担的债务范围内和债务人承担连带债务。同时,车企在其官网为消费者提供的售后三包政策,应视为其向消费者提供的承诺,具有债务加入的意思,故应在其承诺的范围内与销售者共同承担对消费者的售后义务。另外,除产品价格和功能之外,产品售后服务也是消费者购车的重要参考因素,直接影响消费者决策。无论经销商与消费者签订的汽车销售合同如何约定售后条款，车企明确作出售后三包承诺的，属于《民法典》第473条规定的商业广告或宣传，其满足内容具体确定且表明经消费者承诺即受该内容约束的条件的，即构成合同条款，从而对车企发生合同效力。因此，无论是基于债务加入还是基于商业承诺，进入破产程序的车企对仍在质保期内的消费者负有相应的合同义务。

2. 车企进入破产程序时汽车销售合同是否应继续履行

《企业破产法》第18条规定，人民法院受理破产申请后，管理人对破产申请受理前成立而债务人和对方当事人均未履行完毕的合同有权决定解除或者继续履行，并通知对方当事人。但企业破产法视角下的合同解除不同于《民法典》中的合同解除制度，管理人对合同的解除与否，目的在于使债务人能在破产程序中放弃负担过重的合同，从而最大限度增加债务人财产、提高对债权人的清偿率，这需要管理人从合同履行的进度、剩余合同义务履行的成本、解除合同后需要承担的责任大小等角度进行利弊权衡。

一般而言，对于已经具有一定规模和社会影响力的车企，在质保期内的汽车消费者数以万计，如果管理人选择继续履行合同，则需要按照《企业破产法》第26条的规定在第一次债权人会议召开之前经人民法院许可。但汽车部分配件具有一定排他性，而若要正常提供配件则需要投入大量资金重新启动生产线、购买原材料，该行为有悖于破产财产价值最大化的目的，亦存在损害汽车消费者之外的其他债权人利益的可能。此外，管理人亦可以根据《企业破产法》的相关规定，将该事项提交债权人会议进行表决，是否能够通过需要根据债权人的结构和债权额具体测算。但因继续履行而产生的相应费用，根据《企业破产法》第42条、第43条的规定属于优先支付、随时支付的共益债务，其顺位优先于税款、职工和普通债权，在此情况下，车企供应商等其他债权人有可能就此提出异议和诉讼。结合上述分析，管理人通常情况下应选择解除合同，而不能选择继续履行合同。

3. 汽车消费者债权人享有债权的性质

《企业破产法》第41条、第42条、第43条以及第113条对破产程序中的各类债权的清偿顺位作了相关规定。同时，《企业破产法》第53条规定，管理人或者债务人依照本法规定解除合同的，对方当事人以因合同解除所产生的损害赔偿请求权申报债权。

因此，在理论层面上，汽车销售合同解除后，车企不再承担合同义务，汽车消费者可以依照《企业破产法》第 53 条的规定，以其损害赔偿请求权向管理人申报债权，依据《企业破产法》各类债权清偿顺位的相关规定，该债权应为普通债权，由破产财产按比例进行清偿。

4. 某汽车公司破产清算案中汽车消费者涉及的法律关系认定及售后服务方案

本案中，某汽车公司对保修保养政策作出了如下承诺：(1)整车保修期，X1、X2、X3 及 X4 4 种车型首任车主整车终身质保，其他车型整车质保 3 年/10 万公里(先到者为准)。首任车主指购买某汽车公司品牌车辆且与销售者签署包修政策相关协议的第一任车主(车辆用于出租或者其他营运目的的首任车主除外)。同时某汽车公司亦明确了终身免费保修资格免除条件等。(2)三包期，为 2 年/5 万公里(先到者为准)。此外，某汽车公司还明确了非质保范围和 12 项不享受保修服务的情形。某汽车公司在其相关汽车官方网站所载“保修保养政策”中亦明确了上述质保政策。

此外，在其汽车产品附送保修手册中“质保范围”部分载明：“由某汽车公司无偿为用户维修或更换相关的零部件。更换下来的零部件归某汽车公司所有。”因此，某汽车公司对仍在质保期内的消费者负有相应的合同义务。在管理人选择解除合同时，汽车消费者可以以普通债权人身份进入破产程序，但将引发如下相关问题：(1)鉴于汽车消费者在破产程序中在债权清偿顺位上相对靠后，也不具备予以优先保护的相关法律依据，加之整车制造车企的生产设备、车辆等主要资产一般设置了担保物权，汽车消费者作为普通债权人进入破产程序，其相关权益难以得到实质保障；(2)汽车消费者以普通债权人身份进入破产程序，其债权金额如何确定存在一定困难；(3)汽车消费者数量众多，根据《企业破产法》第 59 条的规定，依法申报债权的债权人为债权人会议的成员，有权参加债权人会议，享有表决权。本案的普通债权人将达到 10 万元以上，且因该类债权人的债权金额确定标准存在难点，也极易引发超大体量的破产衍生诉讼。

为此，在某汽车公司破产清算案中：(1)在进入破产程序前设立承接售后服务主体。本案中，在政府统筹协调下，成立某汽车公司售后服务双主体，即某汽车公司 3、某汽车公司 4，其中某汽车公司 3 由某汽车公司大股东某信息科技有限公司全资设立作为运营方，主要负责售后服务，某汽车公司 4 作为监管方，主要提供资金和配件支持，对某汽车公司 3 进行监管。2022 年 4 月，售后服务双主体正式运营，某汽车公司 3 及时上线新网站和 App，汽车消费者的售后服务平稳运行，某汽车公司的债权人中无汽车消费者。(2)在进入破产程序前，通过协议方式有偿取得售后服务所需配件。本案中，某汽车公司汽车零配件主要有两类，一类汽车零部件是处于正常状态，另一类汽车零部件是处于被法院查封执行状态。为保障承接主体能够获得足够的汽车零部件，尤其是具有排他性的配件，以满足售后服务的需求，本案中，在进入破产程序前，某汽车公司与售后服务承接主体即某汽车公司 3、某汽车公司 4 签订买卖合同，将无权利瑕疵的汽车零配件出售给某汽车公司 3、某汽车公司 4。进入破产程序后，经破产管理人审查，该合同价格合理，合法有效。某汽车公司以协议转让方式将有权利瑕疵的零配件转让于售后服务双承接主体即某汽车公司 3、某汽车公司 4。(3)解决售后服务配件专利使用权。在破产申请前，某汽车公司与某汽车公司售后服务双承接主体即某汽车公司 3、某汽车公司 4 签订知识产权无偿使用协议，允许某汽车公司 3、某汽车公司 4 使用相关知识产权用于汽车售后服务。需要进一步探讨的是，整车制造车企如不通过政府设立第三方售后服务承接主体，仅在破产清算语境下，这很可能意味着消费者将失去售后服务保障。同时，售后义务在实践如何转化为金钱之债亦存在法律适用上的困难。由于同样的原因，无论在破产前还是破产程序中，通过将汽车生产企业的零配件、知识产权转让给第三方主体用于售后服务的做法，无论此等转让是否有偿，如何在消费者和其他债权人之间公平权衡利益也存在难点。因此，本文建议立法层面，在参考国外立法例(美国、意大利、法国等)基础上制定法律对上述问题予以具体规定。另外，本文认为也可以通过设立制度化的政府性基金或保险的方式保障汽车消费者权益。

(二)整车制造车企的破产财产处置

企业破产财产的处置是破产清算程序的重要环节之一，能否有效地处置破产财产，最大限度地挖掘破产财产价值，事关全体债权人的切身利益。整车制造车企破产财产具有资产庞杂、种类繁多、位置分散、专业性强、权利状态复杂等特点，整车、配件及设备等数量高达千余万件，分散于全国各地，处于抵押或非抵押等不同权利状态，破产财产整体处置难度较大。

1. 破产程序中破产财产的范围

《企业破产法》第 30 条规定，破产申请受理时属于债务人的全部财产，以及破产申请受理后至破产程序终结前债务人取得的财产，为债务人财产。最高人民法院《关于适用〈中华人民共和国企业破产法〉若干问题的规定（二）》[以下简称《企业破产法解释（二）》]重点对企业破产案件中认定破产财产相关法律适用问题作了进一步规定，其中第 1 条规定，除债务人所有的货币、实物外，债务人依法享有的可以用货币估价并可以依法转让的债权、股权、知识产权、用益物权等财产和财产权益，人民法院均应认定为债务人财产。《企业破产法》及《企业破产法解释（二）》界定了破产财产的范围，但在判断某一特定财产尤其是有体物是否属于破产财产的依据应是《民法典》关于物权的有关规定。

2. 破产程序中破产财产处置的一般性规定

根据《企业破产法》第 112 条的规定，变价出售破产财产应当通过拍卖进行。但是，债权人会议另有决议的除外。另参照《全国法院破产审判工作会议纪要》的规定，拍卖所得预计不足以支付评估拍卖费用，或者拍卖不成的，经债权人会议决议，可以采取作价变卖或实物分配方式。变卖或实物分配的方案经债权人会议两次表决仍未通过的，由人民法院裁定处理。从上述法律规定和会议纪要来看，破产管理人处置破产财产的主要方式包括，公开拍卖、协议转让、以物抵债等方式。但目前较为主流的即采取公开拍卖。

根据《企业破产法》第 107 条、第 111 条的规定，管理人处置破产财产的时间原则应在第一次债权人会议过后，即在债权人会议表决通过破产财产变价方案之后。但在司法实践中，第一次债权人会议召开的时间往往都在债权申报期满以后，在管理人接管债务人财产至第一次债权人会议召开还存在较长的空档期，其间债务人财产的管理往往需要支出高额的破产费用。因此，如果债务人财产存在季节性、鲜活、易腐败变质、易损易贬值、保管和管理费用过高等情形，需要尽快变价出售的，经法院同意后存在管理人在第一次债权人会议前就开始处置债务人财产的情况，管理人也可在第一次债权人会议前提交相关处置方案处置债务人财产。

一个有效的变价方案应当包含如下内容：财产的范围、财产类别、财产的评估价值、各类财产的变价方式和预计变价时间、预计支付的变价费用等对有关破产财产变价的重要事项加以说明和规定。破产财产的变价一般遵循：价值最大化原则、网络拍卖优先原则、及时变价原则、整体变价原则、选择适当方式处置原则。简言之,上述原则即为处置破产财产价值最大化,兼顾效率。具体来讲,实务中一般有以下几种财产处置方式:(1)继续经营,整体打包。此种方式适用于资产仍具有继续生产经营的价值,且停产可能会导致债务人资产价值贬损,对当地上下游企业影响较大,停产还可能导致职工集体失业引发社会稳定的债务人企业。(2)部分打包,组合处置。对于不能整体处置的破产企业,资产组合打包,可顺利处置出价值较低的资产。在资产组合的方面,应考虑资产之间的管理性和绝对价值之间的差异。对难以处置的价值较低的资产可以和价值较高的资产组合处置,以保证债务人所有资产都能得到有效处置。对于资产分类问题管理人可咨询辅拍机构(必要时委托辅拍机构处理)或者债务人的相关工作人员。(3)单独处置。管理人也可以对债务人名下资产进行单独处置,如房产、车辆等。管理人可以将债务人资产全部进行单独处置或者将该种方式作为第(1)(2)种方式下的补充方式。

3. 某汽车公司破产清算案破产财产处置的解决方案

本案中,某汽车公司破产财产主要有三类。不动产:在建工程;动产:机器设备、汽车零部件、办公设备等固定资产;无形资产:股权、应收款债权、知识产权等。依据《企业破产法》第112条的规定,变价出售破产财产应当通过拍卖进行。债权人会议另有决议的除外。同时,根据某汽车公司破产清算案第一次债权人会议通过的破产财产管理方案、破产财产变价方案,某汽车公司破产财产处置内容具体包括:(1)确立资产包财产处置方案。在考虑破产财产之间的管理性和绝对价值之间的差异的基础上,某汽车公司破产财产采取资产组合打包方式进行拍卖处置。总体上,根据各项财产性质、状态、类型、用途等情况,结合市场需求以及破产变现要求综合分析进行分包,尽量保持各类型资产完整性。不同类型资产的功能、市场需求等相差较大,既要区分资产功能,又要考虑资产可拆分性、完整性等,采取同类型资产整体打包,不再进行拆分的原则,确定分包方案。同时,对于抵押财产的处置,充分尊重和听取抵押权人的意见,同时考虑资产整体性、有利于普通债权人利益最大化和破产效率原则进行处理。分包处置时,资产包内既有抵押财产,又有无抵押财产的,按照抵押财产、无抵押财产的评估值各自所占该资产包评估价值的比例分配该资产包的变现所得。按照上述资产分包原则,某汽车公司破产财产共分为5个资产包。其中,实物资产包3个,具体包括固定资产及在建工程资产包1个,变速器及变速器控制单元资产包1个,老爷车、概念车、试验车、发动机及其他零部件等存货资产包1个;无形资产包1个,包括商标、专利资产包1个;不良资产包1个,包括异地资产包。(2)将生产线工厂设置为一个单独资产包。将生产线工厂相关资产单独作为一个资产包以评估价值作为起拍价挂拍,拍卖时充分披露资产瑕疵,并设定必要拍卖条件,为盘活汽车生产线扫清了障碍。(3)设置不良资产包。不良资产包主要包括两类:一类是某汽车公司与其子公司、股东的对外债权,考虑到其子公司以及股东的实际经营状况,回收难度极大。另一类是京外工装模具等固定资产,一般情况下,破产财产中的动产在处置前应先行予以收回再进行财产处置。但在本案中,某汽车公司京外资产多为零配件等,如按照此种做法将产生额外的运输费、保管费,甚至可能会出现处置资产数额低于运输费、保管费的情况,进一步损耗某汽车公司破产财产。因此,考虑到汽车零配件具有一定排他适用性,将京外资产作为不良资产包进行处置。建议在设置资产包尤其是不良资产包时,充分考虑资产包的价值,不良资产包不宜过大,否则将影响不良资产包的处置,造成流拍。(4)碳排放配额处置。在清查资产过程中发现,某汽车公司名下尚有碳排放配额可处置变现,法院积极指导管理人盘活企业闲置资产,把握碳排放配额可交易属性,以绿色、节约、高效为原则,依法根据北京市有关碳排放交易政策规定并结合某汽车公司财产变价方案,制定某汽车公司碳排放配额处置方案,通过在北京产权交易所披露碳排放配额交易信息,于北京绿色交易所挂牌处置碳排放配额。这实现了破产企业财产价值最大化,最大限度维护了债权人利益。

(三)整车制造车企职工安置

企业破产时,职工安置是重要工作之一,直接关系着职工利益和社会稳定,尤其是对于人员密集型的大型生产制造企业,企业职工安置问题极其重要。

1. 破产程序中职工安置的一般性规定

当债务人提出破产申请时,根据《企业破产法》第8条的规定,职工安置预案及职工工资的支付和社会保险费用的缴纳情况是其在向法院提出破产申请时需要提供的必备材料之一。如当企业债权人提出破产申请,根据《企业破产法》第11条的规定,职工安置方案并非必需材料,此时,债务人需要配合法院提交职工相关的资料。

破产企业应对本企业的员工情况、财务情况等进行摸底调查,梳理清楚本企业员工的基本情况,即姓名、性别、年龄、工作年限、合同类型、是否存在特殊情形等,并调查清楚企业是否存在拖欠工资、欠缴社保及公积金的相关情况,以此进行职工安置的成本测算依据。此外,企业相关负责人对于员工对本次安置的态度、情绪也应有所了解,以便更好地与员工进行协商和沟通,妥善疏解员工情绪,避免造成群体性事件。根据《劳动合同法》第 4 条的规定,企业的职工安置方案作为直接涉及劳动者切身利益的重大事项,制定和实施过程中应遵循以下程序:(1)应当经职工代表大会或者全体职工讨论,提出方案和意见,与工会或者职工代表平等协商确定;(2)在职工安置方案实施过程中,工会或者职工认为不适当的,有权向企业提出,通过协商予以修改完善;(3)职工安置方案应当公示或者告知劳动者。根据《企业破产法》第 48 条第 2 款的规定,债务人所欠职工的工资和医疗、伤残补助、抚恤费用,所欠的应当划入职工个人账户的基本养老保险、基本医疗保险费用,以及法律、行政法规规定应当支付给职工的补偿金,不必申报,由管理人调查后列出清单并予以公示。因此,一般情况下,职工债权无须职工债权人主动向管理人申报,立法采取的是管理人依职权调查的模式。尽管法律规定职工债权无须申报,但是管理人在完成基本的调查工作后,可以通过征集员工信息及欠薪情况的方式,以类似申报的方式对前期主动调查的成果进行查漏补缺。根据《企业破产法》第 48 条第 2 款及《劳动合同法》第 46 条,职工债权的范围包括:企业所欠职工的工资和医疗、伤残补助、抚恤费用,所欠的应当划入职工个人账户的基本养老保险、基本医疗保险费用,以及法律、行政法规规定应当支付给职工的补偿金。

2. 某汽车公司破产清算案职工安置的解决方案

本案中,某汽车公司涉及近 3000 名员工,妥善安置职工是顺利推进破产清算程序的重中之重。一是进入破产程序前,本着最大可能为职工保留工作岗位、维护社会稳定的人员分流安置原则,制定分流安置方案:第一,由某汽车公司的两股东分别接收某汽车公司员工,提供岗位供员工选择,工龄连续计算;第二,员工与某汽车公司协商解除劳动关系,依法计算经济补偿金。上述两方案均有法院参与对方案合法性进行把关。经破产前分流安置,成功安置近 3000 名员工。二是进入破产程序时,有两类共计 60 余名员工带入破产程序。第一类为需要配合破产清算程序的员工。第二类为在法院受理破产申请前拒绝上述分流安置方案的员工,此部分员工涉及退休待遇、三期女员工、工伤等特殊事项。对于第一类人员,法院及时批复许可某汽车公司管理人聘用工作人员,并指导管理人根据破产案件工作进展,适时调减聘用人员数量,随时保证聘用人员的必要性。对于配合完成相应部分破产工作的人员,及时予以解除聘用关系,节约聘用人员产生的破产费用。对于此部分人员在劳动关系存续期间形成的职工债权,管理人应调查核实并依法予以保护。对于第二类人员,破产期间,法院协助与相关部门沟通,了解政策,为退休人员解决了因社保不连续影响退休待遇问题;指导管理人为三期女员工申请了生育津贴;解决了职工工伤鉴定、有毒有害工种认定等各项复杂问题。在此基础上,法院参与并指导、协助管理人进一步与第二类员工进行依法协商,告知破产程序的进程以及对其相应权利的影响,适时解除劳动关系,核查职工债权。保障职工合法权益。

在第一次债权人会议后、破产进入分配程序前,管理人反映有部分已解除劳动关系的员工向管理人提出生活困难,希望尽快支付解除劳动关系补偿金的诉求。因支付属于破产程序中的财产分配环节,须在债权人会议通过破产财产分配方案后才能进行,所以法院一方面要求管理人详细梳理统计相关诉求情况,继续做好解释及安抚工作;另一方面告知管理人需要尽快召开第二次债权人会议,提请表决部分特殊困难员工的职工债权分配事项。经协调努力,第二次债权人会议表决通过了职工债权分配事项,依法实现对职工债权的提前分配,体现了以人为本,保障弱势群体利益的人文关怀。

四、结论

1. 整车制造车企破产清算案件与其他类型破产清算案件相比,具有更强的外部性和社会性,在破产法律制度体系尚不完善的情况下,政府、相关企业等主体需要承担更多的社会责任,妥善化解案件重大风险,这与整车制造车企本身的企业属性密切相关。在一般性案件中,府院联动机制多呈现出司法权请求行政权支持的单向性特征。对整车制造车企破产案件,要提前研判重大风险,通盘考虑风险处置。府院联动机制作用的时间段不仅局限于破产程序启动至终结的环节,还以破产程序为中心,向前进行了延展,提前进行重大风险研判分析。针对售后服务承接、职工安置、资产处置、网络舆情应对等难点问题和关键环节,采取切实有效措施,妥善化解汽车公司各类风险隐患,高效率、高质量完成处置任务,必要时逐一研判各项法律风险,对风险处置提出合法性解决方案及路径。根据案件实际情况,政府及职能部门人员与专业中介机构人员可以联合组成清算组,担任破产案件管理人,能更好地发挥府院协调机制的作用,在维护破产企业稳定、增强债权人及职工信心、有效与政府及职能部门沟通、协调及决策等方面具有优势,将对破产案件的顺利推进,实现企业重生或退出市场的破产目标和价值起到重要作用。围绕整车制造车企破产清算外部性和社会性强特点,在合法性基础上政府部门应予以充分保障。例如,政府部门协调车企股东提供安置岗位;给予再就业帮扶,多渠道安置职工;提供资金设立相关主体承接售后服务;压实大股东责任确保破产程序顺利实施;等等。

2. 对于涉众型破产案件要在法律原则、法律规则范围内依法推进,严格遵守企业破产法的实体规定和程序规定,在此基础上,将防范化解重大风险予以通盘考虑,充分保障消费者、企业职工等弱势群体利益,把社会利益、社会价值作为案件办理的重要因素进行判断和衡量。

(案例编写:常洁、张春城)

15. 因破产费用不足而终结破产清算程序相关法律适用问题

——甲信息产业有限公司申请乙信息技术发展有限公司破产清算案

案例要旨:本案涉及的法律问题与审查一般的破产受理案件不同,审查的重点不在于申请人、被申请人的主体资格、是否具备破产原因等方面,而是债务人的破产程序已因财产不足以清偿破产费用终结后,债权人能否再次申请对其进行破产清算。债务人财产不足以清偿破产费用的,管理人应当提请人民法院终结破产程序。人民法院裁定宣告破产并终结破产程序后,债权人再次申请对债务人进行破产清算的,人民法院不予受理。

一、据以研究的案例

甲信息产业有限公司(以下简称甲公司)以乙信息技术发展有限公司(以下简称乙公司)不能清偿到期债务且明显缺乏清偿能力为由,向法院申请对被申请人乙公司进行破产清算。

法院经审理查明:乙公司为2000年9月5日成立的中外合作经营企业,登记机关为北京市原工商行政管理局,注册资本为2950万美元;中方某通信中心以人力资源、市场营销和相关技术作为合作条件,外方某国际电信电报有限公司以2950万美元货币出资作为合作条件;合作期限30年;乙公司的经营范围是研究、开发和生产计算机软件及网络产品,开发和建设信息网络系统,承接计算机通信工程系统集成,提供自产产品的技术服务、技术咨询、技术转让和技术培训,销售和出租自产产品(未经专项审批的项目除外);乙公司的公司章程约定,中方提供给合营公司的工程项目所得利润按中方50%、外方50%分配,其他项目所得利润按中方20%、外方80%分配;根据中关村科技园区海淀园管理委员会的批复,外方的出资期限为2003年9月5日。至乙公司2004年12月16日被吊销企业法人营业执照,外方实缴出资50万美元,尚有2900万美元出资未到位。

2003年4月17日,北京仲裁委员会受理申请人上海丙通信设备厂(以下简称丙厂)与被申请人乙公司合同争议仲裁案。2003年10月17日,北京仲裁委员会作出(2003)京仲裁字第0312号裁决书,裁决乙公司向丙厂支付款项共计人民币5215859元。后丙厂向北京市海淀区人民法院(以下简称海淀法院)申请执行上述仲裁裁决。海淀法院于2005年12月16日作出(2004)海民执字第871号民事裁定,确认已执行人民币339430元,并以被查封的乙公司的财产因评估要素不成熟而无法评估,不具备继续执行的条件,及丙厂亦不能提供乙公司可供执行的财产或财产线索为由,裁定该次执行程序终结。此后,乙公司始终未向丙厂支付未执行款项。

2004年12月16日乙公司被吊销企业法人营业执照。(2004)一中民初字第876号民事判决书判令乙公司于判决生效之日起10日内给付甲公司货款6723500元,退还甲公司76部故障话机,并负担案件受理费43151元。因乙公司未履行生效判决,甲公司向法院申请强制执行。法院于2006年6月15日以乙公司无财产可供执行为由,裁定终结本次执行程序。

2010年3月1日,丙厂以乙公司不能清偿到期债务且明显缺乏清偿能力为由,向法院申请对乙公司破产清算。法院按照乙公司工商注册登记的地址,以司法专邮的方式向乙公司送达丙厂对该公司的破产申请,被以该地址查无此单位为由退回。2010年3月15日,法院裁定受理丙厂对乙公司的破产清算申请,同时指定中天运会计师事务所为乙公司管理人。2010年3月30日,法院就受理情况、债权申报、第一次债权人会议等事项发布公告。共有两名债权人申报债权,分别是丙厂和上海某电子有限公司。经债权人会议核查,无异议债权总额为人民币21671533.66元。管理人接受法院指定后,未能从乙公司接管到财务账册、债权清册、债务清册、职工工资及社会保险费用缴纳情况等资料。2010

年 10 月 20 日，海淀法院向管理人移交了被其查封的乙公司的公章、财务章、账簿和实物财产，其中实物财产为几台办公用品，经债权人会议确认已无价值；账簿包括 2001 年银行存款日记账、现金日记账各一本，以及截至 2003 年 4 月 30 日的总账、明细账。上述账簿资料显示，截至 2003 年 4 月 30 日，乙公司资产总额 15722055. 27 元，负债 21750371. 22 元，所有者权益 -6028315. 95 元。经管理人查找，截至 2010 年 11 月 5 日，乙公司的财产为账户资金 983 美元、人民币 1239. 04 元。经债权人会议确认，截至 2010 年 10 月 15 日，管理人共垫付清算费用 63486 元。关于外方出资人未完全履行出资义务的问题，管理人在破产财产管理方案中载明：管理人打算进行追缴，但追缴过程中需要借助第三方或进行诉讼程序，需要高额的诉讼费、律师费、文书翻译费、公告费和其他办案费用，鉴于目前债务人财产已严重不足以支付已经发生的清算费用，追缴所需的高额费用更是无从支付，管理人将提请债权人先行垫付追缴费用，若债权人不同意垫付，管理人将依照《企业破产法》第 43 条规定申请终结破产程序。2010 年 11 月 16 日，第二次债权人会议通过了上述破产财产管理方案，会上两债权人均表示不同意垫付清算费用。2010 年 11 月 19 日，管理人以债务人财产不足以清偿破产费用为由，提请法院终结乙公司破产程序。2010 年 11 月 30 日，法院作出（2010）一中民破字第 6706 号民事裁定书，认定乙公司不能清偿到期债务，并且资产不足以清偿全部债务，裁定宣告乙公司破产。2010 年 12 月 3 日，法院以破产财产不足以清偿破产费用为由，裁定终结乙公司的破产清算程序。2013 年 5 月 29 日，管理人就无法完成乙公司注销手续作出说明，内容是："办理注销需要提供企业连续三年的《清算报告》、连续三年的《清税报告》、完整的纳税申报资料及记账凭证等资料。乙公司已于 2004 年处于停业状态，清算过程中所需资料均无法提供。另截至 2010 年 11 月 15 日乙公司破产财产总额为人民币 1239. 04 元、美元 983 元，也无法支付各项破产费用，故无法完成后续清算注销手续。"

法院经审理认为，甲公司提交证据证明其对乙公司享有债权，甲公司作为债权人符合申请人的资格。依照《企业破产法》第 43 条第 4 款规定："债务人财产不足以清偿破产费用的，管理人应当提请人民法院终结破产程序。人民法院应当自收到请求之日起十五日内裁定终结破产程序，并予以公告。"由此可见，财产不足清偿破产费用是法定的终结破产程序的原因之一，甲公司认为不应以程序上的终结裁定作为对乙公司破产实体上的认定,应当对乙公司能否享受破产保护作出实体认定。《企业破产法》第121条规定:“管理人应当自破产程序终结之日起十日内,持人民法院终结破产程序的裁定,向破产人的原登记机关办理注销登记。”法院2010年12月3日已作出裁定,终结乙公司的破产清算程序,裁定生效后,产生相应的法律后果,乙公司的法人主体资格将因破产清算程序终止并办理注销登记而消灭。本案中,甲公司再次对乙公司申请破产清算,与已终结的破产清算程序相矛盾,亦没有法律依据,不予支持,不予受理其申请。

甲公司不服一审裁定,上诉至北京市高级人民法院。北京市高级人民法院于2017年9月14日作出(2017)京破民终1号裁定书,裁定驳回上诉,维持原裁定。

二、涉及法律问题

本案涉及的法律问题与一般的破产受理审查案件不同,审查的重点不在于申请人、被申请人的主体资格、是否具备破产原因等方面,而是债务人的破产程序已因财产不足以清偿破产费用终结后,债权人能否再次申请对其进行破产清算,属于新类型的案件。

三、案例分析

解决此问题涉及对《企业破产法》第43条第4款的理解,存在较多争议问题,初步分析如下。

(一)适用《企业破产法》第43条第4款规定终结破产程序与因无法清算而终结破产程序之间的关系

《企业破产法》第43条第4款规定:“债务人财产不足以清偿破产费用的,管理人应当提请人民法院终结破产程序。人民法院应当自收到请求之日起十五日内裁定终结破产程序,并予以公告。”该款是关于破产程序提前终结的规定。依照最高人民法院《关于债权人对人员下落不明或者财产状况不清的债务人申请破产清算案件如何处理的批复》(法释〔2008〕10号)的规定精神,对于债务人人员下落不明或者财产状况不清的破产案件,如债务人不能或拒不向人民法院提交有关材料，导致无法清算，人民法院可以裁定终结破产清算程序。[①] 上述规定在适用上是否存在竞合，如法院指定管理人后，管理人无法查到债务人的人员、财产、账册，财产状况不清，此种情形是否也属于债务人财产不足以清偿破产费用？

本文认为，上述规定适用于不同的情形，不能混淆。《企业破产法》第43条第4款适用于能够依法清算，但债务人财产不足以清偿破产费用的情形，而债务人人员下落不明或者财产状况不清，没有账册的，属于无法清算的情形，不能适用该款规定。所谓依法清算，是指在全面掌握债务人财产和负债情况的基础上，对所有既有法律关系的彻底、概括地清理。因破产费用不足终结破产程序的前提是能够依法清算，在法律后果上，原则上会产生清算义务人、债务人免责的效力。[②] 而无法清算则是无法判断债务人的资产、负债状况，不能依法清算，也就不能产生清算义务人免责的后果。既存在无法清算的情形，债务人的财产也不足以清偿清算费用的，本文认为应以无法清算终结程序，清算义务人不能免除责任。

（二）该款规定与《企业破产法》第120条第1款的关系

《企业破产法》第120条第1款规定："破产人无财产可供分配的，管理人应当请求人民法院裁定终结破产程序。"有观点认为，该款规定与《企业破产法》第43条第4款是相同的，"它（指第一百二十条第一款规定）是破产人财产不足以清偿破产费用的终结形式"[③]。此种观点有待商榷。理由如下：(1)从文义解释来看，两款规定存在明显差异。第43条第4款规定的是财产不足清偿破产费用的情形，而第120条规定的是无财产可供分配的情形，分配在破产法中特指将破产人财产向债权人发放而清偿债务，与支付破产费用无关；(2)从体系解释来看，《企业破产法》第43条规定于《企业破产法》第五章，位于"债务人财产"和"债权申报"之间，适用于破产清算、重整和和解程序，而第120条则规定于《企业破产法》第十章第三节"破产程序的终结"，属于破产清算程序中的特别

① 最高人民法院民事审判第二庭编著：《最高人民法院关于企业破产法司法解释理解与适用》，人民法院出版社2013年版，第579页。

② 例外情形，如果在债务人出现吊销企业法人营业执照等解散原因的情况下，清算义务人没有依法组成清算组进行清算，导致企业财产毁损、贬值、灭失等的，依法应当承担民事责任。

③ 沈志先主编：《破产案件审理实务》，法律出版社2013年版，第388页。

规定,如两款规定内容相同,没有必要重复规定。

基于以上考虑,本文认为《企业破产法》第 120 条第 1 款的规定主要适用的情形是破产人财产支付破产费用后没有剩余财产可供分配的情形,或者破产人无财产,债权人或者利害关系人同意垫付破产费用,破产程序虽然可以进行,但最终无财产可供分配的情形与第 43 条第 4 款规定的情形不同。

(三)适用该款规定的时间点

债务人财产不足以清偿破产费用时,管理人何时向法院申请终结破产程序,法律并未明确规定。与此相关的程序问题是,债务人财产不足以清偿破产费用时,是否需要通知债权人,是否必须在债权申报期限届满之后,以及是否要召开债权人会议等。本文认为,管理人何时向法院申请终结破产程序,关键在于何时可以确定债务人财产范围和数额,与债权申报并无直接关系。但在债务人财产不足以清偿破产费用时,债权人、债务人的出资人或者其他利害关系人愿意垫付破产费用的,破产程序可以继续进行,因此通知已知债权人并予以公告是应当进行的程序。至于债权申报期限是否必须届满,则无直接关系。《北京市高级人民法院企业破产案件审理规程》第 147 条规定,“债务人财产不足以清偿破产费用的,管理人应当提请人民法院宣告债务人破产并终结破产程序。即使债权申报期未届满,亦可申请。债权人、管理人、债务人的出资人或者其他利害关系人愿意垫付破产费用的,破产程序可以继续进行。”

适用该款规定的时间点,还与管理人如何履行职责有关。在有的案件中,管理人仅以无法接收债务人的财产、印章和账簿、文书等资料为由,认为债务人财产不足以清偿破产费用,不再开展其他工作,即向法院申请终结破产程序。此种做法与《企业破产法》第 25 条规定的管理人的法定职责不相符。该条第 1 款第 2 项规定,管理人应当调查债务人财产状况,制作财产状况报告,这是判断债务人财产是否能够清偿破产费用的基础,管理人未经调查,或仅作形式审查的,不符合《企业破产法》的规定,而且会导致程序草率终结后产生其他纠纷。至于债务人没有财产时,管理人因开展调查工作垫付的破产费用如何解决的问题,属于破产法实施的配套问题,应通过完善相关机制解决,不能成为管理人怠于履行职责的理由。

(四)适用该款规定终结的案件是否需要宣告债务人破产

《企业破产法》第 43 条第 4 款规定:“人民法院应当自收到请求之日起十五

日内裁定终结破产程序,并予以公告。”在适用该条时存在的争议问题是,法院在裁定终结破产程序前,是否需要宣告债务人破产?一种观点认为,破产宣告的法律后果,除了导致债务人、债务人财产等称谓上变化外,主要是宣告破产后破产人进行清算程序,而不能再进行重整、和解程序。在债务人财产不足以清偿破产费用时,重整、和解的可能性几乎没有,因此也就没有宣告破产的必要。另一种观点则认为债务人财产不足以清偿破产费用时符合破产宣告的条件,应当宣告破产。

对此,本文认为,在依法清算的前提下,债务人财产不足以清偿破产费用,已经符合破产宣告的条件,应当宣告破产。虽然《企业破产法》第 43 条第 4 款并未明确规定是否由法院宣告债务人破产,但从司法实践来看,法院认为债务人财产不足以清偿破产费用时,法院应当宣告债务人破产,并同时终结破产程序。[①]《北京市高级人民法院企业破产案件审理规程》第 248 条第 2 款也规定:“破产申请受理后,债务人财产不足以清偿破产费用,且无人代为清偿或予以垫付的,经管理人申请,人民法院应当宣告债务人破产,并裁定终结破产程序。”

(五)终结裁定的法律后果

人民法院依据《企业破产法》第 43 条第 4 款裁定终结破产程序后,会产生何种法律后果,如债务人是否需要注销、对债权人权利有何影响等,目前还存在不同认识,导致司法适用上的差异。从比较法角度来看,德国破产法理论中将破产程序启动后,发现财团不足以支付程序费用的情形,称为废止,即程序的提前结束。关于废止裁定的效力,“和终结时相同,裁定的结果是:破产管理人和债权人委员会成员的职务结束;债务人重新获得对破产财团的处分权;债权人又能够向债务人主张债权”[②]。换言之,在破产程序废止后,通过破产程序进行的债权概括清偿重新恢复到个别清偿程序。日本破产法中对于因费用不足导致破产程序废止的情形,分为同时破产程序废止和不同时破产程序废止,前者是指裁定破产程序的同时作出废止破产程序的裁定,通常不会同时选任破产管理人、决定债权申报期间和债权调查期间或期日同时处分;后者是指法院裁定破产程序开始后,程序进行中,因破产财团不能再支付破产程序费用,法院依破

① 参见《人民法院破产程序法律文书样式(试行)》文书样式 37。

② [德]莱因哈德·波克:《德国破产法导论》,王艳柯译,北京大学出版社 2014 年版,第 168 页。

产管理人的申请或依职权，在听取破产债权人意见后，裁定破产程序废止。破产程序废止裁定生效后，破产程序即终了，除特别事项外，破产程序废止与因分配而终结破产程序的法律效果一致，即对破产债权人而言，在确定具有破产债权时，若没有从破产程序中获得清偿，可以破产债权人表为债务名义进行强制执行。①

我国《企业破产法》中并未明确规定破产程序向个别执行程序的回复，因此在因费用不足导致破产程序终止的法律后果上，与德国、日本不同。如前所述，司法实务中的通行做法是，在债务人财产不足清偿破产费用时，管理人申请宣告债务人破产并提请终结破产清算程序后，法院裁定宣告债务人破产并同时终结破产清算程序。《企业破产法》对于宣告破产后的程序作了规定，按照第121条，管理人应当自破产程序终结之日起10日内，持人民法院终结破产程序的裁定，向破产人的原登记机关办理注销登记。管理人职务的终止时间不是作出终结裁定之时，而是办理注销登记完毕的次日。正因有此法律后果（办理注销登记），在破产程序终结后，原则上不会再出现概括清偿程序再向个别清偿程序的回复问题。

至于债权人权利的救济，则按照《企业破产法》第123条的规定②在破产程序终结后追加分配，还可向破产人的保证人和其他连带债务人主张清偿责任。此外，如债权人认为管理人在破产案件中未尽忠实、勤勉义务，可以依据《企业破产法》第130条的规定向管理人主张赔偿责任。③

（六）本案能否受理的问题

基于上述分析，在法院已于2010年11月30日裁定宣告乙公司破产，并于2010年12月3日裁定终结乙公司的破产清算程序的情形下，④管理人应按照

---

① 参见［日］谷口安平主编：《日本倒产法概述》，佐藤孝弘、田言等译，中国政法大学出版社2017年版，第226—230页。

② 该条规定，自破产程序依照本法第43条第4款或者第120条的规定终结之日起二年内，有下列情形之一的，债权人可以请求人民法院按照破产财产分配方案进行追加分配：（1）发现有依照本法第31条、第32条、第33条、第36条规定应当追回的财产的；（2）发现破产人有应当供分配的其他财产的。有前款规定情形，但财产数量不足以支付分配费用的，不再进行追加分配，由人民法院将其上交国库。

③ 本部分内容曾刊载于“北京破产法庭”微信公众号，出版时内容有所修改。

④ 需说明的是，《人民法院破产程序法律文书样式（试行）》于2011年10月13日下发，该案在此之前，故未同时宣告破产并终结破产程序。

《企业破产法》第121条的规定办理乙公司的注销登记，甲公司再次申请对乙公司进行破产清算，与已经终结的破产程序相矛盾，不应受理。至于乙公司未能办理注销登记的问题，属于工商登记条例与破产法实施的协调问题，不因乙公司未注销而准许对其再次破产清算，否则将会导致破产程序的混乱。《企业破产法》第123条即是对依照该法第43条第4款终结破产程序后遗留事务如何处理的规定，债权人应按此规定主张权利，而不应再次申请启动破产程序。即使债权人在破产程序终结之日起两年后才发现有债务人财产，"如符合对无效行为追回财产的情况或者符合民事撤销权行使的条件等法律规定可以追回财产的情况，债权人仍可以追收，但追回的财产不必再按照破产财产分配方案对全体债权人进行追加分配，而是直接用来清偿自己的债权"①。不予受理债权人的破产申请，并不会对其权利救济造成实质影响。

（案例编写：高春乾）

① 王欣新：《破产法》（第3版），中国人民大学出版社2011年版，第309页。

16. 承认外国破产程序的审查标准

——承认德国亚琛地方法院破产裁定案

案例要旨：承认外国破产程序的主要法律依据为《企业破产法》第5条。根据该条规定，承认外国程序的条件包括裁判已经生效、债务人在我国境内存在财产、两国存在互惠关系、不损害我国债权人合法权益及不违反我国公共政策等。互惠关系可以依据法律互惠进行审查，根据相对国法律，我国破产程序在相对国可以获得认可，同时无证据证明相对国存在拒绝承认我国破产程序的情形，可认定双方存在互惠关系。外国破产程序的集体性及外国法院具有管辖权作为承认外国破产程序的国际通行标准，虽非我国《企业破产法》明确规定的审查条件，但可以通过法律解释路径纳入公共政策例外条款。承认外国破产程序后，应当妥善确定救济范围，如涉及财产处置等重大事项，应当根据外国破产管理人的申请酌情提供救济措施。

一、据以研究的案例

申请人：Dr. A R，男，德国公民。

Dr. A R 申请称，在亚琛地方法院工商注册簿注册的莱茵有限公司因无支付能力和资不抵债，亚琛地方法院于 2011 年 1 月 1 日作出卷宗编号为 91 IE5/10 的破产裁定，并指定 Dr. A R 为莱茵有限公司的破产管理人。莱茵有限公司曾购买位于北京市东城区某单元房产，Dr. A R 作为莱茵有限公司破产管理人与新加坡莱茵公司签订不动产购买合同，新加坡莱茵公司已支付购房款，Dr. A R

拟为其履行房产过户手续,故 Dr. A R 向我国法院提出申请,请求:(1)承认亚琛地方法院于 2011 年 1 月 1 日作出的卷宗编号为 91 IE5/10 的破产裁定的法律效力;(2)承认申请人 Dr. A R 作为莱茵有限公司破产管理人的身份;(3)允许申请人 Dr. A R 在中国境内履行职责,具体职责事项包括:①接管莱茵有限公司的财产、印章和账簿、文书等资料;②决定莱茵有限公司的日常开支和其他必要开支;③管理和处分莱茵有限公司的财产。

北京市第一中级人民法院(以下简称北京一中院)收到申请之后,考虑本案虽为申请承认外国法院的生效裁定案件,但本质为对外国破产程序的承认,同时可能涉及后续救济问题,故采用破产类案号,并适用破产程序予以审查。审查期间,北京一中院通过全国企业破产重整案件信息网发布公告,载明本案中申请人申请北京一中院承认德国破产裁定及德国破产管理人后续拟办理莱茵有限公司房产过户等情况,并载明利害关系人如有异议可向北京一中院提出。

北京一中院查明,亚琛地方法院于 2011 年 1 月 1 日作出卷宗编号为 91 IE5/10 的破产裁定,该裁定主要载明:关于在亚琛地方法院工商注册簿注册的莱茵有限公司。因其无支付能力和资不抵债,兹于今天,2011 年 1 月 1 日 11 时,根据《欧洲破产条例》(Euins VO)第 3 条第 1 款作为主破产程序开始该项财产的破产程序。指定的破产管理人为 Dr. A R。德国法院在国际上主管主破产程序的开始。因为债务人现存在与中国的跨境货物往来。且债务人在北京和上海设有办事处。但债务人的管理和经营工作是从其设在亚琛的总部实施的;债务人经济利益的重心在亚琛。2016 年 12 月 20 日,亚琛地方法院出具的证明,载明律师 Dr. A R 先生于 2011 年 1 月 1 日被指定为莱茵有限公司破产管理人,并且处理以后的相关事宜。

2016 年 12 月 19 日,Dr. A R 与新加坡莱茵公司签订购买合同,将莱茵有限公司名下位于北京市东城区某单元房产出售给新加坡莱茵公司,价格为 50000 欧元。申请人称,新加坡莱茵公司已经支付了购房款,该房产已经实际交付给买受人新加坡莱茵公司,并由其实际使用,无其他权利人对该房产主张权利。案涉房屋为莱茵有限公司在我国境内的唯一财产。申请人称,莱茵有限公司在北京及上海的办事处已于 2011 年、2012 年左右关停,相关业务均已处理完毕。莱茵有限公司在我国无诉讼、执行案件,在莱茵有限公司破产案件中不存在我国债权人。同时,申请人表示,其提出本案申请主要拟为新加坡莱茵公司办理房产过户,其申请在我国境内履职的权限均系办理过户所必须,因涉案房产不存在其他权利人,其办理过户不会损害我国境内债权人利益。

审查期间,无利害关系人向北京一中院提出异议。

同时,审查期间申请人提交武汉市中级人民法院(以下简称武汉中院)承认德国破产裁定的民事裁定书,以证明我国与德国存在事实互惠关系。但经查,在该裁定书中武汉中院查明德国法院曾承认我国江苏省无锡高新技术产业开发区人民法院(2004)新民二初字第154号裁定书,该裁定为民事裁定书,并非破产裁定书。北京一中院经检索,未发现德国法院承认或拒绝承认我国破产程序的案例。申请人亦表示经检索未发现相应案例。

另查,华东政法大学外国法查明中心出具的法律意见书载明:《德国破产法》第1条规定,破产程序的宗旨是通过变现债务人的财产并分配所获价金或通过在破产方案主要为维持企业的目的而另行作出规定的方式,使一个债务人的各个债权人共同得到清偿。向正当债务人提供免除剩余债务的机会。第80条规定,破产程序开始后,债务人管理和转让破产财产的权利移转至破产管理人。第343条规定,应承认外国破产程序的启动。

北京一中院于2023年1月16日作出(2022)京01破申786号民事裁定书。关于承认亚琛地方法院作出案涉破产裁定以及Dr. A R作为莱茵有限公司破产管理人的身份问题。首先,我国《企业破产法》第5条第2款规定,对外国法院作出的发生法律效力的破产案件的判决、裁定,涉及债务人在中华人民共和国领域内的财产,申请或者请求人民法院承认和执行的,人民法院依照中华人民共和国缔结或者参加的国际条约,或者按照互惠原则进行审查,认为不违反中华人民共和国法律的基本原则,不损害国家主权、安全和社会公共利益,不损害中华人民共和国领域内债权人的合法权益的,裁定承认和执行。因我国与德国之间不存在缔结或者共同参加的国际条约,故本案应当依据互惠原则对申请人申请承认的案涉破产裁定进行审查。《德国破产法》第343条规定,应承认外国破产程序的启动。依据上述法律规定,我国破产程序在德国可以获得认可,同时,现亦无证据证明德国存在拒绝承认我国破产程序或破产相关法律文书的情形,故可以认定我国与德国之间存在互惠关系。其次,亚琛地方法院裁定及证明均记载莱茵有限公司系在德国亚琛地方工商注册,住所地为德国亚琛,经济利益的重心是亚琛,因此,可以认定德国亚琛为莱茵有限公司主要利益中心,亚琛地方法院主管其破产程序并无不当，亦未违反我国《企业破产法》第 3 条关于“破产案件由债务人住所地人民法院管辖”的规定。最后，《德国破产法》规定德国破产程序系集体清偿程序，对我国债权人不存在歧视性规定。莱茵有限公司在我国无诉讼、仲裁案件，其破产程序中无我国债权人，其在我国境内的财产除买受人外亦无其他权利人主张权利，在本案公告期间亦无利害关系人向北京一中院提出异议。结合上述论述，北京一中院认为，亚琛法院作出的案涉裁定未违反我国法律的基本原则，不损害国家主权、安全和社会公共利益，不损害我国领域内债权人的合法权益，故对于亚琛地方法院于 2011 年 1 月 1 日作出卷宗编号为 91 IE5/10 的破产裁定应依法予以承认。因 Dr. A R 为亚琛地方法院指定的破产管理人，故对于 Dr. A R 作为莱茵有限公司破产管理人的身份亦应依法予以确认。关于允许申请人在我国境内履职事项的问题，我国《企业破产法》第 25 条第 1 款规定：“管理人履行下列职责：(一)接管债务人的财产、印章和账簿、文书等资料；(二)调查债务人财产状况，制作财产状况报告；(三)决定债务人的内部管理事务；(四)决定债务人的日常开支和其他必要开支；(五)在第一次债权人会议召开之前，决定继续或者停止债务人的营业；(六)管理和处分债务人的财产；(七)代表债务人参加诉讼、仲裁或者其他法律程序；(八)提议召开债权人会议；(九)人民法院认为管理人应当履行的其他职责。”《德国破产法》第 80 条规定，破产程序开始后，债务人管理和转让破产财产的权利移转至破产管理人。本案中，申请人向本院申请履行的具体职责包括：(1)接管莱茵有限公司的财产、印章和账簿、文书等资料；(2)决定莱茵有限公司的日常开支和其他必要开支；(3)管理和处分莱茵有限公司的财产。上述职责均为处理我国境内莱茵有限公司财产所必需，且未超出德国破产相关法律规定中关于破产管理人的权限范围，亦未超出我国《企业破产法》上述规定中关于管理人的职责范围，故依法予以准许。综合上述，北京一中院裁定如下：(1)承认德国亚琛地方法院于 2011 年 1 月 1 日作出卷宗编号为 91 IE5/10 的破产裁定；(2)承认 Dr. A R 作为莱茵有限公司破产管理人的身份；(3)允许莱茵有限公司破产管理人 Dr. A R 在中国境内履行下列职责：①接管莱茵有限公司的财产、印章和账簿、文书等资料；②决定莱茵有限公司的日常开支和其他必要开支；③管理和处分莱茵有限公司的财产。

二、涉及法律问题

一是关于互惠关系的审查。在我国尚未缔结跨境破产国际条约的情况下，互惠关系是承认外国破产程序的首要审查要件。从司法实践来看，我国长期以来对于互惠原则适用采取事实互惠的态度。但近年来，我国开始对互惠原则的适用予以软化，作出了“法律互惠”“推定互惠”的解释。在跨境破产案件中，适用法律互惠更有助于认定双方存在互惠关系，实现国际司法合作。如果通过审查相对国关于承认境外破产程序的有关法律规定或判例，认为我国破产程序可能在相对国获得承认，且相对国没有拒绝承认我国破产程序的先例，可以根据具体情况认定两国存在互惠关系。

二是关于债权人利益保护条款及公共政策例外条款的适用。债权人权益保护条款及公共政策例外条款均系我国《企业破产法》规定的承认外国破产程序的审查要件。但上述要件应当采取何种审查标准《企业破产法》未作出明确规定。司法实践中，可以参考国际通行规则及美国、日本、欧盟、我国香港地区等跨境破产规则比较成熟的国家及地区的立法及司法经验，确定相应审查标准。对于外国破产程序的集体性及破产案件受理法院管辖权的适当性等国际通行标准，我国《企业破产法》尚未作出明确规定，可以考虑通过法律解释的方式纳入公共政策例外条款中。

三是关于承认外国破产程序的程序性安排。对于承认外国破产程序应当适用的程序规则《企业破产法》未予规定，司法实践中亦有不同的做法，主要有适用承认涉外民商事裁判的程序及适用破产案件特殊审查程序两种不同意见。因跨境破产与民商事判决的承认与执行存在重大区别，在承认之后的后续处理方面亦存在不同，适用破产案件特殊审查程序能够更好体现跨境破产案件特点、处理后续程序问题，因此承认外国破产程序案件采用破产类案号及案由为宜，具体审查程序可参考我国破产审查类案件及其他法域跨境破产审查案件的程序规则确定。

三、案例分析

（一）关于互惠关系的审查标准

我国《企业破产法》第 5 条第 2 款规定，“对外国法院作出的发生法律效力的破产案件的判决、裁定,涉及债务人在中华人民共和国领域内的财产,申请或者请求人民法院承认和执行的,人民法院依照中华人民共和国缔结或者参加的国际条约,或者按照互惠原则进行审查,认为不违反中华人民共和国法律的基本原则,不损害国家主权、安全和社会公共利益,不损害中华人民共和国领域内债权人的合法权益的,裁定承认和执行。”根据该规定,在双方并未缔结国际条约的情况下,互惠关系是承认外国破产程序的首要审查要件。

1. 互惠原则的内涵

互惠原则是在民事判决承认与执行过程中发展出的一项重要原则。理论上互惠原则可以分为事实互惠与法律互惠、实存互惠与推定互惠等。[①] 从司法实践来看,我国长期以来对于互惠原则适用采取事实互惠的态度。1994 年,在日本公民申请承认与执行日本法院民事判决案中,最高人民法院复函认为,中国与日本之间没有缔结或者参加相互承认和执行法院判决、裁定的国际法条约,也未建立相应的互惠关系,应对日本法院的判决不予承认和执行。[②] 该案事实上确定应采用事实互惠判断两国是否存在互惠关系。此后,在弗拉西动力发动机有限公司申请承认和执行澳大利亚法院判决案、董某申请承认和执行乍得法院判决案、张某曦申请承认和执行韩国法院判决案等案件中,我国均以与相对国不存在互惠关系(事实互惠)为由拒绝承认外国裁判。2016 年,南京市中级人民法院虽承认新加坡高等法院民事判决,但仍是依据事实互惠进行承认。[③]

近年来,国际司法合作的需求不断增加,我国开始对互惠原则的适用予以软化,对其作出了“法律互惠”“推定互惠”的解释。《最高人民法院关于人民法院为“一带一路”建设提供司法服务和保障的若干意见》第 6 条载明,可以考虑由我国法院先行给予对方国家当事人司法协助,积极促成形成互惠关系,积极倡导并逐步扩大国际司法协助范围。《第二届中国—东盟大法官论坛南宁声明》第 7 条规定,“尚未缔结有关外国民商事判决承认和执行国际条约的国家,在承认与执行对方国家民商事判决的司法程序中,如对方国家的法院不存在以互惠为理由拒绝承认和执行本国民商事判决的先例,在本国国内法允许的范围

---

① 参见黄圆圆:《跨界破产承认与救济制度研究》,对外经济贸易大学出版社 2020 年版,第 72 页。

② 参见最高人民法院《关于我国人民法院应否承认和执行日本国法院具有债权债务内容裁判的复函》([1995]民他字第 17 号)。

③ 参见江苏省南京市中级人民法院民事裁定书,(2016)苏 01 协外认 3 号。

内,即可推定与对方国家之间存在互惠关系”。根据该规定,我国对于东盟国家及南亚国家可以适用推定互惠认定互惠关系。《全国法院涉外商事海事审判工作座谈会会议纪要》第九部分关于申请承认和执行外国法院判决案件的审理中第44条关于互惠关系的认定中亦明确规定,人民法院在审理申请承认和执行外国法院判决、裁定案件时,根据该法院所在国的法律,人民法院作出的民商事判决可以得到该国法院的承认和执行,则可以认定存在互惠关系。根据该规定,在民商事裁判承认与执行过程中,可以适用法律互惠对于互惠关系进行审查。但该纪要亦明确,破产案件因具有特殊性,其相关判决的承认和执行不适用该纪要之规定。上述司法政策及会议纪要虽无法直接适用于跨境破产案件,但其对法律互惠、推定互惠的积极支持态度可以为我国承认外国破产程序时互惠原则的适用提供有益借鉴。

虽长期以来我国将互惠原则等同于事实互惠,但如前所述,在司法实践新发展态势下,互惠原则已经发展出法律互惠、推定互惠的新内涵,后者不仅停留于学理的讨论,而是已经成为民商事司法实践中审查认定互惠关系时可以适用的标准,也为在跨境破产案件中互惠原则的适用提供借鉴路径。《全国法院破产审判工作会议纪要》第49条规定,应当探索互惠原则适用的新方式,加强我国法院和管理人在跨境破产领域的合作,推进国际投资健康有序发展。这一规定表明最高人民法院对于在跨境破产领域灵活适用互惠原则的态度及倾向。在这一情形下,在跨境破产审判中审查互惠关系时,亦应当顺应国际合作要求,适当软化互惠原则审查标准,采用法律互惠或推定互惠认定互惠关系,推进国际司法协作顺利开展。

2. 跨境破产案件中互惠原则的适用

在跨境破产案件审查时,虽然存在法律互惠或者推定互惠的适用空间,但具体如何适用,仍需进一步探讨。法律互惠及推定互惠的区别主要在于,推定互惠要求相对国不存在拒绝承认本国裁判的事实,法律互惠除审查上述事实外,还应当审查相对国法律规定,通过比较两国具体法律制度,判断是否存在承认相关裁判的法律基础。[①] 除非相对国承认本国破产程序相应规则比本国承认

① 参见付颖哲:《论承认与执行外国民商事判决法律制度中的互惠》,载《西部法学评论》2018年第1期。

其相应程序的标准更为严格，否则即应当承认相对国破产程序。[①]

在互惠关系的认定上，相较于法律互惠，推定互惠更有助于实现国际司法合作。在民商事判决承认与执行领域，部分学者甚至认为不应再适用互惠原则审查两国互惠关系[②]。英美法系国家发展出即得权说理论，认为当事人在某一法域合法取得的、既成事实的权利，其他国家应予承认[③]，进而摒弃互惠原则的适用。但在涉及对外国破产程序的承认时，可能面临与承认外国民商事裁判不同的利益衡量。民商事裁判的承认与执行主要涉及原被告当事人之间的权利义务关系，具有较强的私益性，这也是在涉外民商事判决承认与执行领域以国家利益为出发点的国际礼让学说在近现代让位于以私人利益为主的债务说、既得利益说的原因之一。而承认外国破产程序的公共利益属性，或者说政治属性更强。破产程序作为一种社会化的安排，其不仅关乎债权人、债务人的利益，对于中小股东、公司雇员、供应商、社会、环境等都可能产生不同程度的影响。[④] 承认外国破产程序意味着相关利害关系人仅能在外国程序中主张权利，同时将债务人位于我国的财产置于外国破产程序的管领之下，我国债权人需要在该破产程序中接受统一的分配，从个案角度考虑，这很可能导致我国债权人获得的分配减少。[⑤] 但从长期来看，跨境破产司法协作有利于资本的跨区域流动及债权人权益的平等保护。因此在考量是否承认外国破产程序时，更多的是一种短期利益与长远利益的权衡，即在双方都选择合作的情况下，带来的长远利益足以抵销短期内不合作获得的潜在利益。[⑥] 这也是国际礼让学说之外，用以解释跨

① 参见王欣新、王健彬：《我国承认外国破产程序域外效力制度的解析及完善》，载《法学杂志》2008 年第 6 期。

② 参见李浩培编著：《国际民事程序法概论》，法律出版社 1996 年版，第 140—141 页。李浩培先生认为，事实互惠原则事实上是报复原则，但报复的对象是在外国诉讼中胜诉的个人，而不是裁判作出国，而该个人有时还是拒绝承认国本国的公民，同时期望以“报复”来迫使裁判承认国承认本国作出的裁判，这种期望往往会落空，因为不承认该国裁判一般而言不会对该国产生重大影响。

③ 参见徐崇利：《经济全球化与外国判决承认和执行的互惠原则》，载《厦门大学法律评论》2005 年第 1 期。

④ 参见许德风：《破产法论——解释与功能比较的视角》，北京大学出版社 2015 年版，第 30—31 页。

⑤ 个案角度考虑，在承认外国破产程序的情况下，债务人位于本国的财产需同时对外国债权人进行分配，因此承认外国破产程序将导致个案中我国债权人获得的整体清偿减少。虽理论上我国债权人也可获得债务人位于外国财产的分配，从而获得更高的清偿率，但从经济角度考虑，在此种情况下外国破产管理人大概率不会申请我国承认该破产程序。

⑥ 参见黄圆圆：《跨界破产承认与救济制度研究》，对外经济贸易大学出版社 2020 年版，第 79—82 页。

境司法协作内在动因的博弈论理论。因此,相较民商事判决的承认更多关系私人利益,有较强的个案属性,外国破产程序的承认则有更为明确的长远合作需求,即对于获得对方的“互惠”保证要求更为强烈,以平衡当前利益的“牺牲”。因此,跨境破产领域互惠关系的认定可能需要比民商事裁判承认与执行中对于互惠关系的判断更加谨慎。同时,我国在长期适用事实互惠的情况下,应当考虑一国法律规则的连续性及稳定性,在跨境破产领域互惠原则适用的探索仍宜逐步推进,以便积累经验、探索路径并及时做出调整。适用法律互惠原则可以使我国在跨境破产合作中处于主动地位,一方面不受事实互惠束缚,能够先走一步主动施惠,推动国际合作的顺利开展;另一方面又能从法律上审查互惠的可能性,使“互惠”获得较为确定、可预期的制度保障。

3. 德国亚琛案中互惠原则的适用

德国亚琛案中,因我国并未与德国签订关于跨境破产的国际条约或者协议,需根据互惠原则进行审查。根据我国长期以来的司法实践,互惠原则审查的起点仍是考察两国是否存在事实互惠。如果我国与相对国存在事实互惠,即可直接认定双方存在互惠关系。2012 年,武汉中院曾承认德国破产裁定,在该案中武汉中院认为德国柏林高等法院已于 2006 年 5 月 18 日作出判决,承认中国江苏省无锡高新技术产业开发区人民法院(2004)新民二初字第 154 号民事裁定,并据此认为我国与德国存在互惠关系,进而承认德国破产裁定。但因德国柏林高等法院承认的我国无锡高新技术产业开发区人民法院民事裁定并非破产裁定,德国法院事实上未曾承认我国的破产程序,在此情况下能否视为在跨境破产领域双方存在事实互惠值得进一步探讨。鉴于民事诉讼程序与破产程序存在巨大的差异,外国破产程序的承认有很多不同于民商事裁判承认与执行的考量因素,因此无论国际条约还是我国国内司法文件,多数将破产程序的承认与民商事判决的承认和执行区别对待。[①] 鉴于此,德国虽承认我国民商事裁判,但不宜认为其在跨境破产领域已经与我国形成事实互惠。因此该案仍应

① 参见王欣新、梁闽海:《〈关于承认和执行与破产有关的判决示范法〉及其对我国跨境破产立法的借鉴意义》,载《人民司法(应用)》2018 年第 34 期。关于承认与执行民商事判决的国际公约,包括 1971 年《民商事外国判决的承认和执行公约》、2005 年《法院选择协议公约》,均将与破产有关的裁判排除在上述公约外。《全国法院涉外商事海事审判工作座谈会会议纪要》中亦明确破产案件相关裁判的承认和执行不适用该纪要。

采用法律互惠审查两国是否存在互惠关系。

该案中法律互惠的审查包括两方面内容,一是对德国法律制度的审查,以判断我国破产程序在德国是否能够得以承认以及获得承认的条件,这涉及域外法查明的问题。二是德国是否曾经拒绝承认我国破产程序,这涉及事实查明的问题。关于互惠关系应当由法院主动查明,抑或遵守"谁主张,谁举证"的原则,各国采取的做法不同。在以色列承认我国判决一案中,以色列法院即认为互惠关系应当由当事人举证,且应由主张缺少互惠关系的一方承担举证责任,如无法证明即应当认为两国存在互惠关系。① 从我国司法实践来看,互惠原则是我国承认外国裁判的重要审查因素,长期以来这一原则的适用都与国家主权与公共利益密切相关,因此均采取法院主动审查的方式。目前互惠原则的适用虽然有软化倾向,但如前所述,承认外国破产程序涉及的公共利益属性较强,同时因破产程序可能涉及利害关系人众多,无法确保所有的利害关系人均可参与到审查程序中并发表意见,因此不宜完全交由当事人自行举证,仍应以法院主动查明为主。具体而言,在适用法律互惠进行审查时,应当由法院主动查明或者指导当事人提供具有法律效力的外国法律制度及相关规定。关于查明相对国是否存在拒绝承认我国破产程序的情况,因目前不存在国际统一的案件查询平台,当事人及法院均无途径准确查询外国法院是否曾经拒绝承认我国破产程序,且未曾拒绝承认我国破产程序作为消极事实,本身无法证明,因此在司法实践中更为可行的做法是由主张相对国曾拒绝承认我国破产程序的一方提供相应证据材料,同时法院可以进行相应的案例检索。在利害关系人未能提交相关证据,法院亦未检索到相应的案例时,应当认为外国法院不存在拒绝承认我国破产程序的情形。

在德国亚琛案中,北京一中院通过华东政法大学外国法查明中心查明德国破产法相关情况,根据德国法律规定,国外破产程序可以得到德国法律的承认,除非根据德国法律,相关法院没有管辖权,或承认外国破产程序所导致的结果与德国法律的基本原则明显不符,尤其是与公民权利不符,即德国破产法一般

① 参见陈洁、肖冰:《"一带一路"背景下承认与执行外国判决中互惠原则适用的变革及建议——以以色列最高法院首次承认和执行我国民商事判决为视角》,载《江苏社会科学》2018 年第 2 期。

自动承认外国破产程序[1],除非程序启动国没有管辖权,或者不符合德国法根本原则。德国破产法关于管辖权的规则与我国《企业破产法》具有相似性。根据德国破产法的规定,我国破产程序有可能得到德国法院的认可,且其承认外国破产程序的条件亦未明显严苛于我国承认外国破产程序的条件。同时,值得一提的是,德国法院在2006年承认我国无锡法院裁判案中认为,如果双方都等待对方先迈出一步,再跟进给予对方互惠的话,事实上永远不可能发生相互间的互惠。因此其决定先走一步,并相信中国可能会跟进。[2] 虽然该案无法构成在跨境破产领域与我国的事实互惠,但其体现出的开放态度仍能够加强司法判断过程中法官的内心确信,即在德国法律有相应的规定且德国法院对我国秉持开放态度的情况下,有理由相信我国破产程序能够获得德国法院的认可。同时,经案例检索,北京一中院亦未发现德国法院存在拒绝承认我国破产程序的情况。北京一中院综合相关情况认定我国与德国存在互惠关系。

值得强调的是,互惠原则应当逐案审查。[3] 在个案中对于我国和相对国互惠关系的认定,系基于个案情况对于两国互惠关系的判断,仅能作为该案中承认外国破产程序的基础,对于后续案件并无约束力。在后续案件审理时,两国互惠情形可能已经发生变化,仍需要根据实际情况另行审查。

(二)关于债权人利益保护条款的适用

根据《企业破产法》第5条的规定,承认外国破产程序的审查条件除互惠关系外,还包括外国法院作出的裁判已经生效,债务人在我国境内存在财产,外国破产程序不违反我国法律的基本原则、不损害我国国家主权、安全和社会公共利益,不损害我国领域内债权人的合法权益等。关于裁决是否发生法律效力以及债务人在我国境内的财产情况可以根据申请人提交的证据材料予以审查确定。因此除互惠关系外,该规定确定的另外两个审查要件主要为债权人利益保护及公共政策例外。本部分主要论述债权人利益保护条款的适用。

---

① 参见[德]乌尔里希·福尔斯特:《德国破产法》(第7版),张宇晖译,中国法制出版社2020年版,第364页。

② 参见马琳:《析德国法院承认中国法院民商事判决第一案》,载《法商研究》2007年第4期。

③ 《全国法院涉外商事海事审判工作座谈会会议纪要》第44条关于互惠关系的认定第2款即规定,人民法院对于是否存在互惠关系应当逐案审查确定。

1. 关于债权人利益保护条款的理解

关于债权人利益保护条款，各国跨境破产立法一般均有涉及。如《跨国界破产示范法》第13条规定外国债权人享有与本国债权人相同的权利。我国未规定正当程序及债权人平等保护等积极标准，而是采用了“不损害中华人民共和国领域内债权人的合法权益”消极标准的规定。如果从个案中债权人的具体待遇方面理解上述规定的标准，完全由审查法院根据个案中对本国债权人的利益裁量确定是否承认及协助外国破产程序，将导致裁量过程充满不确定性、不稳定和不可预期性。[①] 因此，在理解本条款时，我国法院可以向国际通行规则靠拢，更多地从制度及程序上考察我国债权人是否能够获得平等保护。一方面，应当考察外国破产程序对我国债权人是否存在歧视性对待，我国债权人是否能够依据外国破产法在破产程序中获得公平的清偿。值得注意的是，该公平清偿是指我国债权人能够按照外国破产法规定的清偿顺序，与该国同类的债权按照同等比例清偿。[②] 另一方面，应当考察我国债权人在外国破产程序中是否享有获得通知、参与程序等基本权利。承认外国破产程序使我国债权人清偿份额降低，并不足以导致我国法院拒绝承认外国破产程序。[③]

同时，承认外国破产程序并不必然产生救济的后果。至少对于实际处置债务人位于我国境内的财产并进行分配等对我国债权人权益具有重大影响的事项，应当由承认国法院酌情提供。[④] 因此，对于我国债权人利益的保护还可以在提供救济的阶段具体考量，由法院在个案中根据实际情况予以裁量确定。事实上，在承认阶段对于我国债权人利益及清偿率进行实际考量往往难以做到，承认外国破产程序往往具有时间上的紧迫性，以避免国内债权人对债务人财产采取个别执行等措施，此时更宜尽量简化承认外国破产程序的审查条件，快速承认外国破产程序并提供基本的救济措施。因此可以根据承认及救济的不同阶

---

① 参见叶炳坤：《跨境破产中的司法协助与本国债权人利益保护》，载李曙光、刘延岭主编：《破产法评论》第1卷，法律出版社2018年版，第478页。

② 参见石静霞：《跨国破产的法律问题研究》，武汉大学出版社1999年版，第100—101页。

③ 参见张可心：《外国破产程序在中国的承认与协助制度——基于韩进海运破产案的思考》，载《人民司法·应用》2017年第19期。

④ 关于承认外国破产程序之后是否产生自动救济的效果，以及自动救济的范围，取决于一国破产法的规定，我国《企业破产法》目前尚未就此作出规定，因此在司法实践中，至少对于重大事项不应认为承认破产程序之后即自动发生救济效果。

段确定不同的审查标准及考量因素。在承认阶段，对债权人的保护主要关注法律制度和程序合法性，以制度的正当性来确保实体的公正。[①] 在救济阶段，可以综合考虑外国破产程序清偿安排、我国境内债务人财产情况、我国债权人参与外国破产程序的清偿顺位及实际清偿率等因素，酌情确定为外国破产程序提供具体的救济措施。

《全国法院破产审判工作会议纪要》第50条规定，人民法院认可外国法院作出的破产案件的判决、裁定后，债务人在我国境内的财产在全额清偿境内的担保权人、职工债权和社会保险费用、所欠税款等优先权后，剩余财产可以按照该外国法院的规定进行分配。该规定即可视为对外国程序提供救济的限制性规定。但有学者认为，该规定未明确境外同类债权人是否可就境内财产与境内债权人同等顺位清偿，仍有解释空间。[②] 我国《企业破产法》事实上未涉及破产程序救济问题，因此在承认外国破产程序后提供救济的具体规则仍待立法予以明确。

2. 德国亚琛案中债权人利益保护条款的适用

关于承认德国破产程序是否损害我国债权人利益。经查，德国破产法并无对外国债权人的歧视性规定，我国债权人预计可以获得公平对待，同时莱茵有限公司在德国的破产程序中不存在我国债权人，在我国无未了结的诉讼、执行案件，并无损害我国债权人利益之虞。同时，本案中我国法院在承认外国破产程序后，确定救济措施时进一步审查是否损害我国债权人利益问题。承认德国破产程序后，北京一中院根据德国破产管理人申请进一步为其提供了救济。承认外国破产程序后的救济系跨境破产合作的关键问题。我国《企业破产法》仅规定了外国裁定、判决的承认，未规定后续救济规则。考察国际立法例，目前各国存在多种救济模式及合作方式，情况极为复杂。在德国亚琛案中，北京一中院参考《关于开展认可和协助香港特别行政区破产程序试点工作的意见》（以下简称《破产程序试点意见》）等相关规则为管理人提供必要的救济措施。

德国管理人申请承认德国破产程序是为在我国境内履职，并过户位于我国

① 参见方达跨境破产研究小组：《跨境破产中若干重要问题的实务操作及建议》，载《人民司法·应用》2020年第25期。

② 参见王欣新：《破产王道：破产法司法文件解读》，法律出版社2021年版，第213页。

境内的不动产。因此在该案中我国法院需要解决的问题是，在承认德国破产程序及管理人身份之后，如何确定管理人的履职范围和权限，其是否即可以自行处置位于我国境内的财产。对此《企业破产法》未作规定。根据《跨国界破产示范法》的规定，对于外国破产程序的救济可以分为三类：包括临时救济；承认后的自动救济；酌情给予的救济。临时救济指在承认前，为保护债务人资产或者债权人利益，由审查法院采取停止执行债务人财产等临时性措施。[①] 承认后的自动救济指承认外国主要程序后，自动产生的中止诉讼，停止执行，终止对债务人任何资产进行转让、质押或作其他处置的效果。[②] 酌情给予的救济包括在自动救济之外，由承认法院根据申请，酌情给予的救济，包括延长临时救济措施，委托外国管理人管理、变卖、处置债务人在本国的全部或部分资产等。[③]《破产程序试点意见》规定的救济类型与《跨国界破产示范法》大致相同。承认外国破产程序如能够产生自动中止诉讼等效果，即被称为自动救济模式。与此对应的为分离模式，该模式下即便是针对外国的主要程序，承认裁定的作出也并不自动发生任何效果。无论是对于外国主要程序还是非主要程序，承认仅仅意味着获得了被救济的适格资格，法官必须在作出承认裁定后，依裁量实施具体的救济。[④] 因《企业破产法》对外国破产程序的救济未作出规定，从法律解释角度无法确定我国采取何种救济模式，但可以肯定的是，即便采用自动救济模式，对于责令外国管理人对债务人财产进行管理、处置、分配等重大事项亦属于酌情救济的内容，需承认国法院另行批准。

德国亚琛案中涉及处置境内财产，应当由德国管理人向我国法院提出申请，并由我国法院审查之后酌情确定是否给予救济。该案中，因莱茵有限公司破产程序中不涉及我国债权人，其位于我国境内的不动产亦不存在其他已知权利人，在前期经过公告之后无利害关系人提出异议，北京一中院经审查认为可以提供救济，允许德国管理人在我国境内履职并处置在我国境内的财产。值得注意的是，对外国破产程序的救济应当以必要为限。该案中确定的管理人在我国境内的权限为处置房产必要的权限，包括接管债务人财产、印章和账簿、文书

① 参见《跨国界破产示范法》第 19 条。
② 参见《跨国界破产示范法》第 20 条。
③ 参见《跨国界破产示范法》第 21 条。
④ 参见金春：《外国破产程序的承认与协助：解释与立法》，载《政法论坛》2019 年第 3 期。

等资料;决定债务人日常开支和其他必要开支;管理和处分债务人财产。该权限未超过我国《企业破产法》及德国破产法中关于管理人权限之规定。同时,管理人在实际处置境内资产前,应经北京一中院另行批准。

(三)关于公共政策例外条款的适用

1.关于公共政策利益保护条款的理解

我国《企业破产法》第5条规定承认外国破产裁判不得违反我国法律的基本原则,不损害我国国家主权、安全和社会公共利益,上述条件可以归入公共政策例外条款。公共政策例外是跨境破产国际合作中一个十分重要的规则,对一国主权安全起着安全阀作用。[①]《跨国界破产示范法》第6条即规定如明显违反本国公共政策,则该法中任何规定不妨碍法院拒绝采取该法范围内的某项行动。联合国《贸易委员会跨境破产示范法颁布及解释指南》对于公共政策的内涵进行了进一步解释:在有些国家,公共政策大体上与国内法的任一强制性规则有关,但在许多国家,其被认为仅限于法律的根本原则,特别是宪法规定的各项保障。同时"明显"一词目的是强调公共政策的例外应当作限缩性的解释,并只在涉及对于颁布国至关重要的问题的特殊情况下才能援引第6条。[②] 各国一般规定了公共政策例外条款,但对于公共政策并无清晰界定,一般认为公共政策是指东道国的重大利益、基本政策、法律的基本规则或道德的基本观念。[③] 在英美法系国家,公共政策例外主要是通过判例阐释其内涵,如在2011年美国纽约南区破产法院在审查是否对德国破产程序承认与救济时,德国破产管理人请求美国破产法院允许其进入债务人电子邮箱。美国法院认为电子通信隐私权是受美国法律及宪法修正案保护的基础性权利及重要的公民权利,承认德国破产程序将严重损害美国的宪法性权利,明显违反美国公共政策,因此拒绝承认德国破产程序。[④] 而在大陆法系国家,公共政策多作为一种抽象性概念而存在。[⑤] 一般通过立法进行原则性规定,由法官在个案中对是否存在违反公共政

---

① 参见宋建立:《跨境破产案件的司法应对》,载《人民司法(应用)》2018年第22期。

② 参见《贸易法委员会跨境破产示范法与颁布及解释指南》第102—104段。

③ 参见韩德培主编:《国际私法》(第3版),高等教育出版社、北京大学出版社2014年版,第140、541页。

④ 参见付鹏远:《跨境破产承认与协助制度研究》,武汉大学2019年博士学位论文,第122—123页。

⑤ 参见张可心:《外国破产程序在中国的承认与协助制度——基于韩进海运破产案的思考》,载《人民司法(应用)》2017年第19期。

策的情形进行裁量确定。但司法实践中,各国一般严格限制公共秩序例外的适用标准和范围。我国对于公共政策例外的表述是,不违反我国法律的基本原则,不损害国家主权、安全和社会公共利益,上述规定中“法律的基本原则”“社会公共利益”等含义仍存在模糊性,存在较大的裁量空间。本文认为,该规则作为跨境破产的底线性规则,在适用时应当坚持克制立场,从狭义角度对公共政策进行解释,仅在涉及我国最基本的法律原则及最重要的国内公共政策时,方可适用此规则拒绝承认外国破产程序。

2. 关于其他审查要件的确定

考察《跨国界破产示范法》及美国、日本、欧盟等立法例及《破产程序试点意见》之规定,可以发现我国《企业破产法》对于两项重要的审查条件未作规定,即对于外国破产程序的集体性及外国法院的管辖权进行审查。但从跨境破产协作的本质要求出发,该两项要件应当纳入我国承认外国破产程序的审查标准。

(1)关于外国程序的集体性

各国跨境破产协作的基础是经济全球化与资本的跨境流动,在企业跨区域、跨国经营成为常态的情况下,破产清算与重整不再是一国能够独立解决的问题。[①] 这带来了跨境破产协作的要求,从历史发展来看,国际跨境破产合作经历了一个从属地主义向普及主义转变的过程。属地主义主张破产程序仅对程序启动国域内的财产有效。普及主义则强调跨境破产程序的统一性,主张应尽可能在全球范围内对于一个债务人只存在一个破产程序,债务人财产由同一破产管理人进行收集和分配,所有债权人在同一个破产程序中申报债权并获得清偿。[②] 属地主义明显已经无法适应经济发展的要求,而普及主义则忽视了各法域的差别,太过于理想化而实际无法适用,因此目前绝大多数国家均采纳修正的普及主义,即有条件、有限度地承认和协助域外破产程序。[③] 修正的普及主义在继承普及主义基本理念的基础上更加凸显本地法院及法律、政策的作用。[④]

---

① 参见张玲:《亚太经济一体化背景下跨境破产的区域合作》,载《政法论坛》2021 年第 1 期。

② 参见刘瑶:《中国跨境破产国际合作的法律问题研究——以韩进破产案为例》,载《中国海商法研究》2018 年第 3 期。

③ 参见刘琨:《跨境破产协助中的管辖权问题》,载《法律适用》2021 年第 12 期。

④ 参见张烁:《从“广信案”到“华信案”:香港对内地公司跨境破产清算承认与协助的新发展》,载《法律适用》2020 年第 14 期。

因此,在确定承认外国破产程序的审查标准时,我国应当立足于跨境破产协作的本质目的,同时注重本地法律、政策的限制作用。跨境破产的协作以普及主义下的单一破产程序为目标,强调统一管理债务人位于全球范围内任何国家的财产,对位于各个法域内的债权人予以平等清偿,从而迅速有效地管理破产财产以及公平对待所有债权人,实现"一人破产一次"(all for one and one for all)的理想目标。[①] 这就要求相互协作的各法域的破产程序应当具备最低限度的共同特征,确保该程序能够对于所有债权人提供公平受偿的机会。要求域外破产程序是集体破产程序,目的在于确保破产程序的统一性,保障同类别债权人能够获得按比例分配的平等对待。[②] 这是跨境破产国际协作发展的基础及最根本的目标,因此,外国程序是否具有集体性应当在跨境破产协作中予以考虑。

(2)关于外国程序启动国法院的管辖权

跨境破产本质上需要解决各法域对债务人财产管辖权争夺的问题。承认外国破产程序意味着认可破产程序启动国对债务人位于本国财产的管辖权。在属地主义原则下,各国均可以启动境内的破产程序,但在普及主义原则下,应当由单一的破产程序进行跨国财产的收集、处置及分配。此时的问题是,应当由哪个国家启动该破产程序,并统一管理全球范围内的债务人财产。这一问题应当通过国际通行的管辖权规则解决。目前《跨国界破产示范法》采取的是"主要利益中心"标准,即在债务人"主要利益中心"启动的破产程序应当获得承认,并为其提供较为充分的救济。《试点意见》亦采纳了"主要利益中心"标准作为承认香港破产程序的标准之一。我国香港地区并未采纳"主要利益中心"标准,而是采用注册地标准。[③] 尽管各法域对于应由哪个法域开启债务人的主要破产程序存在具体标准的差异,但无可怀疑的是,在跨境破产协作中必须存在管辖权标准,用以判断程序启动国管辖在全球领域内的债务人财产是否恰当。因此,破产管辖权问题是跨境破产法律制度的核心问题。[④] 我国在承认外国破产

---

① 参见龙关伟、王芳、叶浪花:《"一带一路"背景下中国跨境破产的发展路径选择——新加坡跨境破产发展历程的经验与启示》,载《人民司法·应用》2020 年第 1 期。

② 参见刘琨:《跨境破产协助中的管辖权问题》,载《法律适用》2021 年第 12 期。

③ 参见石静霞:《香港法院对内地破产程序的承认与协助——以华信破产案裁决为视角》,载《环球法律评论》2020 年第 3 期。

④ 参见刘瑶:《中国跨境破产国际合作的法律问题研究——以韩进破产案为例》,载《中国海商法研究》2018 年第 3 期。

程序时,应当审查外国法院的管辖权是否恰当。

(3)关于两项标准纳入《企业破产法》审查条件的解释路径

综上所述,因外国程序的集体性及外国法院具有管辖权均系跨境破产协作需要考虑的重要因素,应当纳入承认外国破产程序的审查条件之内。基于我国《企业破产法》现行规定,可以通过公共政策解释的方式将这两项重要因素纳入我国《企业破产法》第 5 条之审查标准。综上所述,如外国程序并非集中清理债权债务及公平清偿的集体性程序,或外国法院对涉案破产程序并无管辖权,则其程序的启动及进行均缺乏合法性,承认此类破产程序将违反我国法律基本原则,通过上述解释方法,可将管辖权及外国破产程序性质审查纳入我国《企业破产法》规定的审查条件之中。

3. 德国亚琛案中公共政策例外条款的适用

德国亚琛案中,根据申请人提交的证据,德国破产裁定已于 2011 年发生法律效力,债务人莱茵有限公司在我国境内拥有财产。

关于德国破产程序的性质,北京一中院通过华东政法大学外国法查明中心查明德国破产法相关规定,德国破产程序系由德国法院启动的对债务人债权债务进行集中处理的程序,在性质上与我国破产法律制度下破产清算程序相似,具有集体性特性。关于德国亚琛法院的管辖权,《跨国界破产示范法》及《破产程序试点意见》均采取"主要利益中心"标准。"主要利益中心"系跨境破产中专门引入、广泛采用的标准。《跨国界破产示范法》第 16 条规定,如无相反证据,债务人的注册办事处或个人的经常居住地推定为债务人的主要利益中心。《破产程序试点意见》第 4 条规定,"主要利益中心"一般是指债务人的注册地,同时,人民法院应当综合考虑债务人主要办事机构所在地、主要营业地、主要财产所在地等因素认定。如依据"主要利益中心"标准进行审查,莱茵有限公司注册地为德国亚琛,在无相反证据的情况下,可以推定注册地系债务人主要利益中心地,德国法院对于莱茵有限公司破产程序具有管辖权。但应当注意的是,我国《企业破产法》并未采纳"主要利益中心"标准,因此直接据此认定德国亚琛法院具有管辖权缺乏法律依据。此时可以考察我国《企业破产法》关于破产案件管辖权的规定。我国《企业破产法》第 3 条规定"破产案件由债务人住所地人民法院管辖"。该规定与《跨国界破产示范法》关于推定注册办事处为"主要利益中心"的规定并无矛盾。在德国亚琛案中,根据我国《企业破产法》管辖权的规定进行审查，亦可认定德国法院具有管辖权。因此本案中不存在违反我国公共政策的情况。经综合审查，北京一中院认为承认德国破产程序符合我国《企业破产法》第5条的规定，依法予以承认。

（四）承认外国破产程序的程序性事项

1. 关于对民事诉讼规则的准用

破产法是实体法和程序法的混合体。① 我国《民事诉讼法》及《企业破产法》中的程序性规则均为规范当事人参与司法程序的规则，两者为一般法与特别法的关系，因此我国《企业破产法》第4条规定了民事诉讼程序规则对于破产程序的准用。一般认为，破产程序准用民事诉讼法的一般性规定包括管辖、回避、委托代理人、证据、期间等方面。② 在跨境破产案件中，委托代理人、证据材料的提交等均可准用民事诉讼法之规定。另外，因跨境破产本质上是国际的司法协作，在不违反我国《企业破产法》等相关法律规定的情况下，可以参考《跨国界破产示范法》等国际通行的程序性规则。

2. 关于申请主体及审查法院的管辖权

关于跨境破产案件的申请主体，我国《企业破产法》并未作出规定。《破产程序试点意见》第3条、第5条规定了申请认可和协助香港破产程序的主体为管理人，即清盘人和临时清盘人。《跨国界破产示范法》第15条规定，外国代表可向法院提出申请，要求承认其已被一项外国程序指定为代表的该外国程序。"外国代表"系指在外国程序中被授权管理债务人资产或事务的重组或清算，或被授权担任该外国程序代表的个人或机构，包括临时指定的个人或机构。③ 目前，由管理人提出跨国或者跨区域破产承认申请已经成为国际通行的标准。在我国《企业破产法》未作出规定的情况下，可以遵守通行的国际规则认定申请人主体资格。

关于跨境破产案件的管辖权，我国《企业破产法》第3条仅规定了在境内启动的破产程序由债务人住所地人民法院管辖，对于申请我国法院认可外国破产程序的跨境破产案件的管辖权并未作出规定。本文认为，跨境破产协作主要是针对债务人跨国财产寻求统一处置，相应案件应当由和债务人具有实际联系的

① 参见许德风：《破产法论——解释与功能比较的视角》，北京大学出版社2015年版，第12页。

② 参见李国光主编：《新〈企业破产法〉条文释义》，人民法院出版社2006年版，第35—36页。

③ 参见《跨国界破产示范法》第2条。

地点的法院管辖,以符合管辖权一般理论。因我国《企业破产法》并未规定跨境破产案件的管辖权,可以参照我国《民事诉讼法》涉外民事案件之规定。我国《民事诉讼法》第276条规定:“因涉外民事纠纷,对在中华人民共和国领域内没有住所的被告提起除身份关系以外的诉讼,如果合同签订地、合同履行地、诉讼标的物所在地、可供扣押财产所在地、侵权行为地、代表机构住所地位于中华人民共和国领域内的,可以由合同签订地、合同履行地、诉讼标的物所在地、可供扣押财产所在地、侵权行为地、代表机构住所地人民法院管辖。”上述规定确定的管辖权连接点较多,包括诉讼标的物所在地、可供扣押财产所在地、代表机构住所地等,相应法院均可获得管辖权。同时,可以参考《破产程序试点意见》的规定。根据《破产程序试点意见》第5条的规定,债务人在内地的主要财产位于试点地区、在试点地区存在营业地或者在试点地区设有代表机构的,香港管理人可以依据该意见申请认可和协助香港破产程序。根据上述规定,财产所在地、营业地或者代表机构所在地均可以作为确定管辖权的依据。值得注意的是,外国破产程序管理人提交承认申请本身并不产生类似应诉管辖的效果,即不应当仅仅因为外国管理人向某一法院提出申请而使该法院获得对管理人或者债务人的管辖权,对此,《联合国国际贸易法委员会跨境破产示范法》(以下简称《示范法》)亦作出了规定,并认为在一国立法中明确该原则有助于消除外国破产管理人对于相关法院因其申请行为对其行使管辖权的忧虑。①

在德国亚琛案中,由德国亚琛地方法院指定的破产管理人提出承认申请,符合国际通行规则,北京一中院认为其具有申请主体资格。经查莱茵有限公司在我国已经不存在营业场所及代表机构,破产管理人申请我国承认德国破产程序主要系为了处置位于北京市的不动产。北京市作为财产所在地,与该案具有最密切的联系。同时,根据北京高院《关于调整公司强制清算案件及企业破产案件管辖的通知》,自2019年11月1日起,跨境破产案件由北京破产法庭集中管辖。据此北京一中院对该案具有管辖权。

3. 关于承认外国破产程序的审查程序

(1)关于案由及案号的确定

最高人民法院发布的《强制清算与破产案件类型及代字标准》(以下简称

① 参见《贸易法委员会跨境破产示范法与颁布及解释指南》第110—111段。

《破产案件代字标准》)中所规定的破产类案件的案号为"破申""破""破终""破监"四类,未包括跨境破产案件类型案号。考察现有的国内实践,在前文所述案例中武汉中院并未援引我国《企业破产法》的规定,而是按照一般民商事裁判承认与执行的规则处理,其所采用的案号为涉外民事案件案号。环保科技集团案及河西公司案均系诉讼案件中对破产管理人作为诉讼一方当事人代表身份的确认,因此均在民事诉讼案件中做出认定。森信洋纸案作为适用《破产程序试点意见》承认香港破产程序首案,案号采用按地区编排的破产类案号。

因跨境破产与民商事判决的承认与执行存在重大区别,在承认之后的后续处理方面亦存在不同。民商事判决承认后一般仅涉及执行相关裁判这一事项,跨境破产案件在承认外国破产程序之后可能涉及复杂的救济措施,如有必要可以指定本国管理人或者授权外国管理人管理、处分、分配债务人位于我国境内的财产。如承认外国破产程序案件适用涉外民事案件案号,既无法体现跨境破产案件特点,也无法处理后续程序问题,因此承认外国破产程序案件采用破产类案号及案由为宜。

在德国亚琛案中,因《破产案件代字标准》未规定跨境破产类案号,该案参照适用相近的案件类型案号,即适用申请破产的"破申"案号。关于案由,虽然《民事案件案由规定》未设置跨境破产类案由,但依据最高人民法院2020年12月29日发布的《关于印发修改后的〈民事案件案由规定〉的通知》,对民事诉讼法规定的适用特别程序、督促程序、公示催告程序、公司清算、破产程序等非讼程序审理的案件案由,根据当事人的诉讼请求予以直接表述。根据上述通知规定,该案中依据当事人的申请,北京一中院对案由予以直接表述,确定案由为"申请承认德国亚琛地方法院破产裁定一案"。

(2)关于通知及听证程序

《企业破产法》第5条对承认外国破产程序的具体的审查程序未予规定,但在破产申请审查程序中,对于重大事项,均需通知利害关系人并进行听证,这是保障利害关系人的知情权等合法权利的基本程序。① 同时,《破产程序试点意见》第8条规定:"人民法院应当自收到认可和协助申请之日起五日内通知已知

① 如根据《全国法院破产审判工作会议纪要》之规定,人民法院审理关联企业破产案件时,对于实质合并审理申请,应当及时通知相关利害关系人并组织听证。

债权人等利害关系人,并予以公告。利害关系人有异议的,应当自收到通知或者发布公告之日起七日内向人民法院书面提出。人民法院认为有必要的,可以进行听证。”因承认外国破产程序实质上将导致债务人位于我国境内的财产置于外国破产程序的管领之下,对我国债权人及利害关系人可能产生重大影响,所以在承认外国破产程序时,应当通知已知债权人等利害关系人并予以公告,在必要的情况下组织各方进行听证。

在德国亚琛案中,根据德国破产管理人调查情况,莱茵有限公司在我国境内不存在债权人,亦无其他利害关系人,但考虑不能排除因我国债权人未在德国破产程序中申报债权等导致德国破产管理人不掌握相关情况的可能,为充分保障我国债权人权益,北京一中院通过全国企业破产重整案件信息网发布公告,载明申请情况,并载明利害关系人对申请如有异议,应在公告发布之日起7日内向北京一中院书面提出。公告期限届满后,该案中并无利害关系人提出异议。因在承认外国破产程序前通知利害关系人可能产生债务人转移财产、债权人个别清偿等问题,一般认为通知程序应当辅以临时救济措施,对此《跨国界破产示范法》及《破产程序试点意见》均作出规定。但在该案中,因莱茵有限公司在我国并无利害关系人,德国破产管理人未向北京一中院提出临时救济申请。

四、结论

针对本案涉及的审查标准及程序性要求,建议申请人申请承认外国破产程序时提交以下材料:

1. 申请书。载明申请主体、申请事项、事实理由、法律依据等。

2. 外国破产管理人主体资格证明。参照最高人民法院《关于为跨境诉讼当事人提供网上立案服务的若干规定》(以下简称《跨境诉讼网上立案规定》)之规定,管理人是自然人的,应当提交护照等用以证明自己身份的证件;管理人是企业或者组织的,应当提交身份证明文件和代表该企业和组织参加诉讼的人有权作为代表人参加诉讼的证明文件,证明文件应当经过公证、认证。外国破产管理人委托我国境内律师等作为代理人的,还应当提交委托代理手续,委托代理可以参照《跨境诉讼网上立案规定》进行线上视频见证或提交公证认证手续。

3. 启动外国破产程序、指定破产管理人的相关文件及申请承认的裁判文书的副本。值得注意的是,根据《跨国界破产示范法》第15条的规定,申请承认外国程序应当提交的主要材料为外国程序存在和指定外国代表的证明,该证明不一定为开启外国程序的司法判决或者裁定,还可以为外国法院出具的证明,或者其他证明外国破产程序存在及指定外国代表的证明。但根据《企业破产法》第5条的规定,我国承认的直接对象并非为外国破产程序,而是外国法院作出的破产案件的判决或者裁定,系通过承认外国法院破产判决、裁定进而承认外国破产程序。因此一般而言外国管理人提交的证明外国破产程序存在的文件应当为外国法院作出的开启该破产程序的裁判文书。如仅提交外国法院出具的证明或者其他辅助性的材料,因不符合破产法关于承认对象之规定,可能无法获得《企业破产法》第5条项下的承认。

4. 关于债务人住所地或者主要利益中心所在地的相关证明。

5. 债务人在申请承认所在地具有财产、营业场所、代表机构等连接点的证明,供受理申请的法院判断其管辖权。

6. 关于外国破产程序的说明。包括外国破产程序进展、是否有本国债权人及其参与外国破产程序情况、债务人在我国的诉讼执行等情况、可能存在的利害关系人、破产程序启动国对我国破产程序承认或拒绝承认的情况(如有)等。

(案例编写:常洁、刘琦)

17. 破产重整计划的域外承认和救济

——某电力股份公司重整案

案例要旨：该案系我国破产重整计划得到外国法院承认和救济的典型案例，入选2021年度“全国破产经典案例”。该案中，境外债券约定适用的准据法为外国法律，并由外国法院管辖，故该案破产重整计划在得到外国法院的承认后，才能对境外债权人全面生效。该案充分考量当代跨境破产法律制度的主流模式，由管理人直接向外国法院申请对我国破产程序及重整计划的承认和执行，大幅提高了该公司破产重整计划在境外获得承认并全面执行的效率，同时确保境外债券持有人及时、准确行使各项权利，全面参与破产重整各项程序，成为后续顺利获得外国法院承认重整计划的关键考量因素。

一、据以研究的案例

申请人：某电力股份公司（以下简称某电力公司）

某电力公司是大型民营发电企业集团，合计装机容量达894万千瓦，核心生产企业分布在河南、江苏等地。某电力公司受到债务规模持续扩大，国内融资政策不断缩紧等因素影响，无法清偿到期债务且丧失融资能力，陷入破产困境。2021年8月20日，北京一中院裁定受理某电力公司提出的破产重整申请。

某电力公司经裁定确认的债权总额为人民币近250亿元，总资产清算价值约人民币130亿元，在破产清算状态下的普通债权清偿率仅为四成左右。尽管如此，某电力公司经营前景仍然被看好，经重整仍然可以摆脱债务困境，恢复元气，基本还清债务。因此，本案债务人、债权人、法院、管理人等各方都积极推动促成某电力公司的破产重整。在法定重整期间内，重整计划草案顺利提出，在债务人与绝大多数债权人间达成合意。

在本案普通债权中，包括某电力公司于2017年5月18日发行的“2020年到期5亿美元6.625%优先票据”（以下简称美元债券），本金为5亿美元，在新加坡交易所上市交易，受托人为某国际有限公司。2020年5月18日，美元债券到期，某电力公司未偿付全部本金及两期已到期应付的票据利息，已构成违约。而美元债券契约约定，对该债务的重组适用纽约法律，受纽约法院管辖，这意味着本案重整计划需要得到美国法院承认和执行后才能在境外全面执行。

法院和管理人在缺乏先例可循的情况下，积极探索，勇于实践，对美元债权人的权利行使，根据契约约定，尊重国际惯例进行了公正安排，充分体现了当代国际主流破产法律制度公平正义的宗旨，得到广大境内外债权人的认可。

2021年12月17日，某电力公司重整计划草案提交第二次债权人会议表决，顺利得到高票通过。有财产担保债权组表决同意的人数及金额比例均为100%，普通债权组表决同意的人数及金额比例均超过87%。2021年12月29日，北京一中院裁定批准某电力公司重整计划，终止某电力公司重整程序。

2022年1月4日，管理人向美国纽约南区破产法院递交申请，请求承认某电力公司破产重整程序为外国主要程序并给予相关救济。2022年2月1日，纽约南区破产法院就本案进行聆讯，在庭后24小时内即正式下达承认令，承认某电力公司破产重整案为《美国破产法》第1502条规定的外国主要程序并给予相应救济，某电力公司重整计划在美国得到承认。随后，本案重整计划在境内外开始全面执行。

二、涉及法律问题

一是关于破产法域外效力立法主义模式。在某一破产案件中，债权人、债务人或破产财产位于两个或两个以上的国家、法域或境域，即涉及跨境破产问题。跨境破产可以分为两类，一类是承认外国破产程序；另一类是我国破产程序的域外承认。其中对我国破产程序域外效力的承认和救济需要对立法模式予以充分了解，方可提出较为可行且有效率的申请破产法域外效力救济方案。

二是关于破产重整计划的域外承认和救济实体性程序性保障。在一定程度上,破产重整计划的域外承认和救济对破产程序提出了更高标准和要求。破产重整计划的域外承认和救济需要做到实体公正,程序严谨,这是破产重整计划的域外承认和救济的前提和基础。

三、案例分析

(一)关于破产法域外效力的立法主义

破产法域外效力立法上主要有两种理论:属地主义和普遍主义。

1. 属地主义

属地主义主张破产法的效力仅及于立法国国内,只有破产人在该国内的财产属于破产财产,其在他国的财产不受本国破产程序影响。[①] 属地主义主要基于对国家主权效力的强调,在破产程序开始后,债务人资产仅为本国债权人所清偿,倾向于对本国债权人的保护,同时该破产程序所涉及的财产单纯为本国管辖内的财产,这就意味着本国债权人不能就债务人域外的资产享有相关债权,本国破产法或法院判决无法对债务人域外资产产生任何效力。

属地主义主要有两点优势:第一,有效地保护本国债权人的利益,减少域外破产程序的风险袭击。第二,本国破产程序唯一适用的法律为本国破产法,破产程序引发的相关法律后果具有更高的可预测性,债务人和债权人的预期更加稳定。但属地主义亦存在三点弊端:第一,以地域对债务人财产强行割裂失去了在最大范围内整合债务人资产清偿各国债权人利益的可能性。第二,属地主义造成对同一债务人的破产清偿需要由不同国家分别启动破产程序,导致众多平行且彼此独立的破产程序存在,债权人需要在不同国家的破产程序中申报债权,增加诉累和诉讼成本。第三,违背破产法对所有债权人进行平等分配的基本原则。

2. 普遍主义

普遍主义主张破产法的效力不仅及于立法国国内,而应及于债务人在域外的全部破产财产,无论其财产在何地均属破产财产。[②] 各国通过多边协议或者国际组织合作,在一个国际破产法规下,通过唯一的破产程序整合债务人在不同国家的所有资产,平等分配给各国债权人。但各国国情不同,文化背景、价值

① 参见王欣新:《破产法》(第4版),中国人民大学出版社2019年版,第29页。
② 参见王欣新:《破产法》(第4版),中国人民大学出版社2019年版,第30页。

观念各不相同,破产法律制度迥异,普遍主义较难实现。

普遍主义与属地主义具有理论互补性,主要有以下优势:第一,全面整合债务人资产,从整体上更有效率地实现全体债权人利益最大化。第二,更加符合破产法的立法本义,平等保护全体债权人。第三,破产清偿由一个破产程序完成,大大降低诉讼成本,节约社会资源,减少非必要的消耗。第四,有效避免逃废债,防止债务人利用法律漏洞,转移破产财产,损害债权人利益。第五,增加全体债权人对破产法律后果的预期,客观上有助于全球资本流动,促进世界各国贸易。

3. 合作属地主义和修正普遍主义

属地主义与普遍主义各具优势,但也都存在一些弊端。因此,在立法与司法实践中,各国很少采用某一种主义,大多进行一定的变通以解决实际问题,合作属地主义和修正普遍主义应运而生。

(1)合作属地主义

合作属地主义是传统属地主义原则的继承和发展,与传统属地主义相同的是债务人依照本国破产法分别开始破产程序,不同破产程序不分主从,具有独立性和平等性。与传统属地主义最大的不同和进步在于,其可以协商制定协议,依据该协议确定破产财产整合数额以及分配给各国债权人的清偿比例,有效避免了本国倾向优先本国债权人的不公正现象。但是,由于合作属地主义并不区分各国破产程序的主次,多个平行破产程序可能产生债权人分别进行债权申报,加重债权人经济负担的问题,同时也在一定程度上造成各国司法资源的浪费。

(2)修正普遍主义

修正普遍主义继承并发展了传统普遍主义的核心原则和主要优点,要求债务人在其资产中心所在地申请主要破产程序,同时承认和允许债务人资产所在的其他国家进行辅助破产程序。与此同时,修正普遍主义赋予了主要破产程序所在国对他国有违公正的辅助破产程序的法律效力予以否认的自由裁量权。修正普遍主义主要有以下优势:第一,在债务人资产中心所在地开展主要破产程序处置债务人的资产,在次要利益相关国建立必要的辅助破产程序,有利于降低不必要的破产程序的数量和费用。第二,修正普遍主义不要求绝对统一的破产程序,而是以主要破产程序结合辅助破产程序的方式,实现破产程序上的相对统一,允许一国基于公共利益、国家政策、保护当地债权人的考虑,拒绝承认域外判决裁定的效力。

4. 国际组织及域外立法例

(1)《示范法》

该法是对跨境破产影响最大的法律。《示范法》为各国设立统一的跨境破产法律制度规范提供了有价值的参考,《示范法》采纳国对所涉及的任何破产相关的域外效力承认、国际合作模式均可参照,鼓励不同国家尽最大努力进行高效的信息沟通,进一步协调合作,通过国家间相互承认域外破产程序效力,优化处置债务人全球范围内的资产,以提高债务清偿率。

《示范法》明确了跨境破产中的核心问题:跨境破产案件管辖权及相关定义;域外债权人的待遇;域外破产程序的承认;承认域外破产程序的法律后果;多国破产程序的合作与协调等。例如,在跨境破产案件管辖权及相关定义方面,《示范法》对"债务人主要利益中心所在地""外国程序""主要破产程序""非主要破产程序"等核心概念作了界定,对明确跨境破产案件管辖权起到了关键作用。在域外债权人的待遇方面,《示范法》主张域外债权人享有"无差别国民待遇",即在同等情况下域外债权人应享有与本国债权人相同的权利义务。在对域外破产程序的承认方面,《示范法》明确了管理人申请进行域外破产程序相关规定的要求,对申请承认资料内容和形式等做了最大限度的简化,为各国快速、高效承认域外破产程序效力打下了坚实的基础。

(2)美国跨境破产立法

美国是较为完整采纳《示范法》的国家,将破产程序管辖权划分为主要破产程序、非主要破产程序,以及平行破产程序。其中,区分主要破产程序和非主要破产程序的关键在于判断债务人主要利益中心所在地,如不能举出相反证据,则推定债务人的注册办事处或其个人的惯常居所为其主要利益中心所在地。关于承认域外破产程序的条件,完全秉承《示范法》简洁、快速、高效的精神,管理人只需提供证明符合条件的域外破产程序存在及其身份真实性的证据,如不存在明显违反本国公共秩序则可以承认域外破产程序效力。对于承认域外破产程序后的法律效果,一旦域外破产程序得到本国承认,债务人在美国管辖权内的资产进入自动冻结状态,即停止对债务人资产的追偿以及诉讼请求。此外,该法对于适用以违反公共政策为由排除域外破产程序的效力方面也有一定限制,以此防止法院滥用该原则。

5. 某电力公司重整案中修正普遍主义的适用

根据某电力公司原美元债券契约,修改债券的重要条款(如本金金额、利率和到期日等)需要100%的债券持有人同意。按国际上类似案件的通常做法,本案一般会在债券的上市地点(新加坡)法院启动一个重整债务计划,对债务进行重组,因债券契约约定适用纽约法律并受纽约法院管辖,再将新加坡法院裁定批准的重整债务计划寻求美国承认,以符合债券契约条款的约定。

考虑到《美国破产法》全面采纳了《示范法》,而修正普遍主义已成为示范法体系和当代国际跨境破产主流法律制度的基本原则,即在保护本国债权人利益的前提下,积极开展跨国破产合作,尽可能使债务人在各个法域的财产在单一破产程序中进行管理,以提高破产程序的效率和债权受偿的公平。同时,考虑到联合国国际贸易法委员会示范法体系立法和实践指南发展的趋势是尽可能便捷地开展国际跨境破产的合作和协调。结合对美国跨境破产制度的了解,可以得出结论,美国法院在裁定承认域外破产程序申请时,考虑的重点是程序及实体权利上的公平性,即在包括投票等整个重整过程中是否给予美元债券持有人程序上的公平性以及重整计划是否给予美元债券持有人以同类别债权人相同的对待,即没有不适当地损害美元债券持有人的利益。

因此,在已经存在中国破产重整程序的前提下,本案直接在美国法院申请对中国破产程序及重整计划的承认和执行是可行的,完全不必取道于新加坡。这大幅度提高了某电力公司破产重整计划在境外获得承认并全面执行的效率,并节约许多破产费用。

(二)关于破产程序实现域外效力的实体性程序性保障

破产程序效力得到域外承认一方面要符合当代世界主流破产法律制度公平正义的宗旨,另一方面破产程序必须程序规范严谨,才能具有国际说服力,最终得到域外法院承认。

1. 关于破产程序中实体性程序性保障的理解

我国破产法是实体法和程序法的混合体。具体而言,在我国《企业破产法》中,第二章(申请和受理)、第三章(管理人)、第六章(债权申报)和第七章(债权人会议)主要属于程序性规定,第四章(债务人财产)和第五章(破产费用和共益债务)则主要是实体性规定。在第八章、第九章等章中,则既有实体性的规定,又有程序性的规定。

在实体性保障方面,因权利皆可放弃,故关于破产参加人具体权利的规则,通常都属任意法,如权利人可放弃债权的优先受偿权或放弃破产债权。相对而言,为维护破产参加人(尤其是债权人)整体利益而设置的规则,大多为强行法。如对于法律有关破产管理人职权的规定,债权人、债务人或其他破产参加人便不能以合同约定加以改变。

在程序性保障方面,为了确保破产程序的正当性,必须遵守最低限度程序保障的底线要求,即保障当事人的法定听审权,包括依法送达法律文书,保障当事人的知悉权;采取适当的方式听取当事人意见,保障当事人陈述意见、提交证据、提出异议的权利;等等。

破产程序一经启动将一环扣一环地往前推进。每完成一个程序阶段,都会产生法定的实体与程序效果,对全体债权人和破产债务人均有约束力,不受程序主体个别意见的影响,不能随意撤销推翻。

2. 某电力公司重整案中程序性保障的适用

根据美元债券契约,受托人代表债券持有人申报债权,但受托人不能就实体性事项代表全部债券持有人进行判断或作出决定。这导致管理人所编制的债权表上的美元债券债权人,即受托人,依约不会积极参与到重整程序之中。而在整个程序中,确保美元债券持有人与其他债权人同等地全面、准确获取信息及行使权利,是后续顺利获得美国法院承认的关键考量因素。

(1)知情权保障

为充分保障美元债券持有人对中国破产程序的知情权和监督权,本案美元债券持有人通过列席债权人委员会会议及债权人会议的方式得以积极参与到重整程序中。

2021 年 11 月 5 日,北京一中院主持召开了某电力公司第一次债权人会议。本次债权人会议根据我国《企业破产法》选举产生了由 6 名债权人代表及 1 名债务人职工代表共同组成的某电力公司债权人委员会(以下简称债委会)。在日常工作中,管理人认真执行有关工作制度,对涉及重大资产处置、对外提供担保、聘请专业机构等重大事项均应向债委会报告或提交其审议。此外,管理人还邀请美元债券持有人代表列席债委会会议,以享有同等的知情权。

(2)重整计划制定中的参与权保障

在制定重整计划过程中,管理人与债务人就重整计划草案的条款及实施细节,向美元债券持有人做了明确和全面的披露,并给予同一组别的普通债权人以完全同等的对待，以确保达到美国法院所要求的没有不适当地损害美元债券持有人的利益。

此外，尊重美元债券契约对债务重组的特别约定，并将该约定嵌入重整计划。重整计划获得债权人会议表决通过及我国法院裁定批准后，对美元债的重组还将按照美元债券契约约定，将在美国法院对重整计划给予承认后才对美元债券持有人产生美国法下的约束力，原债券契约也将基于此得以修订。

（3）重整计划表决权保障

2021年12月17日，某电力公司召开第二次债权人会议审议重整计划草案。按照我国《企业破产法》相关规定，管理人提前15日向全体债权人发出会议通知和重整计划草案。为保证美元债券持有人的充分知情权，管理人事前将包括重整计划草案及其英文翻译、经修订及重述的契约等在内的全套美元债券重组文件上传至特设重整网站，并分发给债券持有人。同时，管理人在新加坡交易所发布公告，通知债券持有人可登录网站获取上述文件，并通过清算系统进行投票。在第二次债权人会议上，法院允许美元债券持有人列席网络直播会议，管理人为其特别设置了列席账号，可观看和提问。此外，为给予美元债券持有人充分的时间对某电力公司重整计划草案进行考虑及投票，为美元债券持有人设定了通过清算系统提交表决指示的15天期限。

由于本案程序严谨，既严格依照我国《企业破产法》进行破产重整程序，也充分考虑到美元债券契约的特别约定和持有人大部分在境外的实际情况，在程序上进行了对美元债券持有人公平对待的充分安排，破产重整程序和重整计划均得到广大持有人的信任和支持。经统计，通过清算系统参加重整计划表决的美元债券持有人共计108人，其中106人投同意票，其所代表美元债券金额比例为85.73%。

以上程序从美元债券持有人特殊的契约约定和大部分持有人在境外的实际情况出发，周到而严谨地对持有人的权利行使进行了充分支持，为广大持有人对重整计划的支持和美国法院对本案域外效力和重整计划的承认打下了坚实基础。在重整计划被北京一中院批准后，管理人向美国纽约南区破产法院递交申请，请求承认某电力公司破产重整程序为外国主要程序并给予相关救济。美国东部时间2022年2月1日，美国纽约南区破产法院就本案进行聆讯。因本案法律程序严谨，对各方利益保护公正，符合当代国际主流破产法律制度的宗旨，聆讯顺利进行，纽约南区破产法院在庭后24小时内即正式下达承认令，承认某电力公司破产重整案为《美国破产法》第1502条规定的外国主要程序并给予相应救济。纽约南区破产法院认为,在中国进行的某电力公司破产重整程序是在债务人的主要利益中心所在地进行的,因此属于《美国破产法》第1502条规定的外国主要程序,有权获得《美国破产法》第1520条规定的所有救济,以及第1507条和第1521条规定的额外援助和酌情救济。法庭认为,对某电力公司破产重整程序给予承认和救济符合《美国破产法》第十五章的宗旨,对保护债务人、债权人和其他利害关系方的利益是必要的,否则,中国破产重整程序为债务人的重组所进行的努力,可能会被某些债权人或其他利益方的行动破坏,从而给债务人、债权人和其他利益方造成不可弥补的损害,因此承认某电力公司破产重整程序,对某电力公司重整成功至关重要,可以实现债务人和债权人等各方主体的利益最大化。承认令的内容主要包括:批准申请;承认中国程序为外国主要程序;给予《美国破产法》第1520条对外国主要程序的所有救济和保护;自某电力公司重整计划生效之日起,批准重整计划的中国法院裁定及重整计划在美国得到承认并获得礼遇,具有充分的法律效力;自重整计划生效之日起,禁止受重整计划影响的主体干扰重整计划执行的一系列行为。通过美国法院对中国法院批准重整计划的裁定书予以承认,债券发行人得以在承认令的基础上,对债券契约进行重述及修订,最终完成了对债券的重组。这也标志着某电力公司重整计划在境内外开始全面执行。

四、结论

关于破产法的域外效力,在申请破产法域外效力的承认和救济时要充分了解和把握域外国家破产法域外效力的立法主义以及相关惯例,一方面可以对破产法域外效力的承认和救济机会作出一定判断,另一方面亦可以对破产法域外效力承认和救济路径做出相应选择。

破产法域外效力的最终实现必须依赖于域外法院的承认与执行,综观世界各国有关跨境破产的立法与实践,承认外国破产程序远比承认与协助一般的民商事判决或裁决谨慎,因此,本国破产程序必须在实体和程序两个方面做到规范严谨,进而为破产法域外效力的承认和救济打下坚实基础。

(案例编写:张春城)

18. 破产衍生诉讼集中管辖的范畴界定

——林某诉某创公司合同纠纷案*

案例要旨：本案围绕破产衍生诉讼集中管辖的范畴界定问题展开。结合《企业破产法》第21条的立法目的，集中管辖的适用前提应当是案件与债务人的财产总量或财产价值的最大化有关，或者与债权人、债务人之间的债权债务关系调整有关。债务人作为无独立请求权第三人参加的诉讼案件，一般不属于"与债务人有关的民事诉讼"，故本案法院准确界定了破产衍生诉讼集中管辖的案件范畴，有效保障了衍生诉讼的审理质效和破产程序的顺利进行。

一、案例介绍

(一)案情简介

2022年9月1日，北京市第一中级人民法院立案庭收到安徽省合肥高新技术产业开发区人民法院(以下简称合肥高新开发区法院)移送的原告林某诉被告某创公司合同纠纷案的卷宗材料。移送卷宗中的材料显示，本案基本情况如下。

2022年5月13日，原告林某向合肥高新开发区法院提交起诉书，被告为某创公司，诉讼请求为：(1)判令被告支付编号为A-1的采购合同、编号为B-2的技术开发合同、编号为C-3的技术开发合同未支付的尾款764500元及利息

* 案例为作者根据工作、研究经验，为具体说明相关法律问题，编辑加工而得。

(暂定1万元);(2)在线审理本案;(3)由被告承担受理费用。事实与理由:被告与某电公司签订了编号为A-1的采购合同,合同金额为245000元;签订了编号为B-2的技术开发合同,合同金额为1920000元;签订了编号为C-3的技术开发合同,合同金额为230000元。迄今,共支付1630500元,余款764500元以未验收为由一直未支付。2020年4月22日,北京市第一中级人民法院受理某电公司破产清算案。2022年4月15日,某电公司管理人将其所持有的案涉764500元债权转让给原告。2022年4月27日,原告通过EMS(单号×××)邮寄债权转让暨催收通知,被告已签收,但未清偿债务,特此起诉。

2022年6月14日,某创公司向合肥高新开发区法院提出管辖权异议,主张:根据司法判例,债权转让管辖问题应根据纠纷产生的合同关系来决定。如果债权受让人与转让人之间因债权转让合同产生纠纷,案由应当确定为债权转让合同纠纷;如果债权受让人基于原债权人与债务人之间的原合同主张权利,即债权受让人与债务人因原合同的履行产生纠纷,则应按原合同类型确定案由和管辖。2022年4月15日某电公司管理人将案涉764500元债权转让给林某。林某以受让的某创公司与某电公司原合同主张权利,则应按原合同类型确定管辖。另因本案系破产债权转让,所以根据《北京市高级人民法院企业破产案件审理规程》第59条"(新发生的有关债务人民事案件的集中管辖)人民法院受理破产申请后,以债务人为原告、被告或者第三人的新提起的第一审民事诉讼,由受理破产申请的人民法院管辖,不受民事诉讼法、海事特别诉讼法及有关司法解释关于地域管辖、级别管辖和专属管辖规定的限制。但确认仲裁条款效力、申请撤销仲裁裁决的案件除外"的规定,本案应由受理破产申请的人民法院即北京市第一中级人民法院管辖。

2022年6月14日,合肥高新开发区法院作出(2022)皖0191民初6331号民事裁定书,认为:2020年4月22日,北京市第一中级人民法院受理某电公司破产清算案。2022年4月15日,某电公司管理人将案涉764500元债权以拍卖方式转让给林某。经该院与某电公司管理人联系,目前某电公司破产程序尚未终结,管理人并未就案涉债权与某创公司进行确认,在转让前也未向某创公司发出债权转让通知。现某创公司针对本案管辖提出异议,同时明确表示案涉基础债权事实不清,为便于查明案件事实,节约司法成本,结合《企业破产法》第21条的规定,本案由北京市第一中级人民法院处理为宜。据此,该院依照《民事诉讼法》(2021)第130条第1款、第157条第1款第2项的规定,裁定如下:被告某创公司对管辖权提出的异议成立,本案移送北京市第一中级人民法院处理。

(二)法院观点

经审查,北京市第一中级人民法院认为:合肥高新开发区法院作出民事裁定书,将案件移送北京市第一中级人民法院处理的做法,不符合法律规定,理由如下。

1. 本案并非"有关债务人的民事诉讼",不应由受理破产申请的法院集中管辖

第一,破产案件的债务人某电公司并非本案的当事人,即使假设被追加为第三人,亦无独立的诉讼请求、不承担相应责任。《企业破产法》第21条规定,人民法院受理破产申请后,有关债务人的民事诉讼,只能向受理破产申请的人民法院提起。根据相关释义书,此处"有关债务人的"一般应当理解为债务人在该诉讼中具有独立的诉讼请求。关于被告主张的2013年《北京市高级人民法院企业破产案件审理规程》第59条之规定,应结合最高人民法院在徐某鸿与四川骊盟贸易有限公司、四川新吉鸿纸业有限责任公司保证合同纠纷管辖权异议一案①的裁判要旨进行理解适用。故即便考虑到依据《民法典》第548条的规定,被告有权就其向债权让与人的抗辩向受让人主张,并因此追加某电公司作为第三人,因某电公司在案件中既无独立诉讼请求,也不承担相应责任,故本案仍不属于"有关债务人的民事诉讼",不应依据《企业破产法》第21条进行集中管辖。

第二,本案的审理结果不会对破产程序、破产案件中债务人的利益分配造成影响。某创公司主张其与某电公司之间互负债权债务,已经在某电公司的破产清算程序中申报债权。故某创公司的权利主张已经通过破产程序概括处理,即便其对管理人确认的结果不予认可,也可以通过破产债权异议之诉予以解决。且北京市第一中级人民法院已于2023年3月30日裁定终结某电公司破产清算程序。因此,本案的审理结果对某电公司破产程序以及破产财产分配均不会造成影响。

第三,某创公司的管辖权异议理由及合肥高新开发区法院的移送理由不能成立。针对合肥高新开发区法院在移送裁定书中所称"管理人并未就案涉债权

① 参见最高人民法院民事裁定书,(2014)民申字第1495号。

与某创公司进行确认，在转让前也未向某创公司发出债权转让通知”的问题，首先债权转让即便没有通知某创公司，林某提起本案诉讼应当同样具有通知的效力，且债权转让系以公开拍卖的方式进行，真实性完全可以自行核实，也可以向管理人核实。其次，涉案债权转让并不涉及合同权利义务概括转移问题。进入破产程序后，即便某电公司就涉案三份合同仍有尚未履行完毕的义务，根据《企业破产法》第 18 条的规定，因管理人未要求继续履行合同，而是转让应收账款，表明管理人已选择解除上述三份合同。在破产情境下，合同解除的效果，要么是破产企业享有债权，据此理应允许转让；要么是破产企业负有债务，对此合同相对方可以依据《企业破产法》第 53 条向管理人申报债权。不会存在破产企业既享有债权，又需要履行义务的情形。进而不会存在合同权利义务概括转移，需要对方同意确认的情况。破产实践中，也无管理人在处置拍卖应收账款时需要征求合同相对方同意的做法。最后，关于某电公司的管理人是否需要与合同相对方即本案被告某创公司核实债权真实性等情况的问题。破产实践中，为提高效率、节约成本，管理人一般采取现状拍卖的方式，即如实公告债权基础文件等情况，但不确保其质量及效力。本案所涉某电公司破产清算案，管理人也是在其发布的拍卖公告中载明：“管理人不保证本次拍卖的债权类资产中的应收账款和其他应收款的真实性”“一切法律风险均由竞买人自行承担”“债务人对某电公司的抗辩权利（包括但不限于债权异议、债权抵销、提起诉讼或者反诉）可依法向竞买人行使”等内容。上述做法并不影响某创公司依据《民法典》第 548 条、第 549 条对受让人林某行使抗辩、主张抵销，而林某作为竞买人亦应根据上述拍卖公告要求自行承担风险。

2. 根据普通民事诉讼管辖规则，本院亦无管辖权

根据债权转让后有关管辖的规定，债权受让人基于原债权人与债务人之间的原合同主张权利，应按原合同类型确定管辖。《民事诉讼法》（2021）第 24 条规定，因合同纠纷提起的诉讼，由被告住所地或者合同履行地人民法院管辖。第 35 条规定，合同或者其他财产权益纠纷的当事人可以书面协议选择被告住所地、合同履行地、合同签订地、原告住所地、标的物所在地等与争议有实际联系的地点的人民法院管辖，但不得违反本法对级别管辖和专属管辖的规定。本案中，被告住所地、合同履行地及当事人约定的管辖地均不在北京，故本院并无管辖权。

综上，北京一中院认为合肥高新开发区法院对该案享有管辖权，将案件移

送北京一中院管辖不符合相关法律规定,故申请层报最高人民法院对案件指定管辖。经北京市高级人民法院与安徽省高级人民法院进行民事管辖协商,安徽省高级人民法院认为合肥高新开发区法院对案件享有管辖权,合肥高新开发区法院裁定将本案移送北京一中院确有不当,同意本案由合肥高新开发区法院审理。北京市高级人民法院通知北京一中院将本案相关材料移送合肥高新开发区法院。后依据《民事诉讼法》(2021)的有关规定,北京一中院将此案移送合肥高新开发区法院。

二、涉及法律问题

债务人作为无独立请求权第三人参加的诉讼案件,是否应当由受理破产申请的法院集中管辖?

本案的争议焦点围绕对破产衍生诉讼集中管辖的范畴界定展开,具体表现为:当破产案件的债务人并非案件的原告、被告,仅有可能成为无独立请求权的第三人之时,该案是否仍然应当由受理破产申请的法院集中管辖?对此,《企业破产法》第21条规定:“人民法院受理破产申请后,有关债务人的民事诉讼,只能向受理破产申请的人民法院提起。”但对于“有关债务人的民事诉讼”的具体范围为何,我国破产法及其司法解释并未作出明确规定,又因为与无独立请求权第三人相关的民事诉讼制度本身即存在高度的特殊性,各方当事人,甚至各地法院之间常常围绕该类案件的管辖问题产生分歧。因此,明确界定破产衍生诉讼集中管辖的范畴,厘清债务人作为无独立请求权第三人参加的诉讼案件的管辖规则,既关系到对各方当事人诉讼权利的保障,也在很大程度上影响着衍生诉讼的审理质效和破产程序的顺利进行。

针对上述争议法律问题,实践中出现了多种不同观点,大体上可以分为支持和反对两大类观点。支持类观点认为,所有与破产企业有关的民事诉讼案件均应纳入集中管辖的范围,包括以债务人为无独立请求权第三人的案件。[①] 该类观点基于最高人民法院《关于执行〈最高人民法院关于《中华人民共和国企业破产法》施行时尚未审结的企业破产案件适用法律若干问题的规定〉的通知》(以下简称《破产案件通知》)第2条,认为集中管辖规则的适用范围是“所有有

---

① 参见王炜:《专属管辖与集中管辖冲突的法律适用》,载《人民司法》2020年第20期。

关债务人的民事诉讼”,《企业破产法》第 21 条所采取的不加限定的表述恰好表明了立法者期望集中管辖规则广泛适用于债务人不同程序角色的态度。[①] 实践中部分法院支持了上述观点,如最高人民法院在(2021)最高法民终 1290 号案件中认为,《企业破产法》第 21 条关于“有关债务人的民事诉讼”,包括不论债务人作为原告还是被告、第三人的案件。[②]

反对类观点则认为,不应当将债务人作为无独立请求权第三人参加的诉讼案件纳入破产集中管辖的范围之内。具体而言,该类观点内部又分为以下几种不同处理意见。其一,直接从债务人的诉讼地位出发,将债务人为无独立请求权的第三人的案件排除出集中管辖的范围。例如,《江苏省高级人民法院破产案件审理指南(修订版)》第 2 章第 6 节第 7 条中规定人民法院受理破产申请后、破产程序终结前,当事人提起的有关债务人的第一审民事诉讼,由受理破产申请的人民法院管辖,但债务人作为无独立请求权第三人参加诉讼的除外。其二,在债务人的诉讼地位之外,进一步考虑了案件所涉法律关系或案件的处理结果是否和债务人有直接利害关系。例如,最高人民法院在(2017)最高法民辖终 202 号案件中认为,破产企业股东之间产生的纠纷,虽以破产企业作为第三人,但因破产企业与该诉讼案件并没有实体上的权利义务关系,因此不属于《企业破产法》第 21 条规定的“有关债务人的民事诉讼”。[③] 其三,在债务人的诉讼地位之外,进一步判断了案件处理结果对破产程序的影响。例如,《上海市高级人民法院破产审判工作规范指引》第 50 条规定,债务人作为无独立请求权第三人参加诉讼,原则上不属于破产集中管辖范围,但涉及股东追缴出资纠纷等处理结果直接影响资产清理的案件,破产案件受理法院可以依据《企业破产法》第 21 条规定行使管辖权。

三、案例分析

1. 对已有观点的分析

对于实践中出现的上述观点,本文的分析如下。

---

① 参见李春:《与破产企业有关的实体争议管辖问题探析》,载《法律适用》2009 年第 3 期。

② 参见最高人民法院民事裁定书,(2021)最高法民终 1290 号。

③ 参见最高人民法院民事裁定书,(2017)最高法民辖终 202 号。

首先,本文并不赞同支持类观点。一方面,该类观点的论证理由过于薄弱。《企业破产法》第 21 条所规定的“有关债务人的民事诉讼”,虽然在行文表述上未作具体限定,但并不能当然地扩张解释为包含所有类型的案件。由于《破产案件的通知》的出台年份较早,在其出台后,已有广泛的司法实践证明以债务人为无独立请求权第三人的诉讼案件是否适用破产集中管辖存在明显的争议,且最高人民法院亦在多个案件中明确认为此类情形不适用破产集中管辖,因此不宜再依据《破产案件的通知》第 2 条对“有关债务人的民事诉讼”进行解释。另一方面,不作限定地将所有与破产企业有关联的案件均纳入集中管辖的范围,不符合破产审判的当今现况。根据《最高人民法院关于适用〈中华人民共和国企业破产法〉若干问题的规定(二)》第 47 条的规定,破产衍生诉讼的管辖权可以根据案件的复杂程度、社会影响、专业技术要求等因素而调整转移。并且,我国已成立 17 家破产法庭和 100 多家清算与破产审判庭,[①]集中办理辖区范围内的破产及其衍生诉讼案件,在加剧化的案多人少的情形之下,进一步严格界定破产衍生诉讼的相关性,将那些与破产程序关联性较低的案件剔除出集中管辖的范围,是提升破产审判质效的关键一环。

其次,本文认为,一般不应当将债务人作为无独立请求权第三人参加的诉讼案件纳入破产集中管辖的范围之内,但其支持理由尚待讨论。第一,直接以债务人的无独立请求权第三人的身份作为排除依据的做法,虽然能够直观、便捷地对此类案件进行管辖判断,但结论式的观点本身欠缺理由支撑,未能说明无独立请求权的第三人制度与破产集中管辖之间的关系,亦未考虑到以债务人为无独立请求权第三人的代表诉讼、股东追缴出资纠纷、管理人责任纠纷等特殊情况。第二,以案件所涉法律关系或案件的处理结果是否和债务人有直接利害关系作为判断标准的观点,没有进一步解释何为“和债务人有直接利害关系”,将导致法官的自由裁量空间过大。且债务人与诉讼标的、案件处理结果之间的关系远近往往对应着债务人在案件中的不同诉讼身份。故此种判断方法常常与以债务人诉讼身份为基础的判断思路重合,不宜独立推广。

最后,本文赞同在债务人的诉讼地位之外,应当进一步判断案件处理结果

---

① 《最高人民法院民二庭庭长林文学:着力解决投资者举证难和人民法院认证难等问题》,载网易网,https://www.163.com/dy/article/HMPM7DPR0512D3VJ.html。

对破产程序的影响。因为《企业破产法》关于破产衍生诉讼的集中管辖规定，目的在于保障破产事务的协调处理。[①] 如果案件的处理结果不会对破产程序的进行产生影响，该案就不涉及破产事务的协调处理，不需要适用集中管辖的规定。所以正确的判断思路应当从立法目的出发，对“有关债务人的民事诉讼”进行解释，再对以债务人为无独立请求权第三人的具体情形进行判断，才能搭建诉讼地位与破产集中管辖之间的联系，不至于遗漏特殊情形。但对于何为“对破产程序产生影响”，为何以债务人为独立请求权第三人的案件审理结果一般不会对破产程序产生影响等问题，还需要进一步展开论证。

2. 对《企业破产法》第 21 条“有关债务人的民事诉讼”的理解

理解“有关债务人的民事诉讼”之内涵，应当结合《企业破产法》第 21 条的立法目的。我国破产法之所以规定了破产衍生诉讼的集中管辖制度，一是为了保障破产事务的协调处理，提高破产程序的质效。[②] 由于破产程序是概括式的债权债务处理方式，具有严格的时间要求，将有关债务人的所有债权债务均集中于受理破产申请的法院一并审理，能够避免由不同法院审理而导致其与破产案件的审理进度难以协调，确保法院依破产程序及时有效清理债务人的债权债务。[③] 二是为了统一裁判尺度，维护全体债权人利益。集中管辖使得受理破产申请的法院可以全面清晰地集中处理受理后的所有与债务人财产变动相关的事项，防止管理人、利害关系人遗漏债务人财产状况、债权债务关系之变动，亦避免因各法院裁判尺度不一而导致对单一债权人利益的偏袒或损害，从而最大限度地保障全体债权人公平受偿。

破产衍生诉讼的集中管辖制度旨在保障破产程序高效且公平地进行，意味着集中管辖必然存在一个“隐藏前提”——案件的审理结果将关系到破产程序的顺利进行，影响到债权人最终的利益分配。从诉讼法的角度来看，《企业破产法》第 21 条的规定无疑是对我国《民事诉讼法》所规定的普通案件管辖制度的

---

① 参见最高人民法院民事审判第二庭编著：《最高人民法院关于企业破产法司法解释理解与适用：破产法解释(一)·破产法解释(二)》，人民法院出版社 2017 年版，第 32 页。

② 参见徐阳光、梁春瑾：《破产衍生诉讼集中管辖规则的解释论分析》，载《人民司法·应用》2023 年第 7 期。

③ 参见最高人民法院民事裁定书，(2019)最高法民辖 14 号；最高人民法院民事裁定书，(2020)最高法民终 179 号。

突破。这种突破是基于破产衍生诉讼的特殊性而产生的,因为在债务人资不抵债的情况下,如果依据民事诉讼法关于普通案件管辖的规定,将导致与破产有关的诉讼过于分散,不符合破产案件对财产清理时效、债权人公平受偿利益的高度要求。相应的,这种管辖上的突破应当是例外的,当案件的审理结果并不会影响到破产程序的进行,债权人的利益分配亦不因案件的审理结果而受到改变时,该案就丧失了“特殊性”的前提要求,不再拥有突破管辖规定的必要性和合理性,而应当按照《民事诉讼法》关于普通案件级别管辖和地域管辖的规定确定管辖法院。

为符合破产衍生诉讼集中管辖的前提要求,“有关债务人的民事诉讼”应当具备破产程序的相关性,即要么与债务人的财产总量或财产价值的最大化有关,要么与债权人、债务人之间的债权债务关系调整有关。因为破产程序最终指向债权人的利益分配,其影响因素无非包括两点,一是可供分配的财产数量的多少、财产价值的高低;二是债权人参与分配的比例、顺位为何。与之对应,破产衍生诉讼若涉及对债务人财产事项处理,无疑应当适用集中管辖规则。若破产衍生诉讼涉及对债务人经营事务的处理,虽不与债务人财产直接相关,但在破产程序进行期间,对债务人经营事务管理往往也是为了争取债务人财产价值的最大化,进而实现债权受偿比例的最大化,也应适用集中管辖规则。[①] 此外,如果债权人因其债权性质及数额而产生争议,或因债务人与债权人之间的利益分配而产生纠纷,也会影响最终的财产分配情况,因此应当适用集中管辖规则。

实际上,通过判断案件与破产程序的相关性,来界定破产衍生诉讼集中管辖范畴的做法,域外法已经有规定。例如,《美国联邦司法与司法程序法》将与债务人有关的破产衍生诉讼区分为涉及核心诉讼程序的事项和涉及非核心诉讼程序的事项,规定前类案件由受理破产申请的法院即破产法院集中管辖,后类案件可以根据普通民事诉讼管辖程序由联邦地区法院管辖,破产法院可以自行决定某个事项是核心还是非核心。[②] 从条文表述来看,核心事项主要是指那

---

① 参见徐阳光、梁春瑾:《破产衍生诉讼集中管辖规则的解释论分析》,载《人民司法·应用》2023年第7期。

② 参见沈达明、郑舒君编著:《比较破产法初论》,对外经济贸易大学出版社2015年版,第14页。

些影响清理破产财团财产或债权人、债务人之间的利益调整的争执，本质还是基于诉讼案件与破产程序之间的关联性的高低。[①] 与美国破产法上关于核心事项的规定相类似，我国也以列举的方式规定了破产衍生诉讼的部分相关案由。根据《民事案件案由规定》，我国目前在"与破产有关的纠纷"项下规定了 13 类案由。[②] 具体来看，这 13 类案由要么与债务人的财产总量或财产价值的最大化相关，如对外追收债权纠纷、管理人责任纠纷等；要么与债权人、债务人的债权债务关系调整相关，如破产债权确认纠纷、请求撤销个别清偿行为纠纷等。但是，《民事案件案由规定》中"与破产有关的纠纷"更多的是指破产程序所特有的纠纷类型，而"有关债务人的纠纷"还可能涉及合同、物权、侵权等其他纠纷，故破产衍生诉讼可能涉及的案由范围远不止所列举的 13 类。对于其他类型的纠纷，亦可以基于前文所述的与破产程序的相关性来判断案件是否应当由受理破产申请的法院集中管辖。

3. 债务人作为无独立请求权第三人参加的诉讼案件，一般不属于"有关债务人的民事诉讼"

无独立请求权的第三人，是指对即将发动的诉讼或正在进行中的诉讼，就其诉讼标的虽然没有独立请求权，但本案的处理结果与其有法律上的利害关系，因而被当事人列名参加或申请参加或被法院通知参加该诉讼进行诉讼活动的案外人。债务人即破产企业作为无独立请求权第三人参与的诉讼案件，一般具有以下特征：一方面，对于该诉讼案件而言，债务人并不在其中发挥决定性的主导作用。相反，债务人在诉讼中扮演辅助的角色，其与诉讼标的仅具有间接、松散的关联，大多是为了查明事实而被动地参与到诉讼中。另一方面，对于债务人而言，该诉讼案件的结果一般不会对其造成实质性影响。虽然债务人作为无独立请求权的第三人，其与诉讼结果之间具有一定利害关系，但这种利害关系一般表现为与主诉法律关系之间存在因果关系，而非直接使债务人受到判决

---

① 根据 28 USC § 157(b)(2)的规定，核心诉讼程序包括但不限于下列事项：(1)有关管理和处理破产财团的事项；(2)承认或否决申报的请求权；……(13)其他影响清理破产财团财产或债权人、债务人之间的利益调整产生的争执。

② 根据最高人民法院《民事案件案由规定》，我国破产衍生诉讼包括以下 13 类案由：请求撤销个别清偿行为纠纷；请求确认债务人行为无效纠纷；对外追收债权纠纷；追收未缴出资纠纷；追收抽逃出资纠纷；追收非正常收入纠纷；破产债权确认纠纷；取回权纠纷；破产抵销权纠纷；别除权纠纷；破产撤销权纠纷；损害债务人利益赔偿纠纷；管理人责任纠纷。

结果的约束。[①]

基于上述特征，债务人作为无独立请求权第三人参加的诉讼案件，案件处理结果一般不会影响债务人的财产总量或财产价值，亦不涉及债权人、债务人之间的关系变动，一般不应适用集中管辖。对此，最高人民法院在（2022）最高法民辖41号案件中明确认为，“有关债务人”一般应当理解为债务人在该诉讼中具有独立的诉讼请求。[②] 本案中，债务人已经将案涉债权转让给原告，原告、被告均未针对债务人主张任何权利。在管理人已经通过拍卖公告明确原告自行承担风险、被告仍可向原告主张原有抗辩的情况下，债务人破产程序的最终财产分配利益并不会因为本案的审理结果而变动。且被告已经在破产程序中申报债权，债务人的破产程序已对被告利益进行了概括性处理，现破产程序已经终结，故本案的结果亦不会影响破产程序的顺利推进，不再具备集中管辖的必要性和合理性。

需要注意的是，在一些特殊情况下，即便债务人在诉讼中不具有独立的诉讼请求，仍然应当适用破产集中管辖的规定。一方面，当债务人作为无独立请求权的第三人可能被法院判决承担民事责任时，其诉讼角色与被告类似，案件的诉讼结果必然会对破产程序造成实质性影响，应当由受理破产申请的法院统一把握、集中审理。另一方面，由于破产衍生诉讼存在部分特殊类型的诉讼案件，如股东或债权人的代表诉讼、股东追缴出资纠纷、管理人责任纠纷等，债务人虽然因客观原因在诉讼中仅为无独立请求权第三人，但其诉讼角色与原告类似，原告所主张的权利常常基于债务人所拥有的权利，判决清偿或返还的财产一般也是归入债务人财产。质言之，债务人是案件诉讼结果的实质受益人，破产程序中全体债权人的分配利益与案件的处理结果之间存在直接的利害关系，故此类案件也应当归入“有关债务人的民事诉讼”，适用破产集中管辖的规定。

四、延伸思考

除上述争议问题外，本文也对涉及破产衍生诉讼集中管辖范畴的其他问题

---

① 关于无独立请求权的第三人的概念与特征，参见汤维建：《民事诉讼中无独立请求权第三人研究》，载《贵州民族大学学报（哲学社会科学版）》2022年第4期。

② 参见最高人民法院民事裁定书，（2022）最高法民辖41号。

作出延伸思考。本质上，判断依据还是在于诉讼案件的审理结果是否关系到债务人财产或债权人、债务人之间利益关系的调整。

与本案争议问题类似，在债权人为原告依据保证合同单独请求保证人承担保证责任，未对债务人提出诉讼请求，债务人作为第三人或非诉讼参加人的诉讼中，由于原告或被告并未向债务人主张权利，债务人所负的债务总额并不因本案的审理结果而直接增加或减少，不应由受理破产申请的法院集中管辖。同理，原告在案件审理过程中申请撤回对债务人的起诉，法院裁定准许撤诉的，由于诉讼案件与破产程序的相关性被切断，受理破产申请的法院不再对案件具有管辖权，应当依据民事诉讼法的管辖规定重新确定管辖法院。

破产程序终结后，当事人有权提起新的与破产企业有关的民事诉讼，但由于破产程序已经终结，不存在与破产案件协调处理之必要，故不再具备以破产原因突破民事诉讼法管辖规定的特别条件，不应适用《企业破产法》第 21 条的规定。与之类似，重整计划执行期间，因重整程序终止后新发生的事实或者事件引发的有关债务人的民事诉讼，一般不应由受理破产申请的法院集中管辖。

当破产衍生诉讼的集中管辖与民事诉讼法的专属管辖产生适用冲突时，由于《企业破产法》系针对企业在破产状态下的特殊程序规定，根据特别法优于一般法的法律适用原则，应当优先适用《企业破产法》，对案件进行破产集中管辖。此外，诉讼和仲裁是两种不同的纠纷解决机制，法院主管与管辖是两个不同层面的概念。《企业破产法》第 21 条仅针对法院主管范围内的诉讼案件，不能阻却当事人之间的仲裁约定。因此当事人在破产申请受理前具有合法有效的仲裁条款或仲裁协议的，债务人进入破产程序后，仍然应当适用仲裁方式解决纠纷。

（案例编写：乐佳怡）

19. 破产债权人撤销债务人关联交易的法律路径及裁判标准

——甲能源公司诉乙贸易公司、丙股份公司债权人撤销权纠纷案

案例要旨：本案系破产债权人以无偿转让财产为由请求撤销债务人子公司与其母公司之间的关联交易，涉及关联交易真伪的判断及撤销路径的选择。法院在审查关联交易时，应考察是否符合程序正当要求，在具体判断时应以对外可公示的客观证据为准。在本案中协议书上的签字公章均为真实的情况下，法院从公司内部财务记录、单方陈述、交易习惯、款项明细4个方面来认定涉案担保协议书并非签订于2012年，实际明确了母子公司关联交易中单一的合同文本不足以证明交易的真实性，必须以充分的外观证据佐证，否则母子公司不适当的关联交易将损害债权人权益，置债权人于不利的诉讼地位。同时，撤销关联交易会与认定合同无效发生竞合，而将虚构的关联交易纳入"无偿转让财产"的可撤销范畴，可以进一步丰富债权人撤销类型，为债权人提供妥当的救济路径。

一、据以研究的案例

（一）诉辩主张

原告甲能源公司起诉称：甲能源公司对乙贸易公司享有债权本金

175434689.5 元。乙贸易公司进入破产清算后,其仅有 3445496.10 元应收账款,远不足以偿付甲能源公司债权。在多方查找下,甲能源公司得知丙股份公司是乙贸易公司的 100% 控股母公司,为逃避债务,2016 年乙贸易公司向丙股份公司转移 3480 万元,后双方通过签订虚构的担保协议书,试图为 3480 万元建立支付依据,其行为实质是无偿转让财产,应予撤销并返还。故甲能源公司请求:(1)判令撤销乙贸易公司于 2016 年向丙股份公司支付担保费 3480 万元的行为;(2)判令丙股份公司向乙贸易公司返还 3480 万元;(3)判令乙贸易公司及丙股份公司共同承担本案全部诉讼费用。

被告乙贸易公司辩称,同意原告甲能源公司的前两项诉讼请求,并由丙股份公司承担本案的全部诉讼费。

第三人丙股份公司述称,不认可甲能源公司的诉讼请求和理由。丙股份公司收取乙贸易公司 3480 万元担保费具有合同和法律依据,不属于无偿转让财产行为。2012 年 12 月 31 日,乙贸易公司与丙股份公司签署了担保协议书,系双方真实意思表示,未违反法律、行政法规的强制性规定,合法有效。2013 年至 2015 年间,丙股份公司为乙贸易公司 8.7 亿元银行借款提供担保,依约收取 3480 万元担保费。

(二)事实认定

法院经审理查明,乙贸易公司唯一股东系丙股份公司。2017 年 3 月,丙股份公司转让出其持有的全部股权。经法院判决,甲能源公司对乙贸易公司享有债权本金 1.7 亿元及利息。后经法院裁定,乙贸易公司进入破产清算程序。管理人接管后发现该公司账户上仅有现金 126 元。现甲能源公司认为,乙贸易公司向丙股份公司支付 3480 万元属于无偿转让财产的行为,并对其造成了损害,起诉要求撤销该笔转账。

经查,2012 年年底双方在担保协议书中约定,丙股份公司愿意为乙贸易公司向有关银行借款提供担保,担保金额不超过人民币 10 亿元,担保期限自 2013 年 1 月 1 日起至 2015 年 12 月 31 日止。担保费按照担保期限和年费率 4% 计算。该项担保费必须于担保期限结束后 1 个月内即必须在 2016 年 1 月 31 日前结清。丙股份公司称,2012 年乙贸易公司注册资本增加,煤炭行业外部环境恶化,提供担保具有一定风险,为控制该公司借款规模,有效防控风险,故收取担保费。

2012年至2015年,丙股份公司董事会四次决议为乙贸易公司共计14亿元的银行授信提供担保。2013年至2015年,丙股份公司实际为乙贸易公司8.7亿元借款提供了担保。2016年丙股份公司再次为乙贸易公司950万元借款提供担保,但未收取担保费。丙股份公司还对其他全资子公司提供了贷款担保,但未收取担保费。

乙贸易公司2015年度审计报告中没有关于支付担保费的记载。2016年度1月至10月审计报告中载明,丙股份公司2015年为其提供1亿元借款担保,2016年为其提供950万元借款担保。关联方为丙股份公司,关联交易为担保费,本期发生额3480万元。乙贸易公司2016年10月31日资产负债表显示,所有者权益年初为2亿元,年末为-893余万元。审计报告会计核算以权责发生制为基础。

丙股份公司章程第110条规定,董事会应当对对外投资、收购出售资产、资产抵押、对外担保事项、委托理财、关联交易,建立严格的审查和决策程序。丙股份公司2014年、2015年作出的独立董事述职报告及2013年至2015年股东大会资料中均无提供担保可能存在风险的相关信息披露。

审理中,乙贸易公司提交了其委托第三方中介机构于2014年作出的关联交易同期数据此份数据显示丙股份公司为乙贸易公司融入资金无偿提供担保,因丙股份公司未收取任何担保费用,也未要求乙贸易公司就以往担保提供任何对价。

2016年,乙贸易公司向丙股份公司支付案涉争议的3480万元,但并非以单笔形式进行支付,而是包含在2016年1月至6月乙贸易公司偿还所欠母公司1.6亿元的往来款当中。双方均无法说明该笔款项的具体支出过程和组成。

(三)法院观点

北京市第一中级法院经审理认为:本案审理焦点在于乙贸易公司和丙股份公司是否在2012年形成收取担保费的合意,以及支付的3480万元是否属于应予撤销的无偿转让财产的类型。

2017年前,乙贸易公司系一人有限责任公司,丙股份公司作为母公司实际控制着子公司的经营决策。案涉担保费3480万元属于母子公司之间的关联交易,双方应当就收取担保费合意的真实性和正当性进行举证。

从现有证据来看,一是从母子公司内部决策财务税务记录来看,无法判断双方存在支付担保费的事项。依据权责发生制的会计准则,当年发生的费用应当在当年列支,乙贸易公司2015年财务报表中未列报当年度及上年度的“担保费”,仅在2016年的财务报表中列明丙股份公司担保费本期发生额为3480万元,无法认定双方2016年之前存在支付担保费的事项。二是从子公司的单方陈述来看,2012年未形成付费合意。关联交易同期数据显示,截至2013年年末,母公司为子公司提供担保未收取任何费用,也未要求子公司支付任何费用。三是母公司仅收取2013年至2015年度的担保费不符合交易习惯。母公司作为上市公司,其一直声称为子公司提供担保存在较大的风险,但未向董事会披露,独立董事述职报告中也未提及相关担保风险事宜,不符合其公司章程关于对外担保事项的决策要求。加之母公司实际收取涉案款项时,其约定的担保义务已经履行完毕,再以存在风险为由在2016年收取担保费,不符合商业风险防范的常理。四是双方无法说明3480万元款项性质及明细。按照担保协议书约定,结算担保费时需将结算明细及担保费总额另行签订确认书,现双方均未向法院提交担保费总额确认书。且双方所称的3480万元担保费,并非一笔转账数额,而是隐含在2016年母子公司之间多笔银行大额转账当中,无法说明3480万元是由几笔转款构成或者包含在哪几笔款项中,无法判断涉案3480万元系履行涉案担保协议书的行为。综合上述4个方面,法院无法认定双方曾在2012年12月31日形成过收取担保费的合意,对涉案担保协议书不予采信。

《合同法》第74条第1款规定的债权人撤销制度属于债的保全制度,该制度的立法原意在于使债务人的责任财产维持在适当状态,以达到保障债权人实现债权的目的。司法实践中,法院应在考察债务人具体损害债权行为的基础上,强化诚实信用原则,以实现该条保护债权人权益的立法原意和价值取向。2016年,丙股份公司在明知乙贸易公司临界破产的情况下,实际收取涉案3480万元已经对甲能源公司的债权造成了损害,并且这种损害一直持续到本案诉讼之时。综合现有证据,法院无法认定双方在2012年12月31日达成了收取担保费的合意,故乙贸易公司支付给丙股份公司的涉案3480万元属于无法律依据的支付行为,可以认定属于“无偿转让财产”的类型,且给债权人造成了损害,符合《合同法》第74条第1款第一句的法律要件,应当予以撤销。据此,北京一中院于2019年10月12日作出(2019)京01民初267号民事判决,判决:撤销被告乙贸易公司于2016年向第三人丙股份公司支付3480万元的行为;第三人丙股份公司于判决生效之日起10日内返还被告乙贸易公司3480万元。

判决后,丙股份公司不服,提起上诉。北京市高级人民法院判决:驳回上诉,维持原判。

二、涉及法律问题

本案系债权人以无偿转让财产为由请求撤销债务人子公司与其母公司之间的关联交易。因债务人已经进入破产程序,债权人提起撤销权诉讼事实上具有代表诉讼的性质,所追回的财产必须归入债务人财产进行公平分配,而不得进行个别清偿。准确判断关联交易的真伪、确定撤销权行使路径,对于依法保护全体债权人合法权益,进一步丰富无偿转让财产类型,防止债务人企业通过虚构交易逃废债具有重要意义。

1. 关于关联交易正当性的认定。关联交易是相对于正常交易而言的。正常交易在经济学上以存在完全竞争市场为假设,在法律上以存在独立主体的独立意志为标准。当交易双方受同一意志控制、影响或者制约的时候,交易的互惠性、交换性等可能因权力的存在而丧失,故关联企业的不正当交易会造成诸多负面影响。[①] 但不可否认的是,关联企业之间的交易可以一定程度上降低交易成本。企业以内部手段配置资源相较于依靠市场运行价格机制,节约了交易成本,比市场更有效率。[②] 因此各国和地区一般均未概括性禁止关联企业间的交易,而是确定相应的标准,以判断关联交易的正当性。域外立法例对于关联交易主要采取事先批准程序规范方式或事后实质审查方式。事先批准程序规范方式,又称利益回避规则或者少数中的多数规则,该方法要求关联交易经充分披露后,取得董事会或者股东会无利害关系多数批准才可以进行。事后实质审查的方式,即实质公平规则,是指通过判断关联交易是否公平确定关联交易的正当性,是否经过有权机构批准不重要。[③] 英国及我国香港地区等采取事先批准程序方法,美国则采取事后实质审查方式审查关联交易的公平性。我国

---

① 参见邓峰:《普通公司法》,中国人民大学出版社2009年版,第150页。

② 参见钟凯:《公司法实施中的关联交易法律问题研究》,中国政法大学出版社2015年版,第102—103页。

③ 参见林一英:《关联交易的差异化规范:方法和主体的视角》,载《中国政法大学学报》2022年第5期。

《公司法》并未明确关联交易正当性的审查标准,需结合《公司法》等相关法律法规进行体系化解释,在司法实践中根据个案情况进行认定。

2. 关于撤销权路径的选择。关联交易的立法目的与制度功能的确定构成了相应规范体系构建的前提并影响法律工具的选择。一般认为,关联交易的规制是出于对公司财产通过关联交易以损害公司或者股东利益方式转移给关联方的担忧。① 我国《公司法》第 21 条规定公司的控股股东、实际控制人、董事、监事、高级管理人员不得利用其关联关系损害公司利益,即将"公司利益"作为立法直接保护对象。同时,最高人民法院《关于适用〈中华人民共和国公司法〉若干问题的规定(五)》(以下简称《公司法司法解释五》)第 1 条规定,关联交易损害公司利益,原告公司可以请求控股股东、实际控制人、董事、监事、高级管理人员赔偿所造成的损失。原告公司未提起诉讼的,符合条件的股东,可以依法提起诉讼。根据上述规定,针对不当关联交易有权主张损害赔偿的主体应当为公司。但如关联交易损害债权人利益,此时债权人应当如何主张权利,我国《公司法》及司法解释并未作出规定。有观点认为,关联交易中包含着复杂的多层法益,其规制的功能应当是实现(多种)利益的平衡,并建议完善集团情形下的利益相关者保护机制,为那些受到集团内关联交易负外部性影响的小股东和债权人提供救济。② 债权人作为利益相关者,其权益在关联交易正当性评价过程中应当予以考量,并为其确定权利救济路径。在我国法律尚未作出明确规定的情况下,债权人权利救济仍需立足于《民法典》关于债权人撤销权等相关规定,此时应当考虑关联交易的交易样态是否能够通过法律解释纳入撤销权规范行为之中,以确定因关联交易受到损害的债权人采取撤销权这一权利救济途径的可行性。

三、案例分析

(一)公司间关联交易的法律规制

在商事交易中,平等主体间基于自身利益、经过平等自愿协商达成协议,这一交易应当被推定为是符合公司利益的,也是正当的。但在关联交易中,由于关联企业之间存在的控制关系,控股公司的自利性和权力本质特性,极易使得

---

① 参见张怀岭:《〈公司法〉关联交易规制理念纠偏与规则重构》,载《北方法学》2022 年第 5 期。

② 参见汪青松:《关联交易规制的世行范式评析与中国范式重构》,载《法学研究》2021 年第 1 期。

控股股东的行为超越合理界限,在滥用控制权的同时享有有限责任,从而损害公司及债权人利益。[①] 当控制关系足够强时,控制者的意志将代表两个企业应有的独立意志,从而构成自我交易。[②] 此时,关联交易往往无公平性可言,极有可能存在损害其他股东、债权人利益的情形。虽然关联交易并不被法律禁止,但各国都设置了严格的审查标准。在英美法系中均重视关联交易的信息披露原则,强调要在公司的会计报表与年度报告中特别披露关联交易的相关细节。信息披露原则与程序公平原则在英美法系中具有推定证据的作用,即关联交易的当事人在履行了信息披露义务与程序公平义务的情况下,可以推定其关联交易具有公平性,但是这一推定可为受害方的反证所推翻。[③]

我国《公司法》在第 216 条对关联关系进行界定,其规定关联关系是指公司控股股东、实际控制人、董事、监事、高级管理人员与其直接或者间接控制的企业之间的关系,以及可能导致公司利益转移的其他关系。关于关联公司之间的交易,我国《公司法》仅作了原则性的规定,《公司法》第 21 条规定,公司的控股股东、实际控制人、董事、监事、高级管理人员不得利用其关联关系损害公司利益。我国《公司法》虽未就关联交易的审查标准作出具体的规定,但可以从《公司法司法解释五》第 1 条推导出关联交易的相关审查标准。《公司法司法解释五》第 1 条规定:“关联交易损害公司利益,原告公司依据民法典第八十四条、公司法第二十一条规定请求控股股东、实际控制人、董事、监事、高级管理人员赔偿所造成的损失,被告仅以该交易已经履行了信息披露、经股东会或者股东大会同意等法律、行政法规或者公司章程规定的程序为由抗辩的,人民法院不予支持。公司没有提起诉讼的,符合公司法第一百五十一条第一款规定条件的股东,可以依据公司法第一百五十一条第二款、第三款规定向人民法院提起诉讼。”根据上述规定,在关联交易审查中,交易方证明其履行了信息披露、经股东会或者股东大会同意等法律、行政法规或者公司章程规定的程序之后尚不能免责,那么举重以明轻,如未履行法定程序,显然无法认定关联交易的正当性。最高人民法院就《公司法司法解释五》答记者问中,进一步明确关联交易的核心是

---

① 参见金剑锋:《关联公司法律制度研究》,法律出版社 2016 年版,第 172 页。

② 参见邓峰:《普通公司法》,中国人民大学出版社 2009 年版,第 169 页。

③ 参见董安生、陈洁:《不公平关联交易合同的可撤销性问题研究》,载《法学杂志》2009 年第 2 期。

公平，司法解释强调的是尽管交易已经履行了相应的程序，但如果违反公平原则，损害公司利益，公司依然可以主张行为人承担损害赔偿责任。

根据上述法律规定，本文认为目前我国司法认定中应当秉持程序公正与实体公正的双重标准，一方面对关联交易进行程序审查，包括是否履行了信息披露义务，是否履行了法定或公司章程规定的程序等；另一方面还应当对交易的实质公平性进行审查。在两个审查标准的适用上，首先应当适用程序标准，即对关联交易是否符合正当程序进行审查。商事活动纷繁多样，不同交易的具体情况不同，判断关联交易在实质上是否公正非常复杂，涉及对行业、市场、交易双方实力、是否存在相关联的其他交易安排等众多因素的考量。相较实质公正的模糊性与复杂性而言，程序标准更为简单明了，在审查与判断时可以遵循较为客观的标准。

（二）实践中撤销关联交易的裁判路径及真实性审查标准

以“债权人撤销权纠纷”“关联交易”为关键词在中国裁判文书网进行检索，获得有效文书 73 件。其中 65 件案件法院支持或部分支持原告诉求，8 件案件以超过除斥期间、不具有债权人身份等理由驳回原告诉讼请求。法院支持原告诉请的案件中，采取的裁判路径主要为两种，一种为依据原《合同法》第 74 条的规定，撤销关联交易行为的共计 54 件案件，其中 26 件案件认定关联交易系以明显不合理低价转让财产，24 件案件认定系无偿转让财产，2 件案件涉及以明显不合理的高价受让他人财产，1 件案件涉及为他人的债务提供担保，1 件案件未明确具体行为类型认定，仅以无法证实关联交易真实性为由撤销相关交易；另一种裁判路径为依据《合同法》第 52 条的规定，认为关联交易双方存在恶意串通行为，合同无效，此类案件为 11 件。

上述案例中，涉及虚构的关联交易所对应的法律后果可以纳入原《合同法》第 74 条可撤销情形，或纳入恶意串通致合同无效的情形，相较之下，前者的论证义务较高，后者的证明标准较高。对债权人而言，两种保护债权实现的方式各有利弊，债权人可以在权衡利弊后做出选择。[①] 在认定关联交易真实性时，大部分法院认为应当结合各项证据作出综合认定，并应采取更为严格的判断标

---

① 在最高人民法院第 33 号指导性案例瑞士嘉吉国际公司诉福建金石制油有限公司等确认合同无效纠纷案中，一审二审法院认定当事人的合同属于《合同法》第 52 条规定的，“恶意串通损害第三人利益”，并判决合同无效。

准。在具体审查标准上，对关联交易程序正当性的审查，包括是否履行披露义务、企业内部审批及财务记录是否完整规范、是否符合交易习惯等。比较典型的案例中对程序和实质公平均进行了相应的判断，如在(2010)长民二(商)初字第1742号案件中，上海市长宁区人民法院认为公允性的关联交易应当具备以下要素：交易程序正当、交易对价公允、交易结果公平。在(2015)东中法民二终字第1923号案件中，东莞市中级人民法院认为公允性的关联交易应当满足下述三个要件：交易信息披露充分、交易程序合法、交易对价公允。但目前对于关联交易的认定标准仍未达成统一见解。

(三)一人公司关联交易真实性的审查标准

本案中，乙贸易公司系一人有限责任公司，其与唯一股东进行交易属于关联交易中的自我交易，此时交易的真实性和公平性直接关系子公司债权人权益的保护。本案中，法院明确一人公司实施自我交易的审查标准，具体包括：

一是作为一人公司子公司的信息披露义务履行情况。《公司法》第62条规定一人有限责任公司实行法定审计，属于法律的强制性规范。此规定是为加强公司治理和监督制约，防止一人股东控制公司，混淆公司财产和股东个人财产等滥用公司独立人格和有限责任的行为，从而更好地保护交易相对人的利益。在(2019)最高法民终1364号案件中，法院认为一人公司未依法进行年度财务会计审计，违反法律规定的强制性义务，足以令人对其股东的个人财产是否独立于公司财产形成合理怀疑，故该案中判决股东对公司债务承担连带责任。因此，在一人公司未按照规定如实向会计师事务所披露信息并进行审计时，应当认定相关关联交易不符合程序正当的要求。

二是作为上市公司母公司的信息披露情况。按照丙股份公司章程，其作为上市公司，特别是在声称为乙贸易公司提供担保存在风险的情况下，应在董事会决策是否提供担保时披露存在的风险及防范风险的措施。但无论是丙股份公司对外公开的或者内部决策的文件信息中均未提及此关联交易的风险，不符合丙股份公司章程关于对外担保事项的决策要求，双方的关联交易亦不符合母公司的程序要求。

三是关联交易是否符合交易习惯。母公司是子公司所有利益和损失的承担者，对其收取担保费无异于将钱从左口袋装入右口袋，这也是上市公司要和子公司合并报表的原因。丙股份公司直到提供担保的 3 年之后，其中伴随着乙贸易公司陆续偿还银行借款，在担保行为即将结束之时收取费用，实际无法实现收取担保费防范风险的功能。加之丙股份公司对乙贸易公司的其他笔贷款担保，对其他子公司的贷款担保并没有收取担保费，其以存在风险为由在子公司临界破产时收费，无法自圆其说。

四是关联交易双方应承担举证不能的不利后果。《关于适用〈中华人民共和国民事诉讼法〉的解释》第 91 条举证责任分配规定所体现的“法律要件分配说”主要是以当事人双方作为原被告的可互换性及其力量对比的相对平衡的诉讼观作为前提的。① 司法实践中，存在当事人双方力量对比高度不均衡的情况，相关证据几乎完全掌握在被告一方手中，此时如果要求原告承担完全的举证责任，有悖实质正义，事实上也无法做到。关联交易即属此种情况，对于外部债权人而言，其基本上无法掌握关联方交易的订约、履行等具体情况，也无力证明关联交易程序正当与否。

我国《公司法》第 63 条规定了一人有限责任公司财产与股东财产混同的举证责任倒置，明确了我国《公司法》在一人公司的特殊情况下，更侧重于保护公司债权人利益。在这一明显的立法取向之下，在本案原告初步证明转移 3480 万元没有相应的交易依据后，举证责任应当转移至交易实施的关联方乙贸易公司及丙股份公司。交易双方要举证证明交易符合程序要求及具有实质公平性，举证说明涉案款项支付的明细等，否则承担举证不能的不利后果。

（四）适用《合同法》撤销虚构关联交易的裁判解释路径

本案主要涉及对《合同法》第 74 条债权人撤销制度的适用，特别是对第 74 条第 1 款第一句“无偿转让财产”的类型的解释适用。本案中，法院认定交易双方未在 2012 年就收取担保费用形成合意。换言之，本案中出现的书面纸质担保协议书应形成于 2012 年之后，而倒签到 2012 年，虚构了双方于 2012 年形成的收取担保费的合意。因此，在法律适用上如何将此种虚构的关联交易纳入《合同法》第 74 条第 1 款第一句“无偿转让财产”的类型是本案的论证重点。

债权人撤销制度属于债的保全制度，该制度的立法原意在于使债务人的责

① 参见王亚新、陈杭平、刘君博：《中国民事诉讼法重点讲义》，高等教育出版社 2017 年版，第 108 页。

任财产维持在适当状态,以达到保障债权人实现债权的目的。民商事行为纷繁复杂,实践中债务人实施诈害债权的形式呈现多样化,《合同法》第74条第1款采用列举式,而非抽象概括式规定,逻辑上不够周延,在文义解释上限制了债权人撤销权的适用范围,致使该项制度的债权保全功能不能充分发挥,未能充分贯彻立法目的。因此,《关于适用〈中华人民共和国合同法〉若干问题的解释(二)》采用了目的性扩张的填补方法,进一步规定了债务人诈害债权的行为,但《合同法》和司法解释所列举的类型均而不可能囊括诈害债权的行为。最高人民法院在作出的(2015)民二终字第322号案件中明确了"通过清理债务的方式来放弃债务人的土地权益",属于债务人降低自身责任财产从而损害债权,丰富了《合同法》第74条第1款第二句的类型。

此后,《最高人民法院对十二届全国人大五次会议第1078号建议的答复》中称:为更好地保护债权人利益,使债权人撤销权制度的债权保全功能得以发挥,《关于适用〈中华人民共和国合同法〉若干问题的解释(二)》第18条规定了可以适用《合同法》第74条的三种情形,即债务人放弃其未到期的债权、放弃债权担保以及恶意延长到期债权的履行期,对债权人造成损害的,采用目的性扩张解释的方法对《合同法》第74条予以补充。关于实践中存在债务人与受让人伪造证据,以有偿转让的方式掩盖转移财产事实的问题,在具体案件中,如果债权人能够提交充分证据证明存在该事实且符合其他法定条件,有权依据《合同法》第74条行使撤销权。

上述答复明确了通过伪造证据、虚构交易的方式来掩盖财产转移的事实,可以纳入《合同法》第74条进行撤销。在具体案件中可以采用的路径包括:一是作为证据不予采信,从而确认财产转移无法律依据,撤销财产转移的行为,从而保护受到损害的债权人;二是认定恶意串通损害债权人利益或以合法形式掩盖非法目的而无效,从而要求受让人返还。但是实践中恶意串通损害债权人利益的证明标准较高,债权人作为非交易方很难举证证明,在本案中原告坚持以虚构交易为由,请求依照原《合同法》第74条撤销付款。加之基于个案的考量,在破产衍生诉讼中如认定恶意串通将带来后续系列法律后果,因而采取第一种途径则更加谦抑。在交易双方虚构了没有真实发生的交易时,此时受让人属于不当得利,可以适用"无偿转让财产"的情形来主张撤销权,丰富了无偿转让财产的法律类型。

在关联交易中，尤其是母子公司的自我关联交易中，通过否定证据从而否定双方关联交易的真实发生，认定交易一方无偿转让财产，将此种否定关联交易真实性纳入原《合同法》第74条“无偿转让财产”的法律解释适用中，既丰富了债权人可撤销行为的类型，又有助于进一步规制公司关联交易，保护债权人权益，打击债务人临界破产时的逃废债。

四、延伸思考

本案中，乙贸易公司已经进入破产程序，此时涉及债权人撤销权与破产撤销权的选择与竞合。在破产程序中，为了保护债务人财产价值最大化，保障债权人公平受偿，《企业破产法》规定了管理人在债务人为一定行为时，可以行使撤销权。同时，我国《合同法》第74条规定了债权人的撤销权。关于债权人在破产程序中是否能行使撤销权，司法中持肯定态度，最高人民法院《关于适用〈中华人民共和国企业破产法〉若干问题的规定（二）》第13条规定：“破产申请受理后，管理人未依据企业破产法第三十一条的规定请求撤销债务人无偿转让财产、以明显不合理价格交易、放弃债权行为的，债权人依据合同法第五百三十八条、第五百三十九条等规定提起诉讼，请求撤销债务人上述行为并将因此追回的财产归入债务人财产的，人民法院应予受理。相对人以债权人行使撤销权的范围超出债权人的债权抗辩的，人民法院不予支持。”根据上述规定，债权人在破产程序中可以行使撤销权，但需要受到一定的限制。

首先，债权人只能依据《合同法》第74条行使撤销权，而无法依据《企业破产法》第31条行使破产撤销权，这就导致债权人能撤销的行为仅能包括《合同法》第74条所规范的无偿转让财产、放弃债权、以不合理价格进行交易等诈害债权行为，而无法涵盖《企业破产法》第31条所规定的对未到期债权进行清偿等偏颇清偿行为。其次，债权人行使撤销权应当以管理人未行使或无法行使破产撤销权为前提。最后，债权人行使撤销权所追回的财产必须归入债务人财产进行公平分配，而不得清偿债权人个人债权。虽然债权人行使撤销权一般系为了获得优先清偿的法律地位，但是在债务人已经进入破产程序时，所有债权人财产必须通过破产程序进行公平分配，不得进行个别清偿，因此，在破产程序中债权人提起撤销权诉讼事实上具有代表诉讼的性质。[①] 本案中,法院于 2018 年 6 月 28 日裁定受理甲能源公司对乙贸易公司的破产清算申请。本案债权人申请撤销的行为系 2016 年乙贸易公司向丙股份公司支付担保费 3480 万元的行为。这一行为实施的时间已经超出破产法规定的破产撤销权行使期间,管理人已经无法行使破产撤销权,因此债权人可以依据《合同法》第 74 条行使债权人撤销权。债权人请求撤销相关行为后,将 3480 万元归入债务人财产,符合关于破产程序中债权人撤销权的行使要求。

(案例编写:王玲芳、刘琦)

① 参见最高人民法院民事审判第二庭编著:《最高人民法院关于企业破产法司法解释理解与适用:破产法解释(一)·破产法解释(二)》,人民法院出版社 2017 年版,第 224 页。

20. 债务人未履行生效法律文书应当加倍支付的迟延利息在破产程序中的清偿顺位

——甲银行北京分行诉乙公司破产债权确认案

案例要旨：本案主要涉及债务人未履行生效法律文书应当加倍支付迟延利息的清偿顺序问题。如何准确界定迟延加倍利息的性质进而合理确定其清偿顺序不仅关系到债权人公平受偿的权利，也会影响破产法的实施效果，具有十分重要的现实意义。关于迟延加倍利息的清偿顺序，目前并无明确的法律规定。本案中法院从迟延加倍利息的法律性质、权利基础以及破产法的立法宗旨入手，认为其应当劣后于普通破产债权清偿。因破产衍生诉讼中一方当事人的诉讼代表人为管理人，真正的权利人——破产程序中的债权人——难以进行有效监督，所以审判过程中应适当强化法院职能，以保障债权人利益。本案中，管理人虽同意将迟延加倍利息作为普通债权予以确认，但法院仍然应当对债权性质予以审查，考虑到计算该利息债权是法院主动实施的执行措施，具有法定性，故本案中法院依职权认定迟延加倍利息劣后清偿，有效实现了对全体债权人的公平保护。

一、据以研究的案例

（一）诉辩主张

原告甲银行起诉称：2016 年乙公司进入破产程序，管理人对甲银行申报的债权未予全额确认。故甲银行提起本案诉讼,请求法院判决确认其对乙公司享有本金债权9999585.79元、利息债权3259487.9元、加倍支付的迟延利息(以下简称迟延加倍利息)11272660.35元,并确认上述债权具有优先受偿权。

被告乙公司答辩称:一方面,迟延加倍利息属于法定之债,系基于乙公司不履行生效判决而产生,依法为普通债权,不享有优先受偿权,故请求确认甲银行的本金债权为793373.33元,利息债权为0元,迟延加倍利息为10551844.49元,且不享有优先受偿权。另一方面,关于利息计算的截止时间,甲银行的债权是享有抵押优先受偿权的债权,抵押物国光大厦二期已经通过司法拍卖变价,到达法院账户的抵押物变价款远远大于甲银行的债权,应视为乙公司已经全额清偿了甲银行的债务。因此,拍卖成交裁定生效之日即为乙公司全额清偿债务之日,甲银行债权利息也应计算至该日期,即2013年7月15日。

(二)事实认定

法院经审理查明,2010年9月13日,乙公司与甲银行签订借款合同,约定贷款总金额2亿元,期限3年,年利率6.48%。乙公司以国光大厦二期在建工程目前和将来的所有上盖建筑及该在建工程相应的土地使用权提供抵押担保。同日,双方签订最高额抵押合同,约定为履行借款合同,乙公司提供最高额抵押担保,担保范围包括主合同项下债务本金2亿元及利息(包括逾期罚息和复利)、违约金、赔偿金,以及担保权人实现债权和担保权的一切费用。

合同签订后,甲银行向乙公司分两笔发放贷款2亿元。因乙公司未能依约履行,甲银行向法院提起诉讼,法院分别作出(2012)一中民初字第9651号及(2012)西民初字第17259号民事判决书,判决乙公司偿还甲银行借款本金、利息、罚息、复利、律师费等,并对抵押物享有优先受偿权。

2013年6月8日,大兴法院对国光大厦的土地使用权与地上物(含国光大厦二期)进行了公开拍卖,总成交价为3.82亿元(国光大厦二期财产的评估价值占该次拍卖财产的总评估价值的74.396%)。同年7月15日,大兴法院针对国光大厦的土地使用权及地上物(含国光大厦二期)的公开拍卖作出(2012)大执字第2505号成交裁定。

2016年11月18日,法院作出(2016)京01破申1号民事裁定书,裁定受理乙公司破产清算案。在债权申报中,管理人对甲银行申报的部分债权未予确认。

诉讼中,乙公司确认甲银行诉讼请求金额未超出国光大厦二期拍卖款中尚未分配(或发还)的金额。关于乙公司尚欠甲银行的剩余本息金额,双方经协商同意将计息截止日确定为2013年7月15日,即大兴法院作出执行成交裁定之日,在此基础上进一步确认了乙公司尚欠甲银行借款本金金额为9999585.79元,利息金额为1201563.46元,迟延加倍利息金额为11272660.35元。

(三)法院观点

甲银行认为依据双方合同的约定,抵押担保范围系包括赔偿金在内的"全部债务",并未排除迟延加倍利息。乙公司则认为,迟延加倍利息不属于抵押担保的范围,不应享有优先受偿权,只能按照普通债权确认。北京一中院认为,《全国法院破产审判工作会议纪要》第28条明确指出,对于法律没有明确规定清偿顺序的债权,法院可以按照私法债权优先于公法债权、补偿性债权优先于惩罚性债权的原则合理确定清偿顺序。从性质上看,本案诉争的迟延加倍利息,虽兼具惩罚性和补偿性,但其主要作用并非用于弥补债权人的损失,而是通过增加债务人迟延履行的负担,从而督促其依法及时履行生效判决所确定的义务,避免债务人因迟延履行行为而获得不当利益。因此,该利息系以惩戒和遏制为主,在性质上属于对迟延履行行为所采取的制裁行为,并警戒他人不再发生类似行为。据此,迟延加倍利息作为以惩罚性为主的债权,在清偿顺序上应当劣后于补偿性债权,不应按照有财产担保债权予以优先清偿。

关于迟延加倍利息是否应按普通债权清偿的问题,我国破产法及相关司法解释未作规定。北京一中院认为,从立法宗旨来看,破产法是为了保护全体债权人公平受偿的权利,破产程序的目的在于使破产债权得到公平对待。在债务人破产清算的情况下,其已无法全额清偿债务,故债权人获得的清偿具有补偿性质,此时破产企业的财产本质上应属于全体债权人所有,应由全体债权人公平分配。若赋予惩罚性债权一般普通债权的清偿顺序,将降低处于同一清偿顺序的其他普通债权的清偿率,导致将对债务人的惩罚转嫁给其他普通债权人,使其他普通债权人对该惩罚性债权承担责任,从而违反了破产法规定的公平受偿原则,也超出了破产程序弥补债权人实际损失的目的。从权利基础来看,迟延加倍利息具有法定性,其产生的基础是债务人不履行生效法律文书确定的金钱给付义务,而不是各种优先受偿的权利。在诉讼程序中,迟延加倍利息是法院在法律文书中依职权添加的,并非基于当事人的约定或请求而产生。在执行程序中，依职权计算迟延加倍利息亦是法院主动实施的执行措施，而无论申请执行人是否主张。本案中，虽然乙公司同意将迟延加倍利息按照普通债权予以确认，但为保证乙公司所有债权人的债权能够得以公平受偿，法院有权依职权对该笔债权的清偿顺序作出认定，即认定该债权作为惩罚性债权应当劣后于普通破产债权清偿。

综合以上论述，甲银行与乙公司签订的项目借款合同、综合授信额度合同、保证金质押合同以及最高额抵押合同均系双方的真实意思表示，未违反我国法律法规的强制性规定，合法有效。乙公司未能依约履行合同义务，应承担相应责任。现结合北京一中院在诉讼中组织双方调解并核对的结果，该院确认乙公司尚欠甲银行借款本金 9999585. 79 元，利息 1201563. 46 元，迟延加倍利息 11272660. 35 元。其中，9999585. 79 元的本金及 1201563. 46 元的利息部分属于对特定财产享有担保权的优先债权，可就处分抵押物所得价款享有优先受偿权；11272660. 35 元的迟延加倍利息部分属于劣后债权，应待此次破产程序中所有普通债权人的债权得以完全清偿后、仍有剩余破产财产可供清偿时，再予以清偿。据此，甲银行要求确认迟延加倍利息具有优先受偿权的相关诉讼请求，依据不足，北京一中院不予支持。

据此，北京一中院于 2018 年 12 月 25 日作出（2017）京 01 民初 237 号民事判决，认为判决：(1)确认原告甲银行对被告乙公司享有本金债权 9999585. 79 元，利息债权 1201563. 46 元，上述债权可就依法处分抵押物（国光大厦二期的土地使用权及地上物）所得价款享有优先受偿权；(2)确认原告甲银行对被告乙公司享有迟延履行期间迟延加倍利息 11272660. 35 元，该债权劣后于普通债权清偿；(3)驳回原告甲银行的其他诉讼请求。

判决作出后，双方均未上诉。

二、涉及法律问题

本案主要涉及债务人未履行生效法律文书应当支付迟延加倍利息的清偿顺序问题。如何准确界定迟延加倍利息的性质进而合理确定其清偿顺序不仅关系到债权人公平受偿的权利，也会影响破产法的实施效果，具有十分重要的现实意义。

1. 关于迟延加倍利息债权的性质问题。探究迟延加倍利息债权的性质，需要分析该债权是否属于破产债权，若属于破产债权如何确定其清偿顺位等问题。对此问题存在不同观点，第一种观点认为，迟延加倍利息属于惩罚性债权，按照破产法公平保护全体债权人的立法精神，破产程序不支持惩罚性债权。并且，如果对采取诉讼程序的债权人的债权计算迟延加倍利息，对未采取诉讼程序的债权人却仅计息正常利息，将造成因债权人主张权利方式不同而确认的债权数额不同。① 因此，无论在破产案件受理前还是受理后，未支付的迟延加倍利息均不属于破产债权。部分法院亦支持上述观点，如深圳市中级人民法院《破产案件债权审核认定指引》第 54 条第 2 项规定，债务人未履行生效法律文书应当加倍支付的迟延利息，在债权审核中不予认定。再如，江苏省高级人民法院《破产案件审理指南（修改版）》第七部分第 1 条规定，债务人未执行生效法律文书应当加倍支付的迟延利息不属于破产债权。第二种观点认为，最高人民法院《关于审理企业破产案件若干问题的规定》第 61 条第 1 款第 2 项规定，人民法院受理破产案件后债务人未执行生效法律文书应当加倍支付的迟延利息，不属于破产债权。最高人民法院《关于适用〈中华人民共和国企业破产法〉若干问题的规定（三）》（2019）第 3 条重申了上述内容，规定在破产申请受理后，债务人未履行生效法律文书应当支付迟延加倍利息，债权人作为破产债权申报的，人民法院不予确认。按照上述规定，破产案件受理后发生的迟延加倍利息，不属于破产债权，破产案件受理前发生的迟延加倍利息，属于破产债权。第三种观点认为，迟延加倍利息属于破产债权，至于清偿顺位则取决于本金债权的性质。本金债权为优先债权的，迟延加倍利息也应优先受偿，本金债权为普通债权的，迟延加倍利息也应认定为普通债权。

2. 关于本案债权停止计息的时间节点问题。本案中，双方在诉讼中针对停止计息的时间节点亦存在分歧。甲银行主张计算至乙公司破产申请受理日（2016 年 11 月 18 日），乙公司主张应计算至大兴法院针对国光大厦二期作出拍卖成交裁定之日（2013 年 7 月 15 日）。我国《企业破产法》第 46 条第 2 款规定，附利息的债权自破产申请受理时起停止计息，乙公司对此规定并无异议，只是认为其对甲银行的债务在拍卖成交裁定作出时即应视为履行完毕，故执行法院作出拍卖成交裁定是否影响本案诉争债务的履行，进而影响停止计息的时间节

① 参见许胜峰主编：《人民法院审理企业破产案件裁判规则解析》，法律出版社 2016 年版，第 171 页。

点,是双方对该部分争议的核心。

三、案例分析

(一)关于迟延加倍利息债权的性质问题

1. 基础理论

探讨此问题,需要先明确几个法律概念。所谓破产债权,是指在破产宣告前成立的,对破产人发生的,依法申报确认并得由破产财产中获得公平清偿的财产请求权。《企业破产法》第107条第2款规定,“人民法院受理破产申请时对债务人享有的债权称为破产债权”。破产债权具有以下特征:一是基于破产程序启动前的原因成立,这仅是一般原则,在法律特别规定的情况下,某些债权虽发生于破产宣告之后,也可以作为破产债权。二是对破产人发生的无财产担保的债权,或放弃优先受偿权利的有财产担保的债权。三是为财产上的请求权,即必须是表现为金钱或得折算为金钱的债权,具有人身性质的财产权利不得作为破产债权。四是可强制执行的债权,故已过诉讼时效之自然债权或非法债权不得为破产债权。五是依法申报登记并取得确认,有权在破产程序中受偿的债权。

除此之外,还有部分债权不得在破产程序中受偿理论上称为除斥债权,或者处于普通破产债权之后的最后清偿顺序,理论上称为劣后债权。《全国法院破产审判工作会议纪要》第28条规定,“对于法律没有明确规定清偿顺序的债权,人民法院可以按照人身损害赔偿债权优先于财产性债权、私法债权优先于公法债权、补偿性债权优先于惩罚性债权的原则合理确定清偿顺序。因债务人侵权行为造成的人身损害赔偿,可以参照企业破产法第一百一十三条第一款第一项规定的顺序清偿,但其中涉及的惩罚性赔偿除外。破产财产依照企业破产法第一百一十三条规定的顺序清偿后仍有剩余的,可依次用于清偿破产受理前产生的民事惩罚性赔偿金、行政罚款、刑事罚金等惩罚性债权”。该条对于司法实践具有重要指导意义。

劣后债权虽仅在普通破产债权完全受偿后仍有剩余财产时才可能受偿,但其在破产程序中可受清偿的权利未被剥夺,与除斥债权不同。“劣后债权是破产债权,可以参加破产程序,只是在清偿顺序上必须后于普通债权。劣后债权的债权人可以参加债权人会议,但是没有表决权。"[①]通常劣后债权包括破产宣告后产生的利息,因破产宣告后不履行而产生的损害赔偿金及违约金,债权人个人参加破产程序的费用、罚金、罚款、追缴金等。一些采取免责主义的国家设定劣后债权,目的在于避免出现债务人破产清算后仍有剩余财产,却可对本有义务清偿的债务不予偿还的不合理现象。另有一些国家则将此类债权定为除斥债权,在破产程序中不予清偿。

2. 对已有观点的分析

对于上文陈述的三种观点,分别评述如下:首先,第二种观点也不妥当。主要理由是迟延加倍利息虽然具有惩罚性,但也兼具补偿性,[②]仅因其具有惩罚性就将其归入除斥债权,欠缺说服力。其次,本文认为,第一种观点并不妥当,由于最高人民法院《关于审理企业破产案件若干问题的规定》制定时间较早,且在《企业破产法》实施之前,虽然尚未全部废止,但其中的规定已与《企业破产法》的规定不一致,在适用时需要进一步辨析。仅从文义理解,最高人民法院《关于审理企业破产案件若干问题的规定》第 61 条第 1 款第 2 项规定的是破产案件受理后的迟延加倍利息不属于破产债权,那么破产案件受理前的加倍支付的迟延利息就应属于破产债权。但此文义理解并不准确,主要理由有以下几点:一是按照《企业破产法》第 46 条的规定,附利息的债权自破产申请受理时起停止计息,也就是说,破产案件受理后不存在继续计算加倍支付的迟延利息的问题,当然不属于破产债权,最高人民法院《关于审理企业破产案件若干问题的规定》第 61 条关于支付迟延加倍利息的规定,在《企业破产法》实施后,已没有实际意义。易言之,不能仅依据该条规定按照破产案件受理的前后时间,对迟延加倍利息是否属于破产债权进行分类讨论。二是以破产案件受理时点对加倍部分的迟延利息性质予以区分欠缺充分理由。最后,第三种观点将迟延加倍利息与一般债务利息同样处理,忽视了迟延加倍利息并非源自当事人约定,也不是基于本金债权产生的,"无论申请执行人是否申请,法院都应当依职权计算迟延履

① 沈志先主编:《破产案件审理实务》,法律出版社 2013 年版,第 181 页。

② 参见江必新、刘贵祥主编:《最高人民法院关于执行程序中计算迟延履行期间的债务利息司法解释理解与适用:条文·释义·案例·实务》,人民法院出版社 2014 年版,第 23 页。

行期间的债务利息”,“计算加倍部分债务利息只是一项执行措施”。[①]

3. 评析

综合而言,从立法论角度,结合破产法理和迟延利息的特点,本文倾向于将迟延加倍利息作为劣后债权处理。主要理由如下:

一是迟延加倍利息并非基于当事人约定或者当事人在诉讼中的请求产生,而是法院在判决书中依职权添加的,在执行程序中无论申请执行人是否主张,法院均依职权计算,但在破产程序中如果一概将这部分利息作为破产债权,会对其他债权人利益产生影响。

二是《关于税务机关就破产企业欠缴税款产生的滞纳金提起的债权确认之诉应否受理问题的批复》中将破产企业在破产案件受理前因欠缴税款产生的滞纳金作为普通债权,是因为滞纳金“与税款本身密切相连,属于国家税收利益的重要组成部分”。因加倍利息并不涉及国家利益,故也不能简单类推适用,将破产案件受理前的迟延加倍利息认定为普通破产债权。

三是虽然法律、司法解释对于劣后债权未予明确规定,但在司法实务中,对于劣后债权的认定并不少见。而且,最高人民法院《关于依法审理和执行被风险处置证券公司相关案件的通知》中明确规定,刑事判决中罚金、没收财产等处罚,应当在破产程序债权人获得全额清偿后的剩余财产中执行,这就是关于劣后债权的规定。

据此,本案中法院依据《全国法院破产审判工作会议纪要》中有关“私法债权优先于公法债权、补偿性债权优先于惩罚性债权”的原则,从迟延加倍利息兼具惩罚性和补偿性、但又以惩戒和遏制为主的性质出发,结合破产法公平保护全体债权人的立法宗旨以及弥补债权人实际损失的程序目的,将迟延加倍利息作为劣后债权处理,即为在确定破产财产分配顺位时,须在清偿所有优先债权和普通债权之后才能获得清偿的破产债权。作出劣后债权的认定,既有利于实现对全体债权人的公平保护,防止将对债务人的惩罚转嫁给其他普通债权人,又可以避免在无法律依据的情况下剥夺债权人的合法权益。虽然从实际结果来看,无论认定为除斥债权还是劣后债权,往往都无法获得清偿,但从权利设置

① 参见安克明:《发挥迟延履行利息制度作用　积极推动执行工作有效开展——最高人民法院执行局负责人答记者问》,载《人民法院报》2014 年 7 月 31 日,第 3 版。

和内容上看,二者却具有本质上的差别。除斥债权在破产程序中完全丧失受偿的权利,而劣后债权虽仅在普通债权全部清偿后方可受偿,但其在破产程序中的受偿权利并未被剥夺。

(二)关于本案债权停止计息的时间节点问题

对此问题产生争议的原因在于本案系"执转破"案件,涉及执行和破产两个程序的衔接问题。执行案件移送破产审查(以下简称执转破案件)是人民法院司法工作机制的创新。最高人民法院《关于适用〈中华人民共和国民事诉讼法〉的解释》第 513 条至第 516 条对执行移送破产审查案件的主要程序问题作出简要规定,最高人民法院《关于执行案件移送破产审查若干问题的指导意见》细化了程序规定。执转破案件不仅在启动方式、移送程序等方面区别于普通破产案件,在审理机制上也有明显不同。由于执转破案件进入司法领域的时间不长,法律规定并不完善,特别是两项程序衔接方面,存在立法不明的问题。

就本案涉及的债权停止计息的时间节点问题,最高人民法院《关于执行程序中计算迟延履行期间的债务利息适用法律若干问题的解释》第 3 条规定,加倍部分债务利息计算至被执行人履行完毕之日,人民法院对被执行人财产拍卖、变卖或者以物抵债的,计算至成交裁定或者抵债裁定生效之日。通常情况下,被执行人履行金钱给付义务,申请执行人直接受领款项,自申请执行人得到款项之日停止计息。但上述规定仅为执行程序中的计息规则,在破产法律体系中则缺乏相应的规定。

而本案系执转破案件,在移送破产审查前执行法院曾就乙公司的财产采取了拍卖等执行措施,并且存在多个债权人申请参与分配的情形,法院处理执行标的物收回执行款到制作分配方案并分配执行款需要一个时间过程,从而导致债务的履行和债权的实现出现了分离,债务人履行债务并不等同于债权人实现债权。乙公司被法院强制执行,从本质上讲是以国家的强制力剥夺乙公司对其财产的所有权并以其名义清偿申请执行人的行为,无论乙公司是主动履行或是被强制执行,只要处置抵押物国光大厦二期的变价款被转移到法院账户,且足以覆盖全部的担保债务,就应视为乙公司清偿了对甲银行的全部担保债务,有效履行了生效法律文书的内容,故相应的利息应计算至履行完毕之日而不是申请执行人完全实现其债权之日。若因执行法院制订分配方案或债权人迟延受领等因素导致债权实现时间出现延迟,并使延迟的后果转由乙公司承担,将对乙公司以及乙公司的其他债权人产生不公。因此，在案件办理过程中，有观点认为应类推适用最高人民法院《关于执行程序中计算迟延履行期间的债务利息适用法律若干问题的解释》第 3 条的相关规定，将停止计息的时点认定为国光大厦二期财产拍卖成交裁定之日。诉讼中，该问题经双方协商最终达成了一致意见，但其中所反映出的法律问题仍值得研究和探讨。

综合上述观点，本文认为对于此问题可以类推适用最高人民法院《关于执行程序中计算迟延履行期间的债务利息适用法律若干问题的解释》第 3 条规定，即加倍部分债务利息计算至被执行人履行完毕之日，人民法院对被执行人财产拍卖、变卖或者以物抵债的，计算至成交裁定或者抵债裁定生效之日。若对于迟延加倍利息，债务人分次履行或者部分履行，应当扣除相应部分后，其余部分计算至破产受理之日。债务人全部未履行的，则计算至破产受理之日。

四、延伸思考

除了上述两个争议问题，本文也延伸思考，认为破产衍生诉讼中法院职能应适当强化。处分权原则是我国民事诉讼法的基本原则之一。依据我国《民事诉讼法》第 13 条第 2 款的规定，当事人有权在法律规定的范围内处分自己的民事权利和诉讼权利。根据这一规定，当事人可以自愿选择是否提起诉讼，是否承认、放弃、变更诉讼请求，是否撤诉、调解、上诉等。这一原则的重点是当事人的选择与法院的职权之间的相互关系。在一般的民事诉讼中，当事人得以自由选择诉讼行为，法院不应以职权积极介入与干预。但破产衍生诉讼不同于一般民事诉讼，其本质上是为了解决破产程序中的实体争议，与破产程序密切相关，其结果亦会影响破产程序中众多主体的权益。因此，在此类诉讼中法院职权的边界不应仅依据民事诉讼法中的一般规定予以确定，还应当分析破产衍生诉讼的特点。

民事诉讼法中的处分权原则与实体法上的私权自治密切相关，是自由主义司法理念在诉讼法上的投射。[①] 破产衍生诉讼虽然系依据民事诉讼程序审理，但是应当看到，其与普通民事诉讼存在较大的区别。如前所述，处分原则的基

---

① 参见张陈果：《论公益诉讼中处分原则的限制与修正：兼论〈新民诉法解释〉第 289、290 条的适用》，载《中外法学》2016 年第 4 期。

础为私权自治,但在破产衍生诉讼中,私权自治的基础恰恰是缺失的。私权自治的内在逻辑在于,民事诉讼的目的是实现对私人相关民事权利的救济,而在这种私法关系的领域中,当事人被认为是自己权利的最佳管理者,因此私权自治的前提应当是处分行为系由真正的权利主体依其自由意志对"自身"权利作出处分。但在破产衍生诉讼中,管理人仅为依据破产法规定代表债务人进行诉讼的诉讼代表人,并非实体权利义务的最终承受者,真正的权利主体应当为破产程序中的债权人,但后者在破产衍生诉讼中是缺位的,其无法对破产衍生诉讼中管理人的诉讼行为进行有效的监督。因此,在破产衍生诉讼中,应当适当强化法院的诉讼监督职能,对管理人代表的债务人一方的诉讼行为进行较为严格的审查,对于其自认、调解、撤诉等处分行为进行有效监督,以保障破产程序中的债权人等第三人权益。[①] 本案中,原告甲银行的迟延加倍利息部分应当劣后于普通债权清偿,管理人同意将其作为普通债权进行确认。在一般民事诉讼案件中,应当认为此系被告对自己权利的处分,法院不应当予以干预。但本案中甲银行迟延加倍利息的清偿顺序不仅事关原被告权益,亦影响乙公司全体债权人公平受偿的权利,同时,考虑到迟延加倍利息具有法院依职权添加、并非基于当事人的约定或请求而产生的法定性特点,法院依职权认定该笔债权劣后清偿,这既有助于合理平衡各债权人之间的利益关系,也更加符合破产法公平清偿的基本原则。

应注意的是,在破产衍生诉讼中法院职能的适当强化并不意味着禁止管理人代表债务人进行调解、撤诉等行为。事实上,在确保未损害破产程序中债权人权益的前提下,法院可以依据《民事诉讼法》的规定,从便利审理、服诉息判等角度出发,进行调解。本案中,在迟延加倍利息停止计息的时间点上,因法律并无明确规定,实践中亦无统一做法,在此问题上法院组织双方进行了调解,最后确定停止计息时间点系大兴法院作出拍卖成交裁定之日。关于这一调解内容,法院进行了严格审查,考察本案事实以及原被告主张,可以看出这一调解结果

① 我国《民事诉讼法》对于破产衍生诉讼中法院职权适度强化虽未作出规定,但最高人民法院《关于适用〈中华人民共和国民事诉讼法〉的解释》第 287 条特别规定了公益诉讼中,法院应当审查当事人达成的调解协议或和解协议,如违反社会公共利益,则不予出具调解书。考虑到公益诉讼的保障群体利益及实现社会公正的特点,与破产衍生诉讼具有一定的相似性,上述司法解释中公益诉讼的相关规定在破产衍生诉讼中可以予以借鉴。

主要为原告甲银行放弃了部分诉讼请求,且停止计息的时间点亦对乙公司债权人较为有利,因此管理人的调解行为应为有效。本案中,法院通过对迟延加倍利息停止计息的时间点的调解,妥善解决了双方争议,兼顾了担保债权人与普通债权人的利益,有效实现了对全体债权人的公平保护。判决后,双方当事人对判决结果表示认可,均未提起上诉,实现了法律效果与社会效果的良好统一。

(案例编写:刘琦、宁韬)

21. 破产抵销权案件中滥用股东权利或者关联关系损害公司利益对债务人所负债务的认定

——飞某公司与刘某某破产抵销权纠纷案

案例要旨:破产抵销权是指债权人在破产申请受理前对债务人负有债务的,可以向管理人主张抵销。滥用股东权利或者关联关系损害公司利益对债务人所负债务属于破产抵销权的禁止情形。本文通过对飞某公司与刘某某破产抵销权纠纷案的案情进行梳理分析,结合对破产抵销权相关基础理论的研究,就破产抵销权的禁止尤其是滥用股东权利或者关联关系损害公司利益情形认定进行研究,并对破产抵销权行使的程序与条件做了延伸思考。

一、据此研究的案例

(一)诉辩主张

原告飞某公司起诉称:2020 年 10 月飞某公司进入破产程序,管理人在接管债务人财产的过程中,发现刘某某作为股东,用其私人账户接收飞某公司的对外应收账款且并未向公司返还。管理人遂提起对外追收债权之诉,法院已生效(2021)京 01 民初 462 号民事判决书(以下简称 462 号判决)判令刘某某向飞某公司返还 60 万元。后,刘某某向管理人寄送抵销通知书,以其对飞某公司享有的 111 万元债权与前述生效判决书确认的其对飞某公司所负的 60 万元债务进行抵销。因刘某某对飞某公司所负债务属于禁止抵销情形，管理人对其抵销主张有异议，故提起本案诉讼，请求法院判决刘某某主张将其对飞某公司享有的111万元债权与其基于462号判决对飞某公司所负的60万元债务进行抵销的行为无效。

被告刘某某答辩称：(1)刘某某对飞某公司享有的111万元债权合法有效，刘某某要求抵销的诉争60万元债务与该债权系相同种类的债务，因此刘某某作为债权人有权依法行使抵销权，且抵销通知已经送达飞某公司。(2)462号判决认定刘某某对飞某公司所负的60万元债务并非禁止抵销的特定债务，并不会产生刘某某相关债权被全额清偿而其他债权人只能按比例清偿的不公平后果，飞某公司未能证明该笔债务系刘某某滥用股东权利或者关联关系损害公司利益对飞某公司所负债务。(3)刘某某担任飞某公司法定代表人期间为该公司正常运转提供了大笔款项，对于诉争60万元债务的形成并无恶意。

（二）事实认定

法院经审理查明如下事实：

1. 刘某某对飞某公司所负案涉60万元债务的相关情况。

2021年3月5日，飞某公司向法院提起对外追收债权纠纷诉讼，要求判令刘某某向其返还款项72万元并支付资金占用利息。北京市第一中级人民法院（以下简称北京一中院）于2021年8月19日作出462号判决，其中认定的相关事实如下：2014年7月22日，飞某公司在北京市朝阳区相关部门登记注册，法定代表人为刘某某，股东分别为刘某某（持股比例80%）、何某某（持股比例15%）、张某（持股比例5%）。2020年10月27日，北京一中院作出(2020)京01破申633号民事裁定书，裁定受理钻某公司对飞某公司的破产清算申请。2020年11月9日，北京一中院作出(2020)京01破256号决定书，指定北京市鑫诺律师事务所担任飞某公司破产清算一案的管理人。2016年3月5日，飞某公司与孙某某签订电视连续剧“青某传”剧本委托创作合同，约定委托孙某某创作“青某传”剧本，同年3月10日，飞某公司向孙某某支付60万元。2016年6月2日，飞某公司与孙某某签订解除合同协议书，双方约定孙某某返还飞某公司已交纳的60万元稿酬并支付12万元补偿款。飞某公司指定的收款账户系该公司的账户，但实际接收款项的账户系刘某某个人账户。

该案诉讼过程中，刘某某主张前述72万元款项均已用于飞某公司的经营活动,但法院仅认可其中12万元用于公司经营,并判令刘某某于该判决生效后7日内向飞某公司返还剩余60万元款项。刘某某提出上诉。该案经二审终审,北京市高级人民法院于2021年12月20日作出(2021)京民终860号民事判决书,判决驳回上诉,维持原判。

本案审理过程中,刘某某再次主张前述60万元系用于公司经营,但未提供证据予以证明。

2. 飞某公司对刘某某所负相关债务及刘某某行使破产抵销权的情况。

2021年3月15日,刘某某向飞某公司管理人申报411万元债权,其中包括111万元借款及刘某某代飞某公司支付的房租、物业等费用300万元。

2022年1月5日,刘某某向飞某公司管理人发送抵销通知书,主张依据《企业破产法》第40条的规定,将其对飞某公司享有的111万元债权与462号判决确定的刘某某对飞某公司所负的60万元债务予以部分抵销。管理人认可其于同日收到该通知。

2022年4月24日,北京一中院作出(2020)京01破256号之一民事裁定书,裁定确认飞某公司破产清算案的部分无争议债权,其中包括刘某某的债权111万元,债权分类为普通债权。截至本案一审法庭辩论终结前,经北京一中院裁定确认的无争议债权包括国家税务总局北京市朝阳区税务局享有的税款债权及刘某某等三位债权人享有的普通债权,上述债权总额共计4894618.79元。

(三)法院观点

北京一中院经审理认为:本案的争议焦点为诉争抵销行为是否有效。《公司法》第171条第2款规定,对公司资产,不得以任何个人名义开立账户存储。《企业破产法》第40条规定,债权人在破产申请受理前对债务人负有债务的,可以向管理人主张抵销。最高人民法院《关于适用〈中华人民共和国企业破产法〉若干问题的规定(二)》(以下简称《破产法司法解释二》)第46条规定,债务人的股东主张以下列债务与债务人对其负有的债务抵销,债务人管理人提出异议的,人民法院应予支持:债务人股东滥用股东权利或者关联关系损害公司利益对债务人所负的债务。第42条第2款规定,管理人对抵销主张有异议的,应当在约定的异议期限内或者自收到主张债务抵销的通知之日起3个月内向人民法院提起诉讼。

破产法律制度的根本宗旨是在债务人丧失清偿能力时,公平清理债权债务，最终有序、公平地保护债权人和债务人的合法权益，维护社会主义市场经济秩序。为了避免相同当事人之间，同样性质的债权处于不平等的清偿地位带来的不公平情况，《企业破产法》设立了破产抵销权制度，即债权人有效行使抵销权后，其对债务人企业享有的相应债权即可获得全额清偿。因此，破产抵销权是具有保证债权人优先受偿性质的权利。本案中，刘某某作为飞某公司的股东，以个人账户收取公司的款项未予返还而对飞某公司负有的60万元债务，系基于其对飞某公司的不当控制，应属于滥用股东权利损害公司利益对公司所负的债务，系不当债务。如允许刘某某以其对飞某公司所负的不当债务与飞某公司对刘某某负有的债务进行抵销，将使得刘某某的相应债权获得全额清偿，明显有悖于破产抵销权设立的初衷和意义，将减少债务人财产，并对其他债权人产生不利影响，与破产法律制度的根本宗旨相违背。

管理人据此对刘某某的抵销主张提出异议并在法定期限内提起本案诉讼，其要求确认刘某某的相应抵销行为无效的诉讼请求有事实及法律依据，一审法院予以支持。刘某某提出的抗辩意见无事实及法律依据，故法院不予采纳。

判决作出后，刘某某不服，向北京市高级人民法院提起上诉。二审法院认为，根据已查明的事实，刘某某作为飞某公司原法定代表人，在经营管理公司期间，以个人账户收取了飞某公司的合同款项。虽然2016年6月2日解除合同协议书约定以飞某公司账户作为收款账户，但最终孙某某将上述合同款项打入刘某某的个人账户。现无证据证明刘某某向飞某公司告知了收款情况并将该笔款项载入飞某公司账目，刘某某主张已将该笔款项用于飞某公司经营，证据亦不充分。二审法院认为，刘某某个人收取飞某公司款项后未告知飞某公司并记入飞某公司账目的行为，属于滥用股东权利或者关联关系损害公司利益的行为。刘某某主张将其对飞某公司享有的111万元债权与其基于462号判决对飞某公司所负的60万元债务进行抵销的行为，依法应属无效。二审法院认为一审法院认定正确，予以维持。

二、涉及法律问题

《企业破产法》第40条、《破产法司法解释二》第41条至第46条以及《北京市高级人民法院企业破产案件审理规程》第129条至第136条对破产抵销的基本含义、行权主体、行使时间、行使路径、抵销条件、抵销的禁止等破产抵销有关制度作出了规定。本案中,刘某某向飞某公司管理人主张将其对飞某公司享有的111万元债权与其基于462号判决书飞某公司所负的60万元债务进行抵销。在判断上述抵销行为是否有效时,一方面须判断刘某某主张破产抵销的主体、程序、时点等积极条件是否满足;另一方面亦须判断是否触发抵销限制或禁止等消极条件的规定。

《破产法司法解释二》第46条规定了债务人的股东主张以其对债务人所负债务与债务人对其负有的债务抵销的禁止情形,系民法上的抵销权、《公司法》相关法律制度价值在破产抵销权实现条件规定中的投射,亦系针对债务人股东这一破产程序中的特殊主体与债务人、其他债权人法律关系的法益的再平衡。

通过检索中国裁判文书网,尚未发现适用《破产法司法解释二》第46条第2项的在先案例。如何认定该条"债务人股东滥用股东权利或关联关系损害公司利益对债务人所负的债务"的情形是本案的争议焦点,对公平适用破产抵销权制度、维护债权人公平受偿权利具有重要意义。

三、案例分析

(一)破产抵销权

破产程序中,各债权人一般应按照法定清偿顺序和比例根据分配方案获得清偿,但对于与债务人互负债务的债权人来说,对相应债务负有全面清偿义务的同时,其债权则面临部分清偿甚至不得清偿的境地。在同一主体依据破产法获得债权清偿与依据民法清偿债务的权利义务有可能明显失衡时,须通过站在民法公平原则的高度上,制定规则将相关主体的经济利益格局重置。公平原则,就是以利益的均衡作为价值判断标准以调整主体之间的经济利益关系,并要求民事主体应本着公平的观念实施民事行为。① 故此,破产法中设置了调整债权人与债务人互负债务情况下适用的破产抵销权制度。

破产法上的抵销权,是指债权人在破产申请受理前对债务人即破产人负有债务的,无论是否已到清偿期限、标的是否相同,均可在破产最终分配确定前向管理人主张相互抵销的权利。② 破产抵销权体现了实际担保功能,以一种例外

① 参见王利明、杨立新等:《民法学》(第2版),法律出版社2008年版,第14页。
② 参见王欣新:《破产法》(第4版),中国人民大学出版社2019年版,第184页。

清偿的方式在破产程序中对破产抵销权人、债务人及其他债权人的利益进行平衡。《企业破产法》第 40 条规定:"债权人在破产申请受理前对债务人负有债务的,可以向管理人主张抵销。"

与民法上的抵销权相比,破产抵销权的制度价值已不再局限于节约当事人间对债权债务的结算成本或互诉司法资源。由于债务人企业已处于破产程序中,将对债务人资债情况进行彻底调查和处理,在债权债务关系面临集中清理、财产全部以货币价值呈现的前提下,对待抵销的互负债务时限和标的物种类、品质上再行设限已不具有实际意义。故根据《破产法司法解释二》第 43 条规定,债权人主张抵销,管理人以破产申请受理时互负债务存在未到期情况或标的物种类、品质不同提出异议的,人民法院不予支持。

从抵销权的行使主体上看,因为追求债务人财产价值最大化、维护全体债权人清偿利益是管理人履职应有之义,所以破产抵销权以债权人行使为原则、以管理人主动行使为例外,这表明破产抵销通常不会自动发生。根据《破产法司法解释二》第 41 条的规定,债权人依据《企业破产法》第 40 条的规定行使抵销权,应当向管理人提出抵销主张。管理人不得主动抵销债务人与债权人的互负债务,但抵销使债务人财产受益的除外。

(二)破产抵销权的禁止

债权人的公平清偿是破产制度的基石,而实现破产抵销权实际上是让特定债权人的债权在破产程序中获得全额、优先、个别的清偿。故破产抵销权的禁止是破产抵销权必要的附属物,凡承认抵销权制度的国家,均制定了破产抵销权的禁止制度。[①]《日本破产法》《美国破产法》《德国支付不能法》的等外国立法实践中均规定了破产抵销权禁止条款。破产抵销权的禁止即为基于民事法律关系的"帝王原则"——诚实信用原则而设置的"安全阀"。诚实信用原则的含义可以包含如下几点:(1)要求当事人言而有信,遵守已经达成的协议,保护对方的合理期待;(2)善意并合理的告知义务与披露义务;(3)任何一方不得以不合理的方式导致另一方的不利益;(4)诚实信用可以以公平合理的方式调整

① 参见最高人民法院民事审判第二庭编著:《最高人民法院关于企业破产法司法解释理解与适用:破产法解释(一)、破产法解释(二)》(第 2 版),人民法院出版社 2017 年版,第 486 页。

当事人之间的不合理与不公平的权利义务。① 破产抵销权的禁止制度即为禁止恶意或推定恶意抵销的适用，防止破产抵销权担保功能的滥用，实际上是对破产法益与债法法益的衡平之再衡平。

根据《企业破产法》第 40 条的规定，以下几种情形属于破产抵销权禁止行使的情形：一是债务人的债务人在破产申请受理后取得他人对债务人的债权的；二是债权人已知债务人有不能清偿到期债务或者破产申请的事实，对债务人负担债务的，但债权人因为法律规定或者有破产申请一年前所发生的原因而负担债务的除外；三是债务人的债务人已知债务人有不能清偿到期债务或者破产申请的事实，对债务人取得债权的，但债务人的债务人因为法律规定或者有破产申请一年前所发生的原因而取得债权的除外。上述法律规定是抵销权禁止的基础性规定，体现了两个层面的制度内涵：(1)主张破产抵销权的债权人无利用债务人破产有关事实以达成个别清偿的恶意或推定恶意；(2)对依据法律规定取得债权或负担债务情形的排除。

(三)关于债务人股东所负特定债务破产抵销权禁止的特别规定

源于公司法规范公司的组织、行为和保护公司、股东和债权人的合法权益立法宗旨的要求，在《企业破产法》第 40 条规定的基础上，即便满足了该条规定中的消极条件要求，债务人股东这一特殊身份的债权人，对公司所负特定类型的债务亦不得与其享有的债权抵销。

根据《破产法司法解释二》第 46 条的规定，债务人的股东破产抵销权的禁止情形如下：(1)债务人股东因欠缴债务人的出资或者抽逃出资对债务人所负的债务；(2)债务人股东滥用股东权利或者关联关系损害公司利益对债务人所负的债务。也就是说，即便互负债权债务的相关事实不是发生在破产受理后，或并非明知或应当知道债务人具备破产原因或已提交破产申请的，债务人股东对债务人所负债务如果属于前述两项规定债务性质，债务人的股东主张与债务人对其负有的债务抵销时，债务人管理人提出异议的，人民法院仍然应当予以支持。

1. 关于股东出资抵销的禁止

在债务人丧失清偿能力时，因其所有债务已不可能还清，对个别债权人的

---

① 参见江平主编：《民法学》(第 2 版)，中国政法大学出版社 2011 年版，第 27 页。

优先清偿便会与全体债权的公平清偿发生冲突。因为这时债权的破产清偿与抵销清偿之间存在巨大差额，允许将应当用于清偿全体债权人的欠缴出资资本金与破产债权抵销，会损害其他债权人的利益。[①] 即使股东将其破产债权与欠缴的出资进行了抵销，其他债权人等利害关系人也有权要求该股东补足其名义债额与实际价值间的差额，以维护自己的合法权益。[②] 禁止股东出资的抵销，本质上是为了调和公司法资本充实原则下保护的法益与破产抵销权制度保护的实质清偿公平。股东缴纳出资系公司对外向债权人承担责任的特定财产，亦即企业以独立人格参与经济活动的保障。如将股东出资义务或抽逃出资责任所负债务与股东对公司享有的债权抵销，则侵害了公司外部债权人的集体利益。

2. 关于滥用股东权利或关联关系所负债务抵销的禁止

滥用股东权利或关联关系所负债务抵销的禁止是衡平居次原则（一称深石原则）的精神在我国破产制度中的有限体现。衡平居次原则是美国在处理关联公司破产案件中就关联公司债权的处理通过判例发展起来的一项制度，[③]指在子公司破产清算或重整程序中，母公司为债权人的债权（在特定情形下）不能优先于子公司的其他债权人获得清偿。衡平居次原则的应用于《破产法司法解释二》第 46 条第 2 项的规定中体现在，债务人股东滥用股东权利或关联关系所负的债务系其过错行为所负债务，如准许以此类债务与股东所享有债权进行抵销，即为准许有过错股东因其过错行为获益，也违反了此类债权应当劣后于普通债权获得清偿的原则。《全国法院破产审判工作会议纪要》第 39 条关于关联企业之间不当债权劣后清偿的规定，也从另一侧面反映了相应债权债务不宜适用破产抵销的要求。该条规定："关联企业成员之间不当利用关联关系形成的债权，应当劣后于其他普通债权顺序清偿，且该劣后债权人不得就其他关联企业成员提供的特定财产优先受偿。"如果母公司对子公司的经营决策存在过度干预、不公平的关联交易、滥用公司法人人格等违法行为，导致两公司的法人人

---

① 参见王欣新：《破产企业出资人欠缴的注册资本不得与其破产债权抵销》，载《人民法院报》2007 年 8 月 30 日，第 6 版。

② 参见蔡晖、王文光等：《再论股东破产债权不能与未到位的出资相抵销》，载《人民法院报》2007 年 11 月 15 日，第 6 版。

③ 参见最高人民法院民事审判第二庭编著：《最高人民法院关于企业破产法司法解释理解与适用：破产法解释（一）、破产法解释（二）》，人民法院出版社 2017 年版，第 488 页。

格混同，就应依法否定公司独立的法人人格，母公司对子公司享有的债权便只能作为劣后债权。[①]

（四）债务人股东滥用股东权利或关联关系所负债务破产抵销权禁止的适用

《破产法司法解释二》第 46 条第 2 项仅就“债务人股东滥用股东权利或者关联关系损害公司利益对债务人所负的债务”作了概括性规定，并未具体列明行为要件，故司法实践中须由审理案件的法官自由裁量涉案债务是否系“债务人股东滥用股东权利或关联关系”而形成的债务。

概括条款的主要机能在于使法律灵活运用，顾及个案，适应社会发展，并接近变迁中的伦理观念，使法律能与时俱进，实践其规范功能。法的具体化，指法之实现过程。法律适用时应探寻、发现具体规范，穷尽解释适用或类推适用的论证。[②] 综观前文，如将破产抵销权制度视为“第一层级”制度，则应将破产抵销权的禁止视为“第二层级”制度，将《破产法司法解释二》第 46 条规定的两类债务人股东破产抵销权禁止情形视为“第三层级”制度，着眼于破产抵销权制度下的法益与公司法保护法益的平衡要素。从相关条文文义表述及体系解释的角度来看，应参照公司法法人人格否认制度中“滥用股东权利或关联关系”的具体行为认定；从法律适用的基础原则来看，应当从衡平居次原则的具体应用情形来进行分析并触发相应适用结果。

1. 法人人格否认原则的参照适用

《公司法》第 20 条第 1 款规定：“公司股东应当遵守法律、行政法规和公司章程，依法行使股东权利，不得滥用股东权利损害公司或者其他股东的利益；不得滥用公司法人独立地位和股东有限责任损害公司债权人的利益。”其中“不得滥用公司法人独立地位和股东有限责任”的外延小于《破产法司法解释二》第 46 条第 2 项“债务人股东滥用股东权利或者关联关系损害公司利益”的外延，故属于法人人格否认原则适用的情形，应推定为当然适用于“债务人股东滥用股东权利或关联关系”情形，且鉴于本项规定的适用后果仅限于破产抵销权的禁止而不会导致法人人格否认的严重后果，故本项规定的在审判实践的应用中

---

① 参见王欣新：《破产法》（第 4 版），中国人民大学出版社 2019 年版，第 238 页。

② 参见王泽鉴：《民法思维：请求权基础理论体系》，北京大学出版社 2009 年版，第 192—193 页。

应当比照《公司法》第20条第1款的适用情形予以适当从宽适用。

最高人民法院2013年1月31日发布的指导案例15号(以下简称15号案例)徐工集团工程机械股份有限公司诉成都川交工贸有限责任公司等买卖合同纠纷案中"裁判要点"部分载明,关联公司的人员、业务、财务等方面交叉或混同,导致各自财产无法区分,丧失独立人格的,构成人格混同。

亦有学者总结股东与公司之间人格混同的表现形式:(1)股东与公司之间在资产或财产边界方面混淆不分;(2)股东与公司之间在财务方面混淆不分;(3)股东与公司之间在业务方面混淆不分;(4)股东与公司之间在机构方面混淆不分;(5)股东与公司在人员方面混淆部不分;(6)股东与公司在人员方面混淆不分;(7)子公司的机关陷入瘫痪状态,母公司直接操纵子公司的决策活动;(8)其他方面的人格混同。①

根据最高人民法院2019年11月8日印发的《全国法院民商事审判工作会议纪要》(以下简称《九民纪要》)第10条的规定,认定公司人格与股东人格是否存在混同,最根本的判断标准是公司是否具有独立意思和独立财产,最主要的表现是公司的财产与股东的财产是否混同且无法区分。在认定是否构成人格混同时,应当综合考虑以下因素:(1)股东无偿使用公司资金或者财产,不作财务记载的;(2)股东用公司的资金偿还股东的债务,或者将公司的资金供关联公司无偿使用,不作财务记载的;(3)公司账簿与股东账簿不分,致使公司财产与股东财产无法区分的;(4)股东自身收益与公司盈利不加区分,致使双方利益不清的;(5)公司的财产记载于股东名下,由股东占有、使用的;(6)人格混同的其他情形。在出现人格混同的情况下,往往同时出现以下混同:公司业务和股东业务混同;公司员工与股东员工混同,特别是财务人员混同;公司住所与股东住所混同。人民法院在审理案件时,关键要审查是否构成人格混同,而不要求同时具备其他方面的混同,其他方面的混同往往只是人格混同的补强。

同时,应当注意关联企业的控制人同一、高管人员相互兼职、经营场所的同一或一定程度上的混同使用、经营权力的集中控制、相互担保、相互资金融通等,通常应视为关联企业的一般特征,至多算是一般性事务混同,而不足以说明

① 参见刘俊海:《新公司法的制度创新:立法争点与解释难点》,法律出版社2006年版,第90—93页。

企业存在法人人格混同。①

2. 衡平居次原则的参照适用

衡平居次原则与法人人格否认原则虽然都在一定程度上处理法人人格独立与股东有限责任的问题,但衡平居次原则本质上关乎公司债权清偿顺序,不涉及利用公司外壳逃避债务的问题。该原则并不否认该债权的存在,在“刺破公司面纱”的彻底性上有所保留。②

从衡平居次原则以实现实质性利益平衡为最终目的,对因不公平行为引发的关联债权进行居次处理可见,该原则的法律基础应囊括平等原则、禁止权利滥用原则、诚实信用原则等内容。③ 在深石公司案中,美国法官依据“公平”原则,突破了公司独立和股东有限责任的界限,对传统的债权平等观念进行了修正,在特定情况下将控制企业的债权劣后其他债权。根据 Blumberg 教授的分析,自深石公司案件以来,所有适用衡平居次原则的案例中,违反“公平”标准的行为大概有以下四类:(1)从属公司资本不实;(2)控制企业行使对从属公司控制权时,违反了受任人的诚信义务;(3)控制公司无视从属公司独立人格而违反了法律规定;(4)资产混同或输送。④ 其中,第(2)项是指,控制公司必须将从属公司作为一个独立主体而善意对待的行为。控制公司不能有任何的欺诈,例如利用自己的优势侵吞从属公司财产,以有利于控制公司的方式增发股票,将从属公司的财产转移到自己名下等。如果控制公司利用自己的控制权,做出不合经营常规的行为,不履行诚信义务,损害从属公司及其债权人的利益,法院当用衡平居次原则将其债权劣后清偿。⑤

本案中,刘某某在飞某公司破产程序中主张抵销的债务为经法院生效判决确认的其在与飞某公司对外追收债权纠纷中应向飞某公司返还的公司财产。根据生效裁判文书查明的事实,刘某某作为飞某公司股东、法定代表人,在经营管理公司期间,以个人账户收取了飞某公司的合同款项,且无证据证明刘某某向飞某公司告知了收款情况并将该笔款项载入飞某公司账目,其主张已将该笔

---

① 参见王欣新:《绝境再生——破产法市场化法治化实施之路》,法律出版社 2022 年版,第 131 页。
② 参见葛伟军:《刺破公司面纱规则的变迁与展望》,载《法治研究》2022 年第 5 期。
③ 参见陈鹏升、陈思潮:《破产法中衡平居次原则之研究》,载《南方论刊》2022 年第 8 期。
④ 参见刘连煜:《公司法理论与判决研究》,法律出版社 2002 年版,第 104 页。
⑤ 参见孙向齐:《我国破产法引入衡平居次原则的思考》,载《政治与法律》2008 年第 9 期。

款项用于飞某公司经营的抗辩意见亦无事实依据。

在审查刘某某在飞某公司破产程序中主张抵销的债务是否属于《破产法司法解释二》第46条第2项规定的“债务人股东滥用股东权利或者关联关系损害公司利益对债务人所负的债务”时,本案参照了公司法有关法人人格否认原则的认定标准,尤其是15号案例和《九民纪要》第10条的相关精神。本案中,刘某某对飞某公司所负债务的相关行为客观上造成公司的财产记载于股东名下、由股东占有和使用,股东与公司在财务方面存在交叉或混同,应认定其基于此所负债务属于债务人股东滥用股东权利或关联关系损害公司利益对债务人所负的债务。同时,刘某某上述行为参照适用衡平居次原则适用情形,属于股东利用自己的控制权做出不合经营常规的行为给公司经营造成公司利益损害从而对债务人所负的债务,故刘某某基于此类原因所负债务不得与其享有的公司债权以破产抵销的方式获得优先清偿,否则将发生股东因其过错行为造成公司损失后反而使其作为公司债权人的应债权获得部分优先清偿,客观上造成债务人财产的减少和对其他债权人权益的损害,这将明显有悖于对债权人公平清偿的破产法基本原则、诚实信用原则和公平原则。

四、延伸思考

除了前述破产抵销权制度与破产抵销权的禁止的实体性认定问题,本文对破产抵销权行使的程序与条件也做了延伸思考,认为破产程序中相关权利主体一般可参照如下规则行使破产抵销权。

(一)抵销权的行使主体

1. 一般情形:债权人依照《企业破产法》第40条规定向管理人主张破产抵销权,管理人不得主动抵销债务人与债权人的互负债务。

2. 例外情形:债务人与债权人的互负债务抵销使债务人获益的,管理人可以主动行使抵销权。该例外情形的基本判断标准应当为债务人财产因抵销行为获益。

(二)破产抵销权的行使的时间节点

债权人行使破产抵销权,应当在破产财产分配方案提交债权人会议表决之前或者和解协议或重整计划草案提交债权人会议表决之前行使。在财产分配方案、和解协议或重整计划生效后再依照前述生效文件提出抵销的，不属于破产抵销权的行使而属于普通的民事抵销。

（三）破产抵销权行使的一般流程

1. 破产抵销权主张的提出：债权人行使破产抵销权，应当向管理人提出抵销通知，配合提供管理人审查其破产抵销权主张所需文件材料，并可以根据实际情况与管理人约定对其抵销主张的异议期限。

2. 管理人对抵销权主张的审查：根据《企业破产法》第 40 条、《破产法司法解释二》第 41 条至第 46 条以及《北京市高级人民法院企业破产案件审理规程》第 129—136 条的规定对债权人的抵销权主张进行审查，主要审查抵销债权是否符合要求、是否存在破产抵销权的禁止情形。

管理人经审查予以认可的破产抵销权行使主张，可抵销该债权债务，并及时报告债权人委员会；未成立债权人委员会的，应当报告债权人会议。

3. 管理人主动行使破产抵销权：管理人依据《破产法司法解释二》第 41 条第 2 款主动抵销债务人与债权人互负债务的，向债权人发出破产抵销权主张的通知，并可依据《企业破产法》第 69 条的规定，及时报告债权人委员会；未成立债权人委员会的，应当报告债权人会议。

4. 破产抵销权之诉的提起：管理人对债权人的抵销主张有异议的，应当在约定的异议期限内或者自收到主张债务抵销的通知之日起 3 个月内向人民法院提起诉讼，至迟应在破产债权经法院裁定确认之日起 3 个月内向法院起诉。对债权人诉讼抵销权主张异议通过诉讼途径解决时，诉讼的提起主体应当为管理人而非债权人。

如果存在其他债权人对该破产抵销权主张存在异议，应当视为其有权通过诉讼解决相关争议。管理人主动行使破产抵销权而有关债权人存在异议的，则亦应当视为其有权通过诉讼解决相关争议。

（四）破产抵销主张所涉基础债权应满足的条件

（1）已依据《企业破产法》的规定进行申报：管理人依照对申报债权的审查要求，核查相关债权是否真实、债权人资格是否具备、债权是否超过诉讼时效。

（2）经债权人会议核查无异议。

（3）债权债务关系无争议。

（五）破产抵销权的禁止情形

债权人的以下债权不得与对债务人的债务进行破产抵销：

（1）债务人的债务人在破产申请受理后，取得他人对债务人的债权。

（2）债权人已知债务人有不能清偿到期债务或者破产申请的事实，对债务人负担债务的；但是，债权人因为法律规定或者有破产申请一年前所发生的原因而负担债务的除外。

（3）债务人的债务人已知债务人有不能清偿到期债务或者破产申请的事实，对债务人取得债权的；但是，债务人的债务人因为法律规定或者有破产申请一年前所发生的原因而取得债权的除外。

（4）债务人股东的债权不得与其因欠缴公司的出资或抽逃出资形成的债务抵销。

（5）债权人因侵权行为对债务人负有的债务不得与其享有的债权抵销。

（6）滥用股东权利损害公司或者其他股东利益的债务人股东对公司享有的债权不得抵销。

（7）清偿顺序在普通债权之后的劣后债权不得与对债务人的债务抵销，如行政、刑事罚款、罚金和没收违法所得等债权。

（案例编写：武英琦）

22. 以管理人名义对外签订破产财产处置合同的适格主体及相应处理

——某通公司与某兵公司管理人合同纠纷案

案例要旨：破产财产的处置合同虽以管理人名义签订，但因管理人在此过程中仅是债务人为执行破产清算分配事务而成立的临时性组织，故在就该合同发生纠纷时应以债务人作为适格被告起诉。同时，在被告不适格时，法院应以判决驳回原告诉讼请求的方式处理。

一、据以研究的案例

（一）诉辩主张

原告某通公司向北京一中院提出诉讼请求：1. 确认某通公司与某兵公司签订的拍卖成交确认书有效；2. 判令某兵公司继续履行拍卖成交确认书；3. 判令某兵公司协助某通公司办理完成注册号尾号379、尾号381注册商标的转让手续。事实和理由：某通公司于2021年2月21日在某兵公司于京东拍卖破产强清平台举行的某兵公司名下注册的尾号379、尾号381的注册商标第一次处置拍卖专场，通过公开竞价拍得两个商标。依据《民事诉讼法》及有关法律的规定，双方签订了拍卖成交确认书。某通公司在某兵公司公示的期限内交齐了全部拍卖价款后，某兵公司向某通公司移交了该两个商标。2021年2月24日，某通公司持拍卖成交确认书和移交确认书向国家知识产权局提交了商标转让申请。国家知识产权局在对转让申请的审查过程中，向某通公司发出了商标转让申请补正通知书，认为同属于某兵公司的尾号378、尾号380的商标应一并转让给某通公司。某通公司经查询发现,某兵公司将尾号378、尾号380的商标于2021年3月13日拍卖给了宋某某。宋某某于2021年3月26日也向国家知识产权局提交了商标转让申请。某兵公司曾与某通公司协商,希望某通公司撤回申请,将尾号379、尾号381的商标转让给宋某某,某通公司明确表示不同意撤回在先获得、在先提交的商标转让申请。2021年11月5日,某通公司突然收到某兵公司"因合同目的无法达到"的原因,要求解除拍卖成交确认书的短信,某兵公司自作主张退回某通公司已经交付的拍卖款。某通公司认为,该两个商标的拍卖过程合法,双方签订的拍卖成交确认书有效,应予履行,故不同意某兵公司解除拍卖成交确认书的要求,并立即将某兵公司擅自退给某通公司的拍卖款原路退回给某兵公司。某通公司认为,某通公司严格履行了拍卖成交确认书,某兵公司无合同解除权,某兵公司所称合同目的无法实现,客观上无法继续履行,并通知某通公司解除拍卖成交确认书于法无据,应当予以纠正。2021年11月12日,某通公司发现某兵公司已经将尾号379、尾号381的商标与尾号378、尾号380的商标一起挂在阿里司法拍卖平台再次拍卖,此次拍卖如获成功,将会损害某通公司的合法权益,同时也会损害拍得尾号379、尾号381的商标的善意第三人的合法权益。

被告某兵公司管理人辩称,(1)被告主体不适格,法院应当裁定驳回某通公司的起诉。2020年10月27日,北京一中院裁定受理了某兵公司破产清算一案,并指定北京某律师事务所作为管理人。依据《企业破产法》第25条的规定,管理人仅为债务人的代表人,代表债务人处理破产事宜。依据《民事诉讼法》第122条的规定,明确的被告不仅仅是被告明确、具体、唯一,与其他人相区分,而且更重要的是被告必须是适格的被告。本案中,涉案标的为商标,商标为债务人某兵公司名下的财产,商标的所有权人为某兵公司,非某兵公司管理人。某通公司要求继续履行合同并办理商标过户的主体应当为某兵公司。此外,某兵公司管理人仅是代表某兵公司处理破产事宜,仅仅是个称谓,某通公司起诉的主体不明确。(2)拍卖成交确认书已经解除,某通公司无权要求继续履行。某通公司在竞得涉案商标,以及在宋某某竞得尾号378、尾号380的商标后,两个竞买人在分别办理商标转让过程中,商标局出具了商标转让申请补正通知书,告知涉案商标与案外竞买人竞买的两个商标存在近似性,应当一并办理转让。上述问题出现后,某兵公司多次与两位竞买人沟通,希望双方协商将4个商标转让至一人名下,但双方无法达成一致。鉴于4个商标专用期限将于2022年2月27日届满,商标不续展将导致商标无任何价值,为了维护全体债权人的利益,推进破产案件的进程,某兵公司经与北京破产法庭沟通后,依据《民法典》第563条、《商标法》第42条第2款"转让注册商标的,商标注册人对其在同一种商品上注册的近似商标,或者在类似商品上注册的相同或者近似的商标,应当一并转让"之规定,某兵公司于2021年11月5日向某通公司发送了关于涉案商标的拍卖成交确认书之解除通知函,并于当日向某通公司退还商标价款13元。2021年11月10日,某兵公司在阿里司法拍卖平台发布了关于4个商标的竞买公告,拍卖时间为2021年11月26日10时至27日10时,起拍价为86514元。拍卖开始前,某兵公司亦告知了某通公司可参与竞拍,但某通公司并未参与。2021年11月27日10时,4个商标拍卖成功,成交价为86541元。(3)某通公司存在恶意阻碍破产案件的进程,损害他人合法权益的行为。某兵公司在得知涉案商标无法办理过户后,曾多次与某通公司协商沟通,但某通公司既不同意以宋某某竞买的商标成交价86501元购买宋某某持有的两个商标,也不同意以远高于其竞买商标的价格将涉案商标转让给宋某某(某通公司竞买的商标成交价共计13元,宋某某提出4万元购买其商标),而是在明知无法办理涉案商标转让的情况下,仍然提起本案诉讼。此外,在涉案商标重新拍卖前,某兵公司亦告知某通公司可以参加竞买,但某通公司却未参加竞拍。从某通公司的上述行为可以看出,其并非出于善意解决问题,并非想取得商标,实现商标的价值,而是恶意地阻碍破产案件的进程,浪费司法资源。某通公司的行为既可能损害全体债权人的合法权益,也可能损害目前商标竞得人的合法权益,违背了法治精神和原则,其诉讼请求不应得到法院的支持。

(二)事实认定

2020年10月27日,北京一中院作出(2020)京01破申207号民事裁定书,裁定受理某兵公司破产清算一案。2020年11月11日,北京一中院作出(2020)京01破259号决定书,指定北京某律师事务所为某兵公司破产清算一案的管理人。

2021年2月21日,某通公司在某兵公司管理人于京东拍卖破产强清平台上举行的注册商标第一次处置专场拍卖会上,以13元的价格拍得注册在某兵公司名下的尾号379、尾号381的两枚商标。当日,买受人某通公司与拍卖人某兵公司管理人签订了两份拍卖成交确认书。次日,某通公司向某兵公司管理人全额支付了相应的拍卖价款。

2021 年 3 月 15 日,某兵公司管理人与宋某某签订拍卖成交确认书,双方确认宋某某于 2021 年 3 月 13 日在阿里司法拍卖平台上,通过公开竞价的方式竞得注册在某兵公司名下的尾号 380 的商标一个。此后,宋某某又以协议转让的方式购得某兵公司名下注册的尾号 378 的商标一个。

某通公司与宋某某就其各自所购买的商标在分别向国家知识产权局提交商标转让申请过程中,国家知识产权局分别向双方发出了商标转让申请补正通知书,以各自申请转让的商标与对方所购买的商标在“计算机周边设备上”所注册的商标近似,且核定使用的商品或者服务类似,根据《商标法》第 42 条第 2 款、《商标法实施条例》第 31 条第 2 款的规定,应当一并办理转让为由,要求各方协商或者通过司法程序确定商标归属权后重新提交转让申请。

因协商无果,2021 年 11 月 5 日,某兵公司管理人向某通公司发出拍卖成交确认书之解除通知函,以合同目的无法实现,且客观上已无法继续履行为由,解除了双方间签订的拍卖成交确认书。2021 年 11 月 27 日,经二次拍卖,宋某某以 86514 元的价格竞得涉案的 4 枚商标。

(三)法院观点

北京一中院认为,《企业破产法》第 25 条规定,管理人履行的职责中包括管理和处分债务人的财产、代表债务人参加诉讼、仲裁或者其他法律程序;第 30 条规定,破产申请受理时属于债务人的全部财产,以及破产申请受理后至破产程序终结前债务人取得的财产,为债务人财产。从上述法律规定可知,在破产清算程序当中管理和处分债务人的财产,以及代表债务人参加诉讼、仲裁或者其他法律程序,是破产法规定的管理人最为重要的职责,上述民事法律行为的实施,均应由管理人作为债务人的法定代表来行使。

本案中,根据查明的事实,涉案商标的原所有权人为某兵公司,某兵公司管理人在本案中仅仅是为执行破产清算分配事务而成立的临时性组织,是债务人破产财产的管理人,而非财产所有人,因此,某通公司在竞拍过程中产生争议后,应以某兵公司为相对方主张相应的权利。现某通公司以某兵公司管理人为被告,要求某兵公司管理人继续履行合同,并协助办理涉案商标的转让过户手续的诉讼请求,缺乏事实及法律依据,法院不予支持。

一审法院判决：驳回原告某通公司的诉讼请求。

北京市高级人民法院认为：依据《企业破产法》第25条规定，管理人履行的职责中包括管理和处分债务人的财产、代表债务人参加诉讼、仲裁或者其他法律程序；第30条规定，破产申请受理时属于债务人的全部财产，以及破产申请受理后至破产程序终结前债务人取得的财产，为债务人财产。管理人在破产清算程序中管理和处分债务人的财产，以及代表债务人参加诉讼、仲裁或者其他法律程序，是履行破产法规定的管理人的法定职责。故实施上述民事法律行为时，管理人系代表债务人实施。

本案案由为合同纠纷，某通公司以案涉合同的履行作为请求权基础。根据查明的事实，涉案商标的原所有权人为某兵公司，某兵公司管理人在本案中仅仅是为执行破产清算分配事务而成立的临时性组织，是债务人破产财产的管理人。某兵公司管理人系代表某兵公司与某通公司签订案涉合同。因此，某通公司在竞拍过程中产生争议后，应以某兵公司为相对方主张相应的权利。

现某通公司以某兵公司管理人为本案被告，要求某兵公司管理人继续履行合同，并协助办理涉案商标的转让过户手续。依据《民事诉讼法》第122条规定，起诉必须符合下列条件：(1)原告是与本案有直接利害关系的公民、法人和其他组织；(2)有明确的被告；(3)有具体的诉讼请求和事实、理由；(4)属于人民法院受理民事诉讼的范围和受诉人民法院管辖。某通公司起诉某兵公司管理人，符合《民事诉讼法》规定的起诉条件所需的法律要件，人民法院应予受理。但依前述内容，某通公司的诉讼请求，缺乏实体法律方面的依据，法院不予支持。

二审法院判决：驳回上诉，维持原判。

二、涉及法律问题

本案办理过程中，涉及以下几个争议问题。

一是涉及在以管理人名义签订的破产财产处置合同的诉讼纠纷中，管理人是否是适格被告。一种观点认为，依据合同相对性原则，合同的权利义务约束合同签订双方。以管理人名义签订的合同，应当约束管理人，案外人就合同履行产生争议时，应当起诉管理人而不是债务人。另一种观点认为，管理人是债务人的代表，其对外签订破产财产处置合同是管理人履行职务的行为，故在合同履行发生纠纷时，应当突破合同相对性原则，以债务人为被告起诉。实践中，就涉及债务人的诉讼适格主体问题，有的诉讼由管理人作为当事人参加，有的诉讼由债务人参加，有的诉讼由管理人作为债务人的诉讼代理人参加。不同类型诉讼的适格主体的不同在于基础法律关系所对应的利益指向不同，导致是否可以突破合同相对性原则不同。具体到本案，在破产财产处置合同纠纷中，管理人仅为代表债务人处分破产财产的执行者，相应权利义务由债务人承担，故债务人应作为适格被告出庭应诉。

二是对于当事人不适格的，应作为起诉要件进行审查，还是实体要件审理。起诉要件说认为被告适格是起诉要件，而非诉讼标的之法律关系的实体要件，不是对实体权利状态作出的判断。起诉受理后，如果被告举证证明与原告不存在法律关系，属于被告不明确的情形，人民法院应当裁定驳回起诉。实体要件说认为，起诉受理后，被告提供证据，用以证明与原告不存在法律关系，被告的证据能否被采信、抗辩是否成立，属于案件实体审理问题，不应不经实体审理而裁定驳回起诉，如果经审查被告与原告之间不存在法律关系，则应当判决驳回原告的诉讼请求。

三、案例分析

针对上述问题，本文的观点如下。

（一）关于当事人适格的判定

当事人适格是指某一主体与特定诉讼案件在实体上存在直接的利害关系，一般表现为该特定诉讼案件作为基础法律关系之相对方，并由此而具有作为该案件确定的权利义务之承受者的资格。[①] 根据以上定义可知，当事人适格的判断是围绕着基础法律关系而展开，由此首先应当考量原告诉讼请求的请求权基础。

1. 请求权基础的考察

一般而言，法院的审判对象应当是支持原告诉讼请求的实体法规范/请求权基础及其构成要件。[②] 如此，回到本案上，某通公司的三个诉讼请求，其对应

① 参见王亚新、陈杭平、刘君博：《中国民事诉讼法重点讲义》，高等教育出版社2017年版，第115页。

② 参见袁琳：《民事重复起诉的识别路径》，载《法学》2019年第9期。

的请求权基础为《民法典》第 509 条第 1 款:“当事人应当按照约定全面履行自己的义务。”第 577 条:“当事人一方不履行合同义务或者履行合同义务不符合约定的,应当承担继续履行、采取补救措施或者赔偿损失等违约责任。”由上述规定可知,其权利依据在于合同履行请求权,请求合同相对方履行义务,某兵公司管理人作为本案合同的签订主体,需要承担上述义务,除非法律另有规定。

2. 合同相对性原则的突破

为了确定合同的约束主体,《民法典》第 465 条第 2 款明确规定了合同相对性原则,即“依法成立的合同,仅对当事人具有法律约束力,但是法律另有规定的除外”。也就是说,合同项下的权利义务由合同的当事人承担,第三人不负担。但是上述规定亦表明,合同相对性原则亦存在可以突破的空间,即存在法律明确规定可以突破的情形。如债权人代位权制度、间接代理制度。那么,本案中管理人以自己名义签订的合同中的义务是否需要突破合同相对性原则由债务人承担?这需要对管理人法律地位和与其相似的制度进行考察。

(1)管理人的法律地位。就目前关于管理人的法律地位的学理讨论,共有 4 种观点:

一是代理说。该学说认为,管理人是作为债务人或债权人的代理人,管理人从事破产管理工作产生的一切法律后果都应当归属于债权人或者债务人等利益相关者,而不应当由管理人承担。①

二是职务说。该学说主张,因为法院掌握着管理人选任的最终决定权,而管理人是通过法院决定任命,其在破产程序中以某种特殊职务身份参与到破产案件的管理工作中,是法院强制执行程序的延伸,所以管理人行为是一种职务行为。目前,我国已有司法实践将管理人认定为刑法意义上的国家工作人员身份,进而对其收受贿赂的行为认定为受贿罪。

三是财团法人说。该说认为,在法院受理企业破产后,破产财产便脱离了债务人和债权人的控制,成立了独立的破产财团,由管理人负责管理破产财团的财产,是破产财团的代表机关。

四是信托说。② 该学说是英美法系普遍采用的学说。管理人系基于委托人

① 参见许德风:《破产法论——解释与功能比较的视角》,北京大学出版社 2015 年版,第 300 页。

② 参见谢辉:《我国破产管理人的法律地位》,载《人民法治》2016 年第 11 期。

的信赖，以受托人的身份管理破产财产，以自己的名义为受益人的利益行使管理行为和处分行为。有学者据此主张“在将信托制度融入破产法后，破产人是委托人，管理人是受托人，而债权人为最终受益人，破产财产即成为信托财产”①。

本文认为，首先，《企业破产法》仅列举了管理人的职责，并未就管理人的法律地位进行明确规定。其次，从上述学说来看，代理说无法解释管理人同时代理债权人和债务人，也与我国破产法对于管理人独立性的要求相违背。再者，职务说还是从推动破产是司法或者国家行为的角度出发，认为管理人是代行了应当由司法行使的活动，其不能解释管理人的独立责任以及其对债权人、债务人的责任义务。对于信托说，破产程序中并不存在一个所谓的受托人，如果债务人是受托人，则无法解释管理人在有些情况下还会撤销债务人曾经作出的行为。在本文看来，财团法人说较其他学说更为合理，能够体现出管理人的促进破产财产价值最大化和公平公正分配财产的主要作用和功能，从整个破产程序来看，其始终围绕破产财产的归集、管理、分配展开。具体到管理人实施职务行为中，有如下需要额外关注：一方面，管理人在管理破产财产时，在法律规定以及债权人会议通过的决议范围内，具有一定的独立性，其作为具体执行者有一定的自由裁量空间。另一方面，管理人既在一定程度上代表各方利益，又不完全代表任一方当事人利益，因此其具有利益上的中立性，以超脱于任一方当事人的身份介入破产事务。②

(2)相似制度的比较。针对本案所涉及的财产所有权和合同签订权不属于同一主体的情况，有如下类似制度：

第一，间接代理制度。间接代理本身是受托人不愿意公开身份的产物，即代理人以自己的名义，在委托人的授权范围内与第三人订立合同，第三人并不知道受托人与委托人之间的代理关系。对此，《民法典》第925条、第926条进行了详细规定，将间接代理分为了隐名间接代理和显名间接代理。显名的间接代理是指第三人知道委托人和受托人之间的委托关系。隐名的间接代理是指第三人不知道委托人和受托人之间的委托关系。在法律效果上，这两种间接代

---

① 张在范：《论破产管理人的法律地位》，载《北方论丛》2005年第1期。

② 参见郑志斌、张婷：《公司重整：角色与规则》，北京大学出版社2013年版，第71页。

理亦有不同。显名的间接代理原则上直接约束委托人和第三人,隐名的间接代理原则上约束受托人和第三人,而不同情形下又有细分。

第二,法定代表人制度。《民法典》第61条规定,依照法律或者法人章程的规定,代表法人从事民事活动的负责人,为法人的法定代表人。法定代表人以法人名义从事的民事活动,其法律后果由法人承受。法人章程或者法人权力机构对法定代表人代表权的限制,不得对抗善意相对人。也就是说,法定代表人以公司名义从事的民事法律活动的后果由公司承担。从该定义可以看出,法定代表人与管理人有很大的相似性,在管理人代表债务人出庭应诉的场合,管理人的"诉讼代表人"称谓亦对此予以了印证。对于法定代表人订立的合同,无论是《最高人民法院关于审理民间借贷案件适用法律若干问题的规定》第22条规定,还是《民法典》第490条对法定代表人签字确认的效力的认定,都确认了法定代表人为公司经营订立合同的责任归属。

3. 实践中管理人参与诉讼的形式

《企业破产法》仅规定了管理人代表债务人参加诉讼、仲裁或者其他法律程序,并未就此进一步细化。实践中,在管理人参与诉讼活动时,既有作为债务人诉讼代表人参加的情况,亦有以其管理人身份作为当事人参加的情况。通过对各地规范性文件梳理[①],管理人参加诉讼情况如下:

(1)以管理人名义进行诉讼。如行使破产撤销权、请求撤销个别清偿行为、请求确认债务人行为无效、承担管理人责任等。

(2)以债务人名义进行诉讼。如破产债权确认、行使取回权、行使抵销权、行使对外追收债权、追收未缴出资、追收抽逃出资、追收非正常收入、提起损害债务人利益赔偿、行使别除权等。

根据相关学者的分析,区别管理人和债务人在参加诉讼时的地位,考虑到了:第一,债务人对此有无动力;第二,债务人本身是否会因诉讼受到损害。[②] 在以管理人名义作为诉讼主体的案件中,所撤销或者确认无效的均为债务人曾经从事的行为,债务人亦可能已经从中受益,故以债务人为原告撤销自己的行为

① 参考了江苏省高级人民法院《破产案件审理指南(修订版)》、北京市高级人民法院《企业破产案件审理规程》、四川省高级人民法院《关于审理破产案件若干问题的解答》等。

② 参见许德风:《破产法论——解释与功能比较的视角》,北京大学出版社2015年版,第418页。

确有不妥。结合管理人财团法人的法律地位，管理人出于破产财产价值最大化以及公平公正分配破产财产的考量，只有通过将债务人相关行为撤销等，才能使得损害债权人的不利益的效果消除，相关财产得以归还给债务人，归入破产财产的资金池。管理人作为整个破产程序的推动者和实施者和破产财团的代表，管理人作为原告起诉在逻辑上更为合适。而在上述以债务人名义进行的诉讼中，所确认的利益和追回的财产均是使债务人受益或者正常运营的内容，所以以债务人自身名义作为诉讼主体更为妥当。由此可见，当事人适格仅与特定的、具体的诉讼案件相联系，这种联系是该案件的具体诉讼标的，也即法院审理的对象。

回到本案中，对管理人处分破产财产而言，如前所述，管理人兼具着使破产财产价值最大化的职责，并对债权人和债务人均负有一定职责。破产财产本身归属于债务人，管理人处分破产财产系依据债权人会议作出的财产处置方案，从物权层面看，系债务人处分财产，管理人不仅是具体处分行为的操作者，财产处置合同作为其处分行为大链条中的一环，也是管理人代表债务人签订财产处置合同。故本案中，尽管合同以管理人称谓签订，但显然的是，在合同中已经明确表明其是债务人的管理人，参照间接代理制度，债务人进入破产程序，管理人处分债务人财产虽然没有白纸黑字写入合同条款，但是管理人的名称及行为已经使得合同相对方可以预见到债务人的存在和管理人处分行为的代理性质，或者参照法定代表人制度，管理人的称谓本身以及处分破产财产的行为本身，已经证明其系以债务人名义进行，订立的合同是直接约束相对人和债务人的。故本案所订立的破产财产处置合同应当突破合同相对性，直接约束相对人和债务人。某通公司应当起诉某兵公司，其起诉某兵公司管理人属于主体不适格。

（二）被告不适格的裁判方式

1. 相关学说。被告不适格的裁判方式，目前主要有起诉要件说和实体要件说。

起诉要件说认为，被告适格是起诉要件，而非诉讼标的之法律关系的实体要件，不是对实体权利状态作出的判断。《民事诉讼法》第 122 条规定了有明确的被告这一起诉条件。法院受理案件后，如果被告举证证明与原告不存在法律关系，属于被告不明确的情形，人民法院应当裁定驳回起诉。

实体要件说认为，《民事诉讼法》关于起诉条件中所规定的明确的被告，应当理解为足以与他人相区别的被告，而不是不应作为被告而被列为被告。此外，起诉受理后，即使被告提供证据，用以证明与原告不存在法律关系，被告的证据能否被采信、抗辩是否成立，属于案件实体审理问题，不应不经实体审理而裁定驳回起诉。

2. 立案阶段与审理阶段的被告适格

立案阶段的当事人是完全的形式当事人概念，依照起诉状载明的原告与被告确定。《民事诉讼法》第122条规定了起诉要件。其中对被告要求是“有明确的被告”。在立案登记制实施的当下，这里“有明确的被告”，应当是通过原告对被告的信息描述，使被告具有唯一性和排他性。而立案程序既不对原告的主体资格作实质审查，又不对旨在特定化审判对象的诉讼请求和事实主张作过高要求，也就更加无法对被告是否系争议法律关系主体进行实质判断。在这一阶段，当事人只需知道“谁是原告，谁是被告”且不与案外其他人相混同即可。[①]

而在实体审理阶段，法院肯定要对被告是否是原告请求权基础所指向的相对人进行考察。如果请求权所指向的相对人不是案涉实体法律关系的相对人，则原告的胜诉权应当被剥夺，故应当适用能够对案件实体问题进行处理的判决形式，判决驳回诉讼请求。

具体到本案，因为某兵公司管理人作为本案被告并不适格，并不是原告诉讼请求权利基础所指向的主体，所以法院应当判决驳回原告诉讼请求。

四、结论

针对本案办理过程中发现的一些问题，本文提出以下建议。

1. 管理人方面：管理人在对外履行职务行为时，应当以债务人的名义进行，其所签订的合同、说明等纸质材料，应当明确以债务人名义对外签订，避免使案外人产生误导。此外，管理人在履行职务时，应尽到善意管理人的义务，在工作中应当严谨细致，减少因为工作失误造成的麻烦和损失。

2. 案外人方面：管理人代表债务人对外履行职务时，应视为债务人的代表，其以订立合同的形式所做的职务行为产生的民事法律责任应由债务人承担。故在案外人因该行为产生纠纷时，应以债务人为被告进行起诉。

---

① 参见陈刚：《民事实质诉讼法论》，载《法学研究》2018年第6期。

3. 法院方面：对于破产衍生诉讼，除了已有法律明确规定了相应案由对应的诉讼主体资格外，在其他案件中，在审查被告主体是否适格时，应当考量原告所主张的请求权基础所指向的对象。特别是在合同纠纷中，应考虑是否有法律规定可以突破合同相对性原则，对债务人的受益行为或者债务人的正常经营行为，应以债务人作为被告，管理人作为债务人的诉讼代表人参加诉讼。如果被告主体不适格，法院应当判决驳回原告的诉讼请求。

（案例编写：孙立尧）

23. 破产衍生诉讼中管理人可作为适格原告的案件范畴

——某科技股份有限公司管理人诉王某某与破产有关的纠纷案

案例要旨：管理人为破产法中独有之制度，其作为企业进入破产法后承接债务人企业，管理处置破产财产之机构，具有一定的自治能力，其独特的中立性、组织性、相对独立性导致其与债权人、债务人之间的关系较为复杂，同时也使得其在一定情形下可发挥独特职能，维护破产财产、保障债权人公平受偿。民事诉讼中，当事人主体资格经历了从实体利害关系标准到实体权益保护标准再到诉的利益标准的发展和转变，出现了民事主体与诉讼主体相分离的局面。结合民事诉讼法的诉讼担当理论，管理人可在特定情形下以原告资格直接提起诉讼，但考虑到诉讼担当的滥用问题，对管理人作为原告的情形应予以限定。

一、据以研究的案例

（一）诉辩主张

原告某科技股份有限公司（以下简称某科技公司）管理人起诉称：某科技公司进入破产清算程序，某会计师事务所（特殊普通合伙）为管理人。管理人接受指定后，开展了债权审查、资产调查等各项工作。截至2022年7月1日，某科技公司经法院裁定确认的债权金额为66357733.71元。但经管理人查明，目前某科技公司可供清偿的资产仅有房产一套（评估价值30311300元）以及管理人账户的现金余额1823077.21元，因此某科技公司至少有34223356.50元债务无法清偿。被告王某某作为某科技公司的法定代表人，在破产清算过程中拒不配合管理人清算工作，拒绝全面移交公司资料，迄今为止仍未向管理人移交包括公章、完整财务账册在内的进行破产清算必要的重要资料，仅分批交接部分资料，拒绝直接回答管理人询问，故意拖延管理人工作进度，未经法院许可擅自离开公司住所地，导致管理人无法全面开展清算工作。根据《企业破产法》第15条、最高人民法院《关于债权人对人员下落不明或者财产状况不清的债务人申请破产清算案件如何处理的批复》第3款、《全国法院民商事审判工作会议纪要》第118条的规定，被告王某某移交的账簿不完整且不配合管理人工作的行为，导致管理人无法全面对某科技公司开展债权债务清理工作，无法全面查明某科技公司财产状况，给某科技公司破产财产造成损失，从而造成某科技公司无法清偿债务；某科技公司债权人因某科技公司无法清偿债务而遭受损失，且其所受损失与被告王某某未能提供完整的账簿、拒不配合管理人清算工作之间有因果关系，因此王某某应对某科技公司不能清偿的债务承担损害赔偿责任。请求判令王某某赔偿某科技公司34223356.5元。

被告王某某经法院公告传唤未出庭应诉，亦未提交书面答辩意见。

（二）事实认定

法院经审理查明，某科技公司于2009年在某市场监督管理局登记成立，该公司类型为股份有限公司，注册资本为1亿余元。某科技公司股东为王某某、郎某某、某公司等。王某某为某科技公司法定代表人，担任董事长、总经理。

某企业管理有限公司以某科技公司不能清偿到期债务且明显缺乏清偿能力为由，向法院申请对某科技公司进行破产清算。审查过程中，某科技公司出具的资产负债表显示，截至2020年12月31日，该公司资产总计74343267.94元，负债总计152057905.61元，所有者权益合计－77714637.67元。法院作出民事裁定书，受理某企业管理有限公司对某科技公司的破产清算申请，并指定某会计师事务所（特殊普通合伙）担任某科技公司管理人。

某科技公司管理人称其接受指定后曾通过EMS向王某某户籍地寄送过相关文件，告知其向管理人履行配合清算义务，但管理人没有留存相关的文件和邮单，且全国企业破产重整案件信息网中未查询到管理人发布的相关公告。

某科技公司管理人称其通过某科技公司员工麻某某联系王某某，麻某某表示公司资料都是通过王某某母亲郎某某获得，管理人向法院提交与相关人员的沟通工作记录。

2021 年 7 月 12 日，某科技公司管理人向法院提交关于接管债务人资料情况的说明的工作报告，对接管债务人资料情况进行汇报，称：(1)债务人董事长兼总经理王某某拒绝直接回答管理人询问。(2)债务人不交接重要资料，为管理人调查接管财产及审查债务制造障碍。缺失以下重要资料：①公章。②固定资产所有权证及财产状况说明。③完整的财务报表及债权清册。债务人仅提供了部分会计凭证及 2019 年和 2020 年的明细账。已交接资料存在问题，导致管理人无法基于这些资料查清债务人的资产情况，导致管理人难以追收债权。④职工债权相关文件。6 月 9 日债务人发给管理人一张职工欠薪统计总表。⑤其他重要资料。管理人在查阅某科技公司 2020 年明细账过程中发现某科技公司当年 3 月至 9 月间几乎转让了所有资产。(3)债务人分批交接部分非重要资料，拖延管理人工作进度。某科技公司 2021 年 5 月至 2021 年 7 月期间已交接材料，包含营业执照、部分账簿、部分审计报告等。

2021 年 11 月 11 日，法院作出罚款决定书，载明：法院于 2021 年 4 月 21 日向某科技公司送达通知书，要求在管理人接管时，该公司法定代表人应向管理人办理移交手续并答复有关财产及业务的询问。此后根据管理人申请，法院于 2021 年 5 月 10 日向王某某本人邮寄该通知书，明确要求其在通知 7 日内，向管理人移交其控制、占有、管理下的涉及某科技公司的全部资料和物品，并根据法院、管理人的要求履行《企业破产法》第 15 条规定的配合清算义务，否则将承担相应的法律责任。管理人于 2021 年 4 月 22 日向王某某发出交接清单，王某某从 2021 年 5 月 8 日至 10 月 26 日陆续向管理人移交某科技公司相关资料物品。截至目前，王某某仍没有移交某科技公司公章、账目全套资料、职工债权凭证等重要资料，且不配合管理人开展工作，不如实回答管理人询问。法院认为，某科技公司法定代表人王某某的行为已经构成不全面履行法定义务，没有按照法院和管理人的要求配合破产清算，拖延破产清算程序进程，应当给予处罚。综合本案具体情况，法院决定：对王某某罚款人民币 80000 元，限于 2021 年 11 月 30 日前向法院缴纳。庭审中，管理人称王某某未缴纳上述罚款。

破产程序中,共有20家债权人向某科技公司管理人申报债权。管理人审查后认可19家债权人申报的债权。截至2022年1月18日,除某银行已向法院提起债权确认之诉外,其他债权人、债务人对债权表记载的债权均未提出异议。2022年5月12日,法院作出民事裁定书,裁定确认19家债权人债权共计66357733.71元,其中,普通债权为58311233.39元、税款债权为7957107.51元、劣后债权为89392.81元。

某科技公司管理人称,管理人调查发现某科技公司名下有不动产一处,该不动产上设定有抵押权,管理人委托评估公司进行评估,在价值时点2021年4月16日,该处房地产市场价值共计为人民币30311300元(大写人民币叁仟零叁拾壹万壹仟叁佰元整)。另外,截至2021年7月1日,某科技公司管理人账户内现金余额为1823077.21元。

某科技公司管理人表示,北京市海淀区人民法院就某银行与某科技公司破产债权确认纠纷一案作出民事判决,确认某银行对某科技公司享有债权1600余万元,并有权对某科技公司名下的房产折价或者拍卖、变卖所得价款在上述债权范围内优先受偿。上述判决作出后某科技公司提出上诉,二审结果为维持原判。房产正在处置过程中,某科技公司管理人已在相关平台上拍卖该套房产。

某科技公司管理人称,管理人发现某科技公司有很多应收款都找不到债务人,或者没有合同来证明基础法律关系,所以某科技公司第五次债权人会议通过决议,同意拍卖某科技公司的部分对外债权。

某科技公司管理人称,管理人尚未向法院提出申请宣告破产并终结破产清算程序。

本案中,某科技公司管理人主张王某某移交的账簿不完整和不配合管理人工作的行为,导致管理人无法全面对某科技公司开展债权债务清理工作,无法全面查明某科技公司财产状况,给某科技公司破产财产造成损失,从而造成某科技公司无法清偿债务;某科技公司债权人因某科技公司无法清偿债务而遭受损失,且其所受损失与王某某的行为之间有因果关系,因此王某某应对某科技公司不能清偿的债务承担损害赔偿责任。本案诉讼请求中赔偿金额计算是用经法院裁定确认的无异议债权金额66357733.71元,减去房屋的评估价值30311300元以及管理人账户的现金余额1823077.21元,得出至少有34223356.5元债务无法清偿。

(三)法院观点

北京一中院经审理认为:第一,某科技公司管理人有权以自己的名义提起诉讼。第二,上述规定中债务人有关人员承担的民事责任,性质上属于侵权责任,需要满足侵权的构成要件,受到侵权因果关系及损失范围确定的限定。某科技公司破产清算案尚在审理中,管理人在履职过程中可根据王某某提供的这些账簿、报表、会计凭证等财务资料和文件,具体核实某科技公司的资产情况,且该案中的债务人财产尚未处分完毕。故目前无法确定王某某的上述行为有损害后果以及损害后果的大小。

另外,现有证据并不足以证明某科技公司管理人在本案中主张的债权人的损失与王某某不全面配合清算的侵权行为之间存在因果关系。综上,某科技公司管理人基于上述规定请求王某某赔偿某科技公司34223356.5元的诉讼请求依据不足,法院不予支持。

据此,北京市第一中级人民法院判决驳回某科技公司管理人的全部诉讼请求。

判决作出后,双方均未上诉。

二、涉及法律问题

管理人制度是破产法为保障破产财产公平清偿所设定的特定制度规范。实践中,管理人是否能作为原告提起相关诉讼、在何种情况下可以提起诉讼,方式不一,存在疑问。关于此问题,应从三个层面,循序渐进予以考量。

首先,关于管理人的法律地位问题。实践层面、理论层面对此均有争议,其独特的法律特征导致了其与债权人、债务人之间具有独特的法律关系,从而产生独特的法律地位。该种法律特征及地位如何对民事诉讼中的管理人作用产生影响,是首先应考量的层面。

其次,关于民事诉讼中的原告适格理论。民事诉讼中的当事人理论经历了一定的发展阶段,出现了诉讼实体权利与诉讼权利实施主体不统一的局面,此种情形实质上是否能给予管理人直接参与民事诉讼之契机,需结合管理人之法律地位进行研究。

最后,关于民事诉讼相关理论于管理人原告资格之适用问题。如前所述,即便相关民事诉讼法理论能够给予管理人作为原告之资格,但是否应限制一定边界,该种边界应为何,假如设置了该种边界,管理人可作为原告直接起诉情形究竟应为何,均需探讨。

本案从上述三个层面予以分析,旨在解决管理人何种情形下可作为原告提起诉讼问题。

三、案例分析

本案系破产管理人因债务人法定代表人未全面移交债务人相关材料主张其承担责任之诉,原告系破产管理人,非债务人。实践中,管理人是否为适格原告,在何种情形下可作为适格原告,存在疑问,本文对相关问题予以回应。

(一)管理人之角色定位

此处所称管理人,为破产法语境下之称,从职能上讲,为在破产程序进行过程中负责破产财产的管理、处分、清算事务,以及破产方案的拟定和执行的专门机构,为破产法中特有之形式。破产管理人在破产案件处理中具有核心作用,连接了债权人、债务人、法院。我国的破产管理人制度创设于 2007 年 6 月 1 日施行的《企业破产法》,该法以管理人制度取代原来的清算组①。

由于管理人系破产法中独有之制度,其在何种情形下可以作为原告直接起诉,首先应从其本身的角色定位方面考量,其独有的法律特征、争议的法律地位,均为较为重要的影响因素。

1. 管理人的法律特征

第一,管理人的中立性决定了其参与民事诉讼的特殊性。为公平分配债务人财产、实现债权人利益,我国法律规定了管理人制度。《企业破产法》第三章对于管理人的选任、职责等内容均作出了规范。从规范可知,可担任管理人的主体为社会中立机构②,且由法院选任③,债权人可提出异议;职责来源于法律

① 参见王欣新:《破产法》(第 3 版),中国人民大学出版社 2011 年版,第 64 页。

② 参见《企业破产法》第 24 条第 1 款规定:管理人可以由有关部门、机构的人员组成的清算组或者依法设立的律师事务所、会计师事务所、破产清算事务所等社会中介机构担任。

③ 参见《企业破产法》第 22 条规定:管理人由人民法院指定。债权人会议认为管理人不能依法、公正执行职务或者有其他不能胜任职务情形的,可以申请人民法院予以更换。指定管理人和确定管理人报酬的办法,由最高人民法院规定。

的规定[①]，对破产财产享有管理处分之权利。可得管理人为法院选任的，管理处分债务人财产，并受债权人监督的机构。破产管理人制度为破产法基于权衡破产程序中的利害关系人利益而产生的，其具有代表债权人、债务人双重利益之属性，同时因其由法院选任，亦具有一定的公权力加持，具有较强的中立性。这种中立性决定了其在民事诉讼中，虽然其基于职能，可能作为债务人的代表机构代表债务人进行诉讼，但基于其自身的中立性，其诉讼行为亦受到债权人的制约。

第二，管理人的组织性影响其是否具有独立诉讼地位。如前所述，破产管理人由选任的中介机构担任，我国不存在由自然人担任管理人的情形。破产管理人处理的事务烦琐，且财产的调动本身具有较高的风险，需要审慎的态度，故组织性这一特征，加强了管理人承担因处理不当的民事责任能力，以事务所等形式呈现的破产法管理人单位，保障其公平处理破产事务，维护相关人士的权益。管理人的该种组织性一方面使其任职资格排除一般个人，另一方面也体现出复杂性，该种组织性是否具有独立的主体地位，是否在民事诉讼中可作为独立的参与主体，均需考量。

第三，管理人的相对独立性使其具有不同于一般主体的法律地位。破产管理人一方面能够按照自身意愿，依法独立处理破产事务，行使相关权利、履行相关职责，在规定的职权范围内有较强的自治能力；另一方面，其履职行为需受到债权人、法院，甚至债务人之监督，须保障公平、诚实履职，否则可能会被追究相关责任。因管理人在执行职务时，需兼顾债权人、债权人等多方利益，故而其需要在法院及相关主体的监督下独立行使职权，否则难以实现破产程序的公正效用，违背破产制度之宗旨。此外，管理人并无强制执行之能力，其主张及义务行使必须经由破产程序或其他相关诉讼程序。此为管理人的相对独立性。该种相对独立性决定了其具有不同于一般主体的法律地位。

---

① 参见《企业破产法》第 25 条规定：管理人履行下列职责：(1)接管债务人的财产、印章和账簿、文书等资料；(2)调查债务人财产状况，制作财产状况报告；(3)决定债务人的内部管理事务；(4)决定债务人的日常开支和其他必要开支；(5)在第一次债权人会议召开之前，决定继续或者停止债务人的营业；(6)管理和处分债务人的财产；(7)代表债务人参加诉讼、仲裁或者其他法律程序；(8)提议召开债权人会议；(9)人民法院认为管理人应当履行的其他职责。本法对管理人的职责另有规定的，适用其规定。

2. 管理人的法律地位

鉴于管理人为特殊的拟制法律机构，关于管理人的法律地位争论已久，大陆法系的代理说、职务说、破产财团代表说、管理机构法人格说，以及英美法系的受托人说，为代表学说。

第一，代理说。代理说，顾名思义，即将破产管理人的地位类比于民法中的法定代理人，是为被代理人的利益，处分破产财产，由被代理人承担后果之主体，具体可分为破产债务人代理说、债权人代理说、债务人及债权人共同代理说。其中，债务人代理说认为，管理人只能以债务人的名义管理处分破产财产，债务人并未丧失其作为所有权人的法律地位，只是暂时丧失对破产财产的管理处分权①，破产管理人实质上为私法上的债务人的法定代理人。② 债权人代理说认为，债务人在破产后已经不再享有对破产财产的完整权利，而由债权人取得，管理人代表债权人行使权利，其权利来源是法律的直接授权。③ 共同代理说认为，管理人在进行不同行为时代表不同主体的利益，在不同情况下担任债权人或债务人的代理人。④

代理说虽然解释了在一定条件下管理人的行为归属于债务人的理论来源，但其理论内容中，在行为时仅代理债权人或债务人一方利益，是对管理人中立性之直接否定，故而该种理论具有较强的局限性。

第二，职务说。职务说起源于德国，后日本将其分为公法与私法两种。⑤ 公法上的职务说认为管理人是公法上的执行机关，为国家机关；私法上的职务说认为管理人是由国家委托，以私人名义进行的。当今德国法中的机构说与上述日本法中发展出来的两种职务说类似，公机构说对应公法上的职务说，而私机构说将管理人的法律地位对应于信托受托人，多以自身名义从事管理及处置以有关财产为中心的相应行为，一定情形下也可适用代理法的相关规则。⑥ 公法上的职务说要义为将管理人定义为国家执行机关，具有较强的公权力属性，与

① 参见齐树洁主编：《破产法研究》，厦门大学出版社2004年版，第283页。

② 参见李永军：《破产法律制度：清算与再建》，中国法制出版社2000年版，第158页。

③ 参见邹海林：《破产程序和破产法实体制度比较研究》，法律出版社1995年版，第232页。

④ 参见张在范：《论破产管理人的法律地位》，载《北方论丛》2005年第1期。

⑤ 参见［日］石川明：《破产法》，何勤华、周桂秋译，中国法制出版社2000年版，第155页。

⑥ 参见许德风：《破产法论：解释与功能比较的视角》，北京大学出版社2015年版，第259页。

现在的破产管理人制度内容相差较大。德国法中的私机构说为当前的主流学说。

第三,破产财团代表说。破产财团代表说直接赋予破产财产独立的法律地位,将其人格化,从而将管理人视为具有独立地位的破产财团的代表,是破产财团的机关。[①] 此种学说的重点或前提为将破产财产的独立性直接拟人化,使得破产财产具有独立的主体地位。我国并未承认破产财团的独立主体地位,故此种学说不再赘述。

第四,管理机构法人说。管理机构法人说最早由日本学者提出,将管理人分为破产财团的管理机构与执行机构两种身份。[②] 此种学说与当今德国法中的私机构说类似。

第五,受托人说。受托人说中的管理人为破产财团的受托人[③],此学说中,将破产债务人作为信托人,破产管理人为受托人,破产债权人为受益人,破产财产为信托财产。受托人并非委托人或受益人的代理人,作为受托人的管理人具有相对独立性,在对破产财产的管理处分方面具有较强的自主意识。受托人说虽能较好地解释管理人与债权人、债务人之间的关系以及管理人相关法律行为或诉讼行为的正当性,但我国信托法中的信托财产独立性等核心问题相较于英美法系仍有较大差异,直接以信托关系定义管理人法律地位可能略有不妥。

3. 我国法中的管理人法律地位

关于管理人的法律地位,结合我国破产法的相关规定及上述管理人的自身属性,从管理人整体职能发挥层面,私机构说为当前学术界通说。

通观我国破产法相关规范,将管理人界定为一种特殊机构较为适宜。第一,从管理人与法院之间的关系来看,其为法院所指定,需向法院报告工作[④]并且接受法院的监督,在未勤勉尽责的情况下应承担相应责任[⑤]。其选任方式的

---

① 参见许德风:《破产法论:解释与功能比较的视角》,北京大学出版社 2015 年版,第 258 页。

② 参见[日]伊藤真:《破产法》,刘荣军、鲍荣振译,中国社会科学出版社 1995 年版,第 69—70 页。

③ 参见尹正友、张兴祥:《中美破产法律制度比较研究》,法律出版社 2009 年版,第 75 页。

④ 《企业破产法》第 23 条规定:管理人依照本法规定执行职务,向人民法院报告工作,并接受债权人会议和债权人委员会的监督。管理人应当列席债权人会议,向债权人会议报告职务执行情况,并回答询问。

⑤ 《企业破产法》第 130 条规定:管理人未依照本法规定勤勉尽责,忠实执行职务的,人民法院可以依法处以罚款;给债权人、债务人或者第三人造成损失的,依法承担赔偿责任。

特殊性来源于其中立性,二者相辅相成,使管理人于债权人与债务人之间居于中立地位,保障职能发挥。第二,从管理人与债权人之间的关系来看。管理人管理处分破产财产的行为直接关系全体债权人利益,债权人对管理人有监督权。从破产法的规范内容来看,债权人与管理人之间并非代理之关系,为监督关系更为适宜。第三,从管理人与债务人之间的关系来看。破产财产相关的权利义务由管理人行使,债务人无权管理处分破产财产。作为具有中立属性的管理人,其有妥善维护破产财产并公平分配之义务。此外,管理人之行为亦应顾及债务人利益,从最大限度保全破产财产的角度履行其职责。

因而,上述学说中,私机构说与我国破产管理人制度具有一定的对应性,可在理论探讨与实践层面予以部分考量。

（二）民事诉讼理论于管理人原告资格之适用

因本文探讨的主题为管理人作为适格原告的情形,故需结合民事诉讼的一般理论进行研究。

1. 民事诉讼中的适格原告

民事诉讼中的当事人适格的判断标准最早来源于实体法,经历了从实体利害关系标准到实体权益保护标准再到诉的利益标准的发展和转变。[①]

实体利害关系标准意即在实体法律关系中的民事主体为正当的当事人,民事诉讼的当事人与民事实体上的权利义务主体相一致。由于此种标准对于当事人的限制较为严格,利益相关主体范围较窄,在后续的发展中,逐渐过渡到可在实体法或当事人赋权背景下为保护他人合法权益提起诉讼的实体权益保护标准,出现了法定的及任意的诉讼担当。最终,发展出了原告具有判决利益即可的诉的利益标准,出现了民事主体与诉讼主体相分离的局面。《民事诉讼法》第122条即规定,原告是与本案有直接利害关系的公民、法人和其他组织,理论上一般做原告与案件有诉的利益之解读,从而可涵盖公益诉讼等新的诉讼形式。

2. 民事诉讼中的诉讼担当理论

综上所述,随着理论与实践的发展,民事诉讼中的当事人不再仅限于与实体权利义务有利害关系之主体,与民事法律关系之间有诉的利益的主体即可成

① 参见汤维建:《当事人适格的判断机制》,载《法律适用》2021年第7期。

为正当当事人,该种当事人具有诉讼实施权。民事诉讼中,诉权与实体权利相分离的表现形式有诉讼担当、诉讼代位、诉讼承担、诉讼信托等①。结合管理人的中立性、机构性,诉讼担当理论可较好地适用于管理人如何可作为原告参与诉讼。

诉讼担当即为实体法上的权利主体之外的第三人以自己的名义,为了他人的利益或代表他人利益,以正当当事人的地位提起诉讼,主张一项他人享有的权利或诉求解决他人间法律关系所产生的争议,法院判决的效力及于原来的权利主体,并非民事权利主体或法律关系主体的第三人为诉讼担当人,原告的权利主体为被担当人。② 又具体分为法定的诉讼担当与任意的诉讼担当。③

3. 诉讼担当理论于管理人原告资格之适用

管理人系在债务人进入破产程序后法院指定的机构,专门用以接管、处理债务人财产,非破产清算程序中并不存在管理人这一拟制主体。虽然其本身用以指代律所等实际主体,但考虑到其仅在债务人进入破产程序后出现,具有特殊职责,且具有中立性这一特殊属性,无法直接认定管理人这一机构与合同签订主体等之间具有直接利害关系。但由于债务人财产在破产后处理权限完全归属于管理人,债务人不具有管理处置资质,且债务人与债权人等主体之间可能存在利害关系,债务人可能出现怠于履行相关权利的情况,故而,从实践角度看,管理人存在作为原告起诉相关主体之需求。诉讼担当理论将实体法律关系之外的第三人作为案件当事人,使管理人这一与债务人本身有密切联系的机构可直接作为诉讼主体。首先,管理人为与债务人有密切联系之机构,可担当债务人之诉讼。从管理人的产生来讲,其存在的基础即在于债务人进入破产程序,无破产即无管理人;从管理人的宗旨及职能来讲,其机构宗旨为管理处置债务人财产并使债权人公平受偿;从管理人的运作方式来讲,其受债权人、债务

---

① 参见肖建华:《诉权与实体权利主体相分离的类型化分析》,载《法学评论》2002 年第 1 期。

② 参见王甲乙:《当事人适格之扩张与界限》,载民事诉讼法研究基金会:《民事诉讼法之研讨(六)》,台北,三民书局 1997 年版,第 128 页。

③ 关于法定的诉讼担当与任意的诉讼担当之区分,主要区别即基于文义,前者为基于法规的诉讼担当,后者为权利主体通过自身的意思表示赋予他人诉讼实施权的诉讼担当。任意的诉讼担当又分为法律规定的任意诉讼担当与纯粹的诉讼担当,前者为法律明确允许特殊类型的案件可以由他人进行诉讼担当,后者为并不限于法律允许范畴的诉讼担当。篇幅所限,本文不予探讨。参见肖建华:《诉权与实体权利主体相分离的类型化分析》,载《法学评论》2002 年第 1 期。

人、法院三重监督，中立居中，不代表任一方利益；从管理人的行为后果来看，其正当行为直接及于债务人，管理处置行为直接及于破产财产。其次，债务人在特定情形下可能存在利益冲突，由管理人作为当事人较为妥当，且仅有管理人可代行职责。如债务人在躲避债务或与特定债权人有利害关系背景下，存有向相关利益主体转移财产或怠于主张权利之可能，此时要求债务人直接作为当事人，实践中较为困难，由管理人作为诉讼当事人较为妥当。

应当注意的是，诉讼担当理论虽然为管理人作为民事诉讼当事人提供了理论基础，但是，由诉讼担当理论构建的诉讼机制并不应成为常态，否则与法律关系有实体权利义务关系之主体即可能丧失成为当事人之动力，且从民事诉讼的本质来看，实质利害关系主体仍应为主要的诉讼当事人类型。因而，从这一角度来讲，在将诉讼担当理论适用于管理人作为当事人直接诉讼之时，应进行限定。任意的诉讼担当可能导致其适用范围较为广泛，考虑到管理人并非实体权利义务的直接主体，且其对于债务人之了解主要来源于债务人，较大扩大诉讼担当的范畴并不利于诉讼的进行。因而，管理人作为原告之情形应以法律规定为宜，即法定的诉讼担当及法律规定的任意诉讼担当。

（三）诉讼担当背景下管理人作为适格原告之情形

综上所述，管理人可作为原告直接提起诉讼的情形应限于法律法规规定或授权，本部分将从规范层面进行梳理。

1. 破产撤销权及破产无效行为。

第一，关于破产撤销权。

破产撤销权是指债务人财产的管理人对债务人在破产申请受理前的法定期间内进行的欺诈债权人或损害对全体债权人公平清偿的行为，有向法院申请予以撤销并追回财产的权利，行使主体在我国法律中规定为管理人。[①]

《企业破产法》第 31 条规定："人民法院受理破产申请前一年内，涉及债务人财产的下列行为，管理人有权请求人民法院予以撤销：（一）无偿转让财产的；（二）以明显不合理的价格进行交易的；（三）对没有财产担保的债务提供财产担保的；（四）对未到期的债务提前清偿的；（五）放弃债权的。"第 32 条规定：

---

① 参见最高人民法院民事审判第二庭编著：《最高人民法院关于企业破产法司法解释理解与适用：破产法解释（一）、破产法解释（二）》，人民法院出版社 2013 年版，第 185 页。

“人民法院受理破产申请前六个月内,债务人有本法第二条第一款规定的情形,仍对个别债权人进行清偿的,管理人有权请求人民法院予以撤销。但是,个别清偿使债务人财产受益的除外。”

第二,关于破产无效行为制度。

破产无效行为制度,是规定债务人在破产案件受理前的法定期间内进行的损害债权人共同利益或破坏公平清偿的行为无效的制度。①

《企业破产法》第 33 条规定:“涉及债务人财产的下列行为无效:(一)为逃避债务而隐匿、转移财产的;(二)虚构债务或者承认不真实的债务的。”

第三,关于二者的行使主体。

破产撤销权与破产无效行为制度,均为纠正债务人在濒临破产期间所为的损害债权人利益、破坏公平清偿行为的制度。在考虑此类诉讼由何者提出较为适宜时,主要考虑债务人并无提出动力,可能存在利益冲突②,基于管理人的中立性及相对独立性,由管理人作为原告较为适宜,行使撤销权理应是管理人分内之事③。

规范层面,破产法及相关司法解释均对行使撤销权及追回破产无效行为财产的主体进行了规范,均为破产管理人。《企业破产法》第 34 条规定:“因本法第三十一条、第三十二条或者第三十三条规定的行为而取得的债务人的财产,管理人有权追回。”

最高人民法院《关于适用〈中华人民共和国企业破产法〉若干问题的规定(二)》(以下简称《企业破产法解释二》)第 9 条规定:“管理人依据企业破产法第三十一条和第三十二条的规定提起诉讼,请求撤销涉及债务人财产的相关行为并由相对人返还债务人财产的,人民法院应予支持。管理人因过错未依法行使撤销权导致债务人财产不当减损,债权人提起诉讼主张管理人对其损失承担相应赔偿责任的,人民法院应予支持。”第 17 条规定:“管理人依据企业破产法第三十三条的规定提起诉讼,主张被隐匿、转移财产的实际占有人返还债务人财产,或者主张债务人虚构债务或者承认不真实债务的行为无效并返还债务人

① 参见李永军、王欣新、邹海林:《破产法》,中国政法大学出版社 2009 年版,第 61 页。

② 参见许德风:《破产法论:解释与功能比较的视角》,北京大学出版社 2015 年版,第 418 页。

③ 参见最高人民法院民事审判第二庭编著:《最高人民法院关于企业破产法司法解释理解与适用:破产法解释(一)、破产法解释(二)》,人民法院出版社 2013 年版,第 187 页。

财产的,人民法院应予支持。”

根据上述规范,破产撤销权及破产无效行为均由管理人作为原告较为适宜。[①]

2. 抵销异议诉讼。

破产法中,债权人若在破产申请受理前对债务人负有债务,可在一定条件下主张抵销。[②] 管理人在收到通知后,可提出异议诉讼。

在规范层面,《企业破产法解释二》第 42 条规定:“管理人收到债权人提出的主张债务抵销的通知后,经审查无异议的,抵销自管理人收到通知之日起生效。管理人对抵销主张有异议的,应当在约定的异议期限内或者自收到主张债务抵销的通知之日起三个月内向人民法院提起诉讼。无正当理由逾期提起的,人民法院不予支持。人民法院判决驳回管理人提起的抵销无效诉讼请求的,该抵销自管理人收到主张债务抵销的通知之日起生效。”

3. 追收未缴出资与追收抽逃出资、追回债务人财产。

《企业破产法》第 35 条规定:“人民法院受理破产申请后,债务人的出资人尚未完全履行出资义务的,管理人应当要求该出资人缴纳所认缴的出资,而不受出资期限的限制。”

《企业破产法》第 36 条规定:“债务人的董事、监事和高级管理人员利用职权从企业获取的非正常收入和侵占的企业财产,管理人应当追回。”

此类纠纷提起的主体亦可为管理人。[③]

4. 在特定条件下向有关人员主张损害赔偿责任。

5. 最高人民法院《关于债权人对人员下落不明或者财产状况不清的债务人申请破产清算案件如何处理的批复》(法释〔2008〕10 号)第 3 款规定:“债务人的有关人员不履行法定义务,人民法院可依据有关法律规定追究其相应法律责任;其行为导致无法清算或者造成损失,有关权利人起诉请求其承担相应民事

---

① 关于破产撤销权及破产无效行为相关诉讼原告主体,最高人民法院亦认为应由管理人提出,参见最高人民法院民事审判第二庭编著:《最高人民法院关于企业破产法司法解释理解与适用:破产法解释(一)、破产法解释(二)》,人民法院出版社 2013 年版,第 186—187、251—253 页。

② 参见《企业破产法》第 40 条等。

③ 参见杨万明主编:《最高人民法院新民事案件案由规定理解与适用》(下),人民法院出版社 2021 年版,第 807、810、812 页。

责任的，人民法院应依法予以支持。”

6. 最高人民法院2019年印发的《全国法院民商事审判工作会议纪要》（法〔2019〕254号）第118条第4款规定：“批复第3款规定的‘其行为导致无法清算或者造成损失’，系指债务人的有关人员不配合清算的行为导致债务人财产状况不明，或者依法负有清算责任的人未依照《企业破产法》第7条第3款的规定及时履行破产申请义务，导致债务人主要财产、账册、重要文件等灭失，致使管理人无法执行清算职务，给债权人利益造成损害。‘有关权利人起诉请求其承担相应民事责任’，系指管理人请求上述主体承担相应损害赔偿责任并将因此获得的赔偿归入债务人财产。管理人未主张上述赔偿，个别债权人可以代表全体债权人提起上述诉讼。”

依据上述规定，在债务人的有关人员之行为导致无法清算或者造成损失之时，管理人可作为原告起诉相关主体，要求其承担损害赔偿责任。本案即为此种情形。

四、结论

管理人作为破产法特殊拟制之机构，具有私机构之资格，可直接提起民事诉讼，民事诉讼中的诉讼担当理论为管理人直接起诉提供了理论基础。但是，鉴于债务人为实际权利义务承担主体，且诉讼担当应为特殊情形，故管理人作为原告起诉应限于法律法规规定或授权。

在破产衍生诉讼中，我们建议管理人作为原告起诉时应注意原告主体资格，可在破产撤销权及破产无效行为、抵销异议诉讼、追收未缴出资与追收抽逃出资、追回债务人财产、在特定条件下向有关人员主张损害赔偿责任情形下提起诉讼。其余情况下应以债务人为原告，列管理人为债务人之诉讼代表人。

（案例编写：韩悦蕊）